Longman Audio-Visual French *Au Courant Level Two*

S. Moore
G. F. Pugh
A. L. Antrobus

Linguistic Consultants

Gérard Renou, L ès L, I.D.E.N.
Elizabeth Lewis

Π - 32

LONGMAN

This course comprises:

Au Courant Level 1 *Au Courant Level 2*
Student's book   Student's book
Tape recordings   Tape recordings
Tapescript booklet Tapescript booklet

Cartoons by William Rushton

Foreword

(See also Student's Guide, p. 6)

What *Au Courant* is for

Au Courant Level Two is the second stage of a two-part course for use in Sixth Forms and in Colleges. A Level standard is reached in *Level Two*, which may be used either as the second year stage of a sixth form course (following *Au Courant Level One*) or as a self-contained A Level course following *Longman A-V French Stage A5* or a similar course, particularly with abler students. There is an overlap in the level of work with *Level One* of *Au Courant* although the approach and subject matter are designed to be rather more advanced.

What's in it

Level Two contains ten Dossiers, each covering a general theme, introduced and developed through French texts and recordings in two Leçons. The differing approaches of the two types of Leçon within each Dossier are explained in the Student's Guide (pp. 6 & 7). Each Dossier also contains a revision test of basic grammar and, in the second half of the book, samples of different examination papers from various A Level Boards. *Level Two* also contains a grammar reference summary, verb tables, vocabularies for the tape recordings and an alphabetical French–English vocabulary.
A tapescript of all the recorded material is available separately.

Aims and methods

Level Two offers a cycle of activities which has been carefully planned to create a coherent pattern of work aimed at developing the ability to use French actively for the expression of ideas and opinions in discussions and essays, as well as for practical communication. Attention is also paid to comprehension skills and to the development of insight into the structure and character of the French language and of understanding of French attitudes and customs. Stress is placed on work in pairs and groups and on individual activities. We hope that teachers and students will find the materials and activities adaptable to their individual working styles and requirements.

Table des matières

Index of tape recordings

(The page number refers to the Student's Book)

Student's Guide

This guide is intended to help you to get the most out of using *Au Courant*. We think that it's useful for you to know both what you're doing and why you're doing it.

Each of the ten Dossiers in this book deals with a particular theme and is divided into two separate lessons.

First type of Leçon (lessons with odd numbers)

▶ **First section** (four pages)

Text or texts with **explications** (English meanings of certain difficult words or expressions).
The sequence of work normally follows this pattern:
De quoi s'agit-il? Gist comprehension questions on the text.
Le sens des mots Detailed study of words and phrases in the text.
Avez-vous bien compris? More detailed questions to test comprehension and to give you a chance to use the language.
Version Translation from French into English of a section of the main text or of a short additional text.
Expression dirigée Guided composition work including reports, letters, asking questions.
Sans paroles A photograph for commentary and discussion is included here (or sometimes elsewhere in the Dossier).
Au jour le jour A recorded passage for aural comprehension.
Vocabulary is listed on pages 180–184.
[In Leçons 1, 5, 13 and 17 the fourth page in this first section takes a rather different form, and may include **Travail à deux** – suggestions for pair work.]

▶ **Second section** (two pages)

A further **text** without **explications** (difficult words are given in the Alphabetical vocabulary) followed by:
Avez-vous bien compris? Detailed comprehension questions.
Paraphrase You are asked to paraphrase parts of a short text.
Texte enregistré A recorded passage on a related theme. You will find this will help you with the translation which follows.
Traduction A passage of English for translation into French. The text on the previous page and the recorded text provide most of the words and expressions required.

Second type of Leçon (lessons with even numbers)

▶ **First section** (four pages)

A literary **text** or texts with **explications** followed by:

Analyse de la langue Suggestions for a close examination of the grammar and syntax of the text(s).

Travail à deux You are asked to formulate questions to test whether your partner has understood the text. This will help you to identify the principal points of the text.

Exploitation Exercises in a contextualised form to help you to practise the vocabulary related to the theme of the Dossier, and to prepare for the discussion later. Answers may be oral or written.

🎧 **Dictée/Transposition** A recorded passage which, by use of the pause button on the tape-recorder, may be played at dictation speed. You may write it down in French (as a normal dictation) or in English (as an *extempore* translation).

Résumé/Commentaire Suggestions are made for *either* a précis of the text in French (or English) *or* a literary commentary or critical appreciation of the text. Again this may be done in either French or English.

Traduction A passage of English prose for translation into French.

▶ **Second section** (two pages)

This section, containing discussion and essay, is the target of the whole Dossier.

🎧 **Points de départ** Short texts and quotations, including a recorded discussion, to act as a stimulus to your discussion.

Guide-discussion Notes to help guide your discussion of the topic under consideration. Each member of the class or group might prepare one or more sections in advance then be made responsible for introducing that section during the class discussion.

Guide-dissertation Notes (in English) to help you to organise an essay and to present your arguments clearly and concisely.

Sujets de dissertation Suggested essay titles.

▶ **Test** After each Dossier there is a revision test of basic grammar and points of special difficulty and a systematic revision of the principal irregular verbs.

▶ **Examen** The last five Tests also contain specimen questions taken from the A Level examination papers of various Boards.

Grammar summary (page 148)
A checklist of the basic grammatical knowledge you should have acquired by the end of the course.

Verb tables (page 176)
A list containing the principal parts of regular and common irregular verbs.

Aural vocabularies (page 180)
Unfamiliar words in the recorded material are listed in the order they occur in the passage.

Alphabetical vocabulary (French to English) (page 185)
A list of all the words in the book except for very common words, those which are very similar in English and those which occur in the *explication* lists but are not re-used.

La presse des jeunes

Il est bien rare que ce que l'on cherche ne soit pas déjà connu par quelqu'un, ne soit pas déjà écrit quelque part.

Le problème est de remonter rapidement à la source. Les guides, la presse et certains organismes spécialisés dans l'information peuvent vous y aider.

Explications
1. *that's great!*
2. *or even*
3. *commitments*
4. *extol*
5. *abortion*
6. *spurned*

En 1964, suivant le succès énorme de l'émission *Salut les Copains* sur les antennes d'Europe No. 1, Daniel Filipacchi se lança dans l'édition d'une revue de formule nouvelle, portant le même titre que l'émission. Là encore, le succès fut immédiat et énorme, ladite revue frôlant dans sa période de pointe le million d'exemplaires hebdomadaires.

Pour ce qui est de *Salut les Copains* et des revues issues de cette formule, tout est axé sur les vedettes de la musique rock ou pop et de la chanson, accessoirement sur des acteurs de cinéma ayant une certaine vogue parmi les jeunes...

Le ton général est celui qui est censé être le ton du langage parlé par les jeunes, une langue parlée, sans grossièreté, mais avec des constructions syntaxiques pas toujours très conformes aux règles de la grammaire française ni au génie propre de la langue française, la contagion de la syntaxe anglo-américaine, l'amour des raccourcis linguistiques, la loi du moindre effort entraînant une expression particulière qui est d'ailleurs celle de certaines émissions de télévision. Mêmes remarques en ce qui concerne le vocabulaire, envahi par les termes anglo-américains et adoptant toutes les formules mises à la mode par le langage parlé du moment. (Il faut être 'in' et alors 'c'est le pied'[1].)

La politique est en général absente de ces pages, tout au moins d'une manière évidente, mais bien entendu on adoptera sur des problèmes généraux des positions dites 'jeunes' qui sont celles d'un courant général vulgarisé par la radio et la télévision et relevant en général d'un certain état d'esprit progressiste, voire[2] nettement de gauche selon les revues, d'autant plus que les vedettes manifestent bien souvent pour des raisons diverses des 'engagements'[3] allant dans le même sens. On sera donc antiraciste, enclin à vouloir la suppression de la peine de mort, on prônera[4] la paix (sans se soucier de savoir quel prix il faudra la payer), on mènera des enquêtes sur l'avortement,[5] sur le mariage des prêtres, etc.

Pour le groupe des revues contestataires, l'engagement politique est avoué, voulu, fondamental et bien entendu orienté à gauche avec un côté systématiquement critique et négatif; la touche anarchisante est toujours présente, la société 'bourgeoise, capitaliste, de consommation' est attaquée, dénoncée, dénigrée, ridiculisée, honnie.[6] Le langage, bien que fort assagi avec le temps, n'hésite pas devant le mot ordurier, l'obscénité, surtout lors des traductions de la presse 'underground' américaine (bandes dessinées en particulier); ce langage ne différerait pas beaucoup de celui de l'adolescent moyen si l'on ne sentait pas qu'il est systématiquement ordurier. Bien entendu, tout ce qui touche au sexe est largement exploité.

Edouard François, *Le Français dans le Monde*

A. De quoi s'agit-il?

Lisez le texte ci-contre, et ensuite indiquez si les phrases suivantes s'accordent avec le texte. Pour chacune, répondez VRAI OU FAUX.

1. La revue *Salut les Copains* a été lancée en 1964.
2. *Salut les Copains* se concentrait très peu sur les vedettes de la musique pop.
3. La plupart des revues pour les adolescents emploient un langage grossier.
4. La politique de ces revues est plutôt gauchiste.
5. Les revues politiques exploitent souvent le sexe.

B. Le sens des mots

1. Trouvez dans le texte ci-contre un mot ou une phrase qui veuille dire:
   a) vendant presqu'un million d'exemplaires par semaine
   b) en ce qui concerne...
   c) jouissant d'une certaine popularité
   d) aimant employer le moins de mots possible
   e) le plus souvent la revue ne contient pas de politique
   f) appartenant à une mentalité gauchiste
   g) un ton anarchiste se manifeste constamment
   h) quoiqu'il se soit beaucoup modéré
2. Expliquez en français le sens des expressions ci-dessous, extraites du texte:
   a) dans sa période de pointe
   b) la loi du moindre effort
   c) antiraciste
   d) la suppression de la peine de mort
   e) les revues contestataires
   f) orienté à gauche
3. Dressez une liste de tous les mots du texte qui ont rapport à la presse, *exemple* un magazine. Ensuite, donnez-en l'équivalent anglais.
4. Copiez la case ci-dessous et complétez-la avec des mots qui conviennent. Servez-vous du texte et d'un dictionnaire, si besoin est:

	SUBSTANTIF	VERBE	ADJECTIF
exemple	contestation	contester	contestataire
	_____	_____	soucieux
	règle	_____	_____
	_____	_____	supprimable
	origine	_____	_____

C. Avez-vous bien compris?
(Voir aussi le texte ci-dessous.)

1. Selon l'article à la page 8, il y a deux sortes de revues pour les jeunes:
   a) Celles qui ressemblent à *Salut les Copains* s'adressent aux jeunes de quel âge?
   b) Ces revues traitent de quels sujets en général?
   c) En quoi l'autre groupe de revues diffère-t-il du premier?
2. A votre avis, pourquoi *Salut les Copains* et ses imitateurs emploient-ils tant de 'franglais'?
3. Quelles opinions cette revue et toutes celles du même genre expriment-elles?
4. Pourquoi, à votre avis, les jeunes Français refusent-ils d'acheter des revues de la presse dite populaire?
5. Quelles sont les principales critiques des jeunes Français de dix-huit à vingt ans concernant la presse?
6. Selon ce que l'auteur nous dit, quelle est son opinion:
   a) des jeunes? b) des revues pour les jeunes?
7. Expliquez en français:
   la presse 'underground', la presse à ragots, la presse populaire, les hebdomadaires, les quotidiens, une bande dessinée, une revue mensuelle.

D. Version
Traduisez en anglais le texte suivant, extrait de l'article d'Edouard François:

Les jeunes et la presse
Quelle est l'attitude des jeunes en face de la presse en général et de 'leur' presse en particulier? Sur ce problème complexe, il est possible de dégager deux tendances essentielles.

Tout d'abord le refus de la presse dite populaire à ragots et à scandales... qui mettent en cause des secrets (ou prétendus tels) intimes des grands de ce monde. Quelle que soit leur origine sociale, les jeunes la rejettent; (aussi les éditeurs savent-ils que la presse qu'ils destinent à ce public d'adolescents doit reposer sur autre chose que des racontars alléchants...).

Ensuite, des sondages l'ont montré, beaucoup de jeunes lisent des revues s'adressant aux adultes, des revues encyclopédiques et techniques d'abord comme *Le Million*, des revues motocyclistes, automobiles, aéronautiques, etc., mais des revues politiques aussi et en particulier les hebdomadaires *L'Express* et *Le Point* et surtout le quotidien *Le Monde*; parallèlement les jeunes, arrivant en fin de leur scolarité de second cycle (classes terminales) et au début de leurs études universitaires, se plaignent de ce que 'leur' presse ne correspond pas à leur âge; ils la considèrent comme s'adressant à un public de quinze ans, alors qu'eux-mêmes en ont dix-huit à vingt au moins. Ils déplorent aussi l'absence en France d'une presse 'underground' à caractère spiritualiste ou pseudo-spiritualiste, comme il en fleurit aux Etats-Unis et en particulier en Californie.

Edouard François, *Le Français dans le Monde*

E. Expression dirigée
1. Achetez-vous une revue pour les jeunes? Si oui, dites pourquoi. Quelles sont les raisons qui vous décident à l'acheter – contenu? style? Sinon, dites ce que vous chercheriez dans une revue.
2. Imaginez que vous êtes rédacteur en chef d'une nouvelle revue mensuelle/hebdomadaire pour les jeunes. Faites une liste des rubriques (*articles*) que vous auriez dans votre premier numéro. Justifiez votre choix.
3. Un ami vous recommande une nouvelle revue pour les jeunes. Quelles questions voudriez-vous lui poser avant de l'acheter?

Au bout du fil

Pour profiter au maximum du téléphone

OÙ Les cabines téléphoniques se trouvent dans les bureaux de poste, les gares, les hôtels, les cafés et restaurants et aux principaux arrêts d'autobus.

QUAND Entre 20 heures et 8 heures et toute la journée le dimanche et les jours fériés vous paierez demi-tarif.

COMMENT — COMMUNICATIONS SPECIALES:

Renseignements téléphoniques: pour connaître le numéro d'un abonné, faites le 12 au cadran.

Télégrammes: faites le 14.

En PCV: communication payable à l'arrivée, aux frais de votre correspondant – s'il accepte.

Avec indication de durée et de prix: si vous voulez payer à l'abonné votre appel.

A PARIS

Horloge parlante: 463–80–00

Météo: 555–95–90 (24 heures sur 24)

Nuisances: 033–32–66 Pour signaler les nuisances dont on est victime.

Objets perdus... ou trouvés: 531–82–10 Mais on a plus de chances en se dérangeant pour aller au 36, rue des Morillons, 15ᵉ.

Réveil: 463–71–11 pour se faire réveiller à n'importe quelle heure.

Office du tourisme: 723–72–11

Allô PS: 555–91–92 Bulletin d'informations et de commentaire sur les événements de la journée.

Jazz: 325–28–27 Le répondeur automatique vous donne tous les programmes de concerts de jazz à Paris et en banlieue.

Inter Emploi: 524–11–77 Pour tous renseignements concernant les offres d'emploi diffusées à l'antenne (Flashs à 21h. Radio-France-Inter).

S.O.S. Amitié: 825–70–50 vous écoute 24 heures sur 24 les jours de cafard.

PLAINTES

Une enquête sur le téléphone en France affirme que:

* le taux d'efficacité des appels reste médiocre (il faut en moyenne composer le numéro deux fois pour que l'appel aboutisse).
* le service des renseignements met jusqu'à 10 minutes à répondre.
* l'audibilité des communications laisse trop souvent à désirer.
* il y a un délai de raccordement de 10 mois à un an.

Surtout, on se plaint des cabines téléphoniques:

* il est très difficile d'en trouver.
* elles gardent souvent la monnaie sans donner la communication.
* elles ne sont pas maintenues en parfait état de fonctionnement (ce qui encourage les actes de vandalisme).

F. Travail à deux

1. Ecoutez sur la bande enregistrée: 'Un coup de téléphone' (voir le vocabulaire à la page 180). Ensuite, dressez une liste de tous les mots et expressions employés dans la conversation qui ont rapport au téléphone, et donnez leurs équivalents en anglais.

2. Ecoutez les six extraits enregistrés: 'Mais qu'est-ce qu'il y a?'. Après chaque extrait, devinez ce qui s'est passé.

3. En travaillant avec un partenaire, rédigez une conversation téléphonique entre un client et une opératrice. Le client a dû attendre dix minutes avant qu'on lui réponde. Il désire appeler le 36–63–75 à Chartres mais il ne connaît pas l'indicatif de Chartres et il n'entend pas très bien ce que dit l'opératrice. Il veut que celle-ci lui indique la durée et le prix de sa communication. L'opératrice, elle, est très patiente. Elle regrette beaucoup d'avoir fait attendre le client (c'est que le central est très occupé). Même quand le client devient injurieux, elle ne s'impatiente pas; elle compose le numéro pour lui. Malheureusement, quelques moments après être mis en communication avec son correspondant, le client est coupé...

Quand vous aurez rédigé votre saynète, vous pourrez prendre chacun un rôle. Il sera aussi possible de changer de partenaire pour développer d'autres variations et catastrophes susceptibles d'arriver pendant une conversation téléphonique.

4. En utilisant les situations des numéros 2 et 3 ci-contre, imaginez que vous êtes le client. Ecrivez une lettre aux responsables des P et T, dans laquelle vous vous plaignez du taux d'efficacité du service téléphonique.

5. Quels services voudriez-vous voir dans votre pays? Indiquez ceux qui existent déjà.

6. Par quels moyens pourrait-on protéger les cabines téléphoniques des actes de vandalisme?

L'ordinateur au service des hommes

L'ordinateur est une chance inespérée pour notre société industrielle, remplaçant tout ce qui est systématique dans le travail humain, permettant d'alléger les tâches à la chaîne, ne polluant pas, ne requérant qu'un minimum d'énergie.

Il facilite la communication entre les hommes, il donne un accès simple et rapide à toutes les sources de renseignements, il assure la sécurité du travail et la protection des biens d'une entreprise, grâce à de nouvelles possibilités de détection d'incidents et de pannes, et il peut alerter les services de secours dans le délai le plus bref.

Il permet une plus grande souplesse pour la collecte et la protection des informations et facilite la mise en place des heures variables de travail. Il permet d'éviter les embouteillages en contrôlant la circulation et le fonctionnement des feux et des signaux dans les zones de grande densité urbaine ; il peut aussi assurer le contrôle du trafic aérien en évitant les erreurs dues à la fatigue humaine.

Pour demain, on annonce parmi les performances inscrites à l'actif des cerveaux électroniques l'éducation des enfants, la formation continue, les problèmes de main-d'œuvre, les échanges commerciaux et monétaires, la planification des naissances, la production des denrées alimentaires et des produits finis, la surveillance de la santé personnelle, et même le règlement sans difficulté des conflits diplomatiques (peut-être en permettant aux hommes d'état et aux généraux de poursuivre leurs conflits en jouant une espèce de combat électronique – du genre jeu-télé).

Mais déjà l'accroissement de l'électronique et son intrusion dans la vie quotidienne suscitent des inquiétudes. Nous devons nous rendre compte d'un nouveau danger possible pour la vie privée. La centralisation dans un réseau d'ordinateurs de tous les renseignements concernant un individu dans tous les aspects de son existence, y compris sa vie personnelle, pourrait donner à ceux qui auraient accès aux machines, leur mémoire et leurs données, un pouvoir considérable d'influence et de pression et irait même jusqu'à détruire le principe de la vie privée. Le code civil proclame que chacun a droit au respect de sa vie privée. Mais les informaticiens et leurs fiches se prêtent à tous les risques si nous n'y prenons pas garde. Il faut donc soigner les mécanismes de protection.

L'avènement de l'information a déjà bouleversé notre civilisation. L'informatique au service de l'information accroîtra encore l'importance de celle-ci, mais c'est celui qui en possèdera la clé qui détiendra aussi un pouvoir presque sans limites, pouvoir qui pourrait supplanter et supprimer la liberté.

G. Avez-vous bien compris?

1. Selon l'auteur du texte ci-contre, comment l'ordinateur constitue-t-il une chance pour notre société?
2. En quel sens l'ordinateur assure-t-il la sécurité du travail?
3. Comment permet-il d'éviter les embouteillages?
4. Par quels moyens les touristes pourront-ils profiter de l'ordinateur?
5. Pourquoi les hommes d'état joueraient-ils aux jeux de télévision?
6. Quel est le grand danger de l'accroissement de l'électronique?
7. Comment la vie privée serait-elle détruite?
8. Qui aura le plus grand pouvoir à l'avenir?

H. Paraphrase

Pour chaque phrase ou chaque expression en italique ci-dessous, écrivez une phrase équivalente, de même sens, en respectant pour certaines les consignes qui vous sont données:

L'ordinateur n'est qu'un robot et, *malgré son perfectionnement,*[1] *ne peut 'raisonner'*[2] qu'avec 'l'aliment' qu'on lui procure. *Tout est donc question de programmation.*[3] Cette tâche est très délicate et *requiert des personnes*[4] extrêmement compétentes. *A quelques défaillances d'ordre mécanique près,*[5] on peut dire que tous les avatars connus en la matière *relevaient d'*[6]une programmation déficiente, effectuée par des personnes qui n'étaient pas parfaitement qualifiées pour ce travail. *L'utilisation d'un ordinateur va de pair avec*[7] la matière grise équivalente. L'image de marque de l'ordinateur, outil miraculeux qui fonctionne de lui-même (*il suffit*[8] d'appuyer sur un bouton), est à détruire. Cet appareil n'est qu'un prolongement technique de l'esprit humain qui le nourrit.

Paris-Match

1. bien que... 2. est capable... 3. ... 4. ... 5. ... 6. ...
7. Pour utiliser... 8. ...

I. Texte enregistré 🎧

'L'ordinateur chez soi' (voir le vocabulaire à la page 180)

J. Traduction

Traduisez en français. Le texte ci-contre et le texte enregistré vous seront peut-être utiles.

It is difficult to realise fully the future possibilities of the advent of computers. There are sure to be profound effects on all aspects of our working and private lives, on education and the social services.

A network of computers will make it possible to reduce problems of communication and administration, to protect property and to avoid accidents, thanks to their ability to monitor and control road and air traffic and to warn of possible emergencies and breakdowns in all kinds of installations and buildings.

Such machines can prevent errors due to human fatigue in repetitive production line tasks and can help to create better working conditions, by such means as the development of adaptable and flexible working timetables.

However, the computer's capacity to collect, store and retrieve enormous quantities of data should alert us to potential dangers, especially where the individual's right to privacy is concerned.

Dossier 1 Langue et communication Leçon 2

La dernière classe: récit d'un petit Alsacien

Fig. 201. — Caricature de Gill. (*Éclipse*, 19 octobre 1873.)

VIVE LA FRANCE!

Ce matin-là j'étais très en retard pour aller à l'école, et j'avais grand'peur d'être grondé.

Eh bien, non. M. Hamel me regarda sans colère et me dit très doucement:

'Va vite à ta place, mon petit Frantz; nous allions commencer sans toi.'

Pendant que je m'étonnais de tout cela, M. Hamel était monté dans sa chaire, et de la même voix douce et grave dont il m'avait reçu, il nous dit: 'Mes enfants, c'est la dernière fois que je vous fais la classe. L'ordre est venu de Berlin de ne plus enseigner que l'allemand dans les écoles de l'Alsace et de la Lorraine... Le nouveau maître arrive demain. Aujourd'hui c'est votre dernière leçon de français. Je vous prie d'être bien attentifs.'

Ces quelques paroles me bouleversèrent. Ah! les misérables, voilà ce qu'ils avaient affiché à la mairie.

Ma dernière leçon de français!...

J'en étais là de mes réflexions, quand j'entendis appeler mon nom. C'était mon tour de réciter. Que n'aurais-je pas donné pour pouvoir dire tout au long cette fameuse règle des participes, bien haut, bien clair, sans une faute; mais je m'embrouillai aux premiers mots, et je restai debout à me balancer dans mon banc, le cœur gros, sans oser lever la tête. J'entendais M. Hamel qui me parlait: 'Je ne te gronderai pas, mon petit Frantz, tu dois être assez puni... voilà ce que c'est. Tous les jours on se dit: Bah! J'ai le temps. J'apprendrai demain. Et puis tu vois ce qui arrive... Ah! ç'a été le grand malheur de notre Alsace de toujours remettre son instruction à demain. Maintenant ces gens-là sont en droit de nous dire: Comment! Vous prétendiez être Français, et vous ne savez ni parler ni écrire votre langue!... Dans tout ça, mon pauvre Frantz, ce n'est pas encore toi le plus coupable. Nous avons tous notre bonne part de reproches à nous faire.'

Alors d'une chose à l'autre, M. Hamel se mit à nous parler de la langue française, disant que c'était la plus belle langue du monde, la plus claire, la plus solide: qu'il fallait la garder entre nous et ne jamais l'oublier, parce que, quand un peuple tombe esclave, tant qu'il tient bien sa langue, c'est comme s'il tenait la clef de sa prison.

Sur la toiture de l'école, des pigeons roucoulaient tout bas, et je me disais en les écoutant:

'Est-ce qu'on ne va pas les obliger à chanter en allemand, eux aussi?'

Tout à coup l'horloge de l'église sonna midi, puis l'Angélus. Au même moment, les trompettes des Prussiens qui revenaient de l'exercice éclatèrent sous nos fenêtres... M. Hamel se leva, tout pâle, dans sa chaire. Jamais il ne m'avait paru si grand.

'Mes amis, dit-il, mes amis, je... je...'

Mais quelque chose l'étouffait. Il ne pouvait pas achever sa phrase.

Alors il se tourna vers le tableau, prit un morceau de craie, et, en appuyant de toutes ses forces, il écrivit aussi gros qu'il put:

'VIVE LA FRANCE!'

Puis il resta là, la tête appuyée au mur, et sans parler, avec sa main il nous faisait signe:

'C'est fini... allez-vous-en.'

Alphonse Daudet, *Contes du lundi*, Nelson

Pour la défense de la langue française

Une loi pour la défense de la langue française a été publiée au Journal Officiel du 4 janvier 1976. Elle stipule que:

'...Dans la désignation, l'offre, la présentation, la publicité écrite ou parlée, le mode d'emploi ou d'utilisation, l'étendue et les conditions de garantie d'un bien ou d'un service ainsi que les factures ou quittances, l'emploi de la langue française est obligatoire. Le recours à tout terme étranger ou à toute expression étrangère est prohibé lorsqu'il existe un terme ou une expression approuvés...

Les mêmes règles s'appliquent à toutes informations ou présentations de programmes de radio-diffusion et de télévision, sauf lorsqu'elles sont destinées expressément à un public étranger.'

BNF

Le franglais

On appelle ainsi l'ensemble des mots et des formes grammaticales venus de l'anglais (et de l'américain!). Quelquefois ces mots – pour ne pas parler de la grammaire franglaise – désignent un objet nouveau (*mixer*) ou une idée nouvelle (*brainstorming*) surtout dans le domaine scientifique ou technique, mais certains (comme *bifteck*) sont entrés depuis longtemps dans notre vocabulaire.

Explications
1. *plague*
2. *pidgin French*

Moins de dix ans après la première édition de *Parlez-vous franglais?*, le gouvernement a pris plusieurs des mesures que je préconisais pour lutter contre un fléau[1] qui nous livre à l'impérialisme yanqui.

Lorsque je commençai mes cours sur le sabir atlantique,[2] j'avais sujet de penser que les temps étaient mûrs. Citons, par exemple, un éditorial du *Figaro*, qui s'intitulait *Parlez Français*:

'Tu étais au *Jumping*? – Oui. J'ai suivi les dernières épreuves: celles du *week-end*. La participation européenne était excellente, avec un joli *background* américain et russe...
Et j'ai bien aimé le *show*!'

Les Français, assurément, ont le défaut d'être chauvins. Mais ils ne le sont pas assez dès qu'il s'agit de leur propre langue – et je ne sais quelle rage les pousse à recourir en toutes occasions aux vocabulaires étrangers, plus spécialement aux expressions anglo-saxonnes.

Il faudra bien que nos dictionnaires, eux aussi, parlent français, ce qui n'est hélas pas encore le cas. C'est tout ce que nous exigeons d'un dictionnaire de langue française; mais cela, nous sommes en droit de l'exiger. Et qu'on ne nous jette pas au nez le purisme, le chauvinisme! Ça ne prend pas. Que ceux qui nous traitent de chauvins et de puristes, commencent d'abord par étudier, comme moi, une quinzaine de langues étrangères, dont le chinois et le russe, après le grec et le latin. Il est trop facile d'accuser de purisme celui qui entend être compris quand il parle; et de chauvinisme ceux qui refusent d'être colonisés langagièrement, parce qu'ils savent qu'ils le seront ensuite politiquement, sans même s'en apercevoir: sous anesthésie générale!

On voit déjà s'agiter tous ceux qui ne veulent pas que l'Europe future accorde au français sa juste place.

Le *New York Herald Tribune* eut la grossièreté d'écrire que mes tentatives pour défendre la langue française 'peuvent être considérées avec mépris'. Ces gens sont francs. Ils ne nous cachent pas leurs intentions prochaines: parlez franglais, ou disparaissez comme nation. Ce qui revient à dire: disparaissez comme nation et comme culture.

Etiemble, *Parlez-vous franglais?*, Gallimard

A. Analyse de la langue

1. Trouvez dans les textes de Daudet et
   d'Etiemble (pages 14 et 15) tous les exemples:
   a) de l'usage de l'infinitif. Classez-les selon ce
      qui les précède (**à, de,** autre préposition,
      etc.): *exemple* en retard pour aller.
   b) d'adverbes et d'expressions adverbiales.
      Pour chaque exemple essayez de trouver un
      adjectif équivalent: *exemple* doucement –
      doux.
   c) de l'usage de la préposition **de**: *exemple*
      j'avais peur d'être grondé. Ensuite,
      traduisez en anglais les expressions où la
      préposition se trouve.

   d) du pronom réflexif (**me, te, se, nous, vous**):
      exemple je m'étonnais de tout cela.
      Ensuite, traduisez en anglais les expressions
      où le pronom se trouve.

2. Composez des phrases qui commencent par
   les expressions ci-dessous, extraites des textes:
   a) J'avais grand'peur de...
   b) J'étais très en retard pour aller... parce
      que...
   c) Moins de cinq ans après...
   d) L'emploi de... est obligatoire lorsque...
   e) Il faudra bien que nous...
   f) Le plus beau (la plus belle)... du monde...
   g) Les Anglais ont le défaut de...
   h) Il est trop facile de...

B. Travail à deux

Après avoir lu les textes (à la page 14 et 15),
rédigez une série de questions, que vous poserez
ensuite à un camarade de classe pour voir si
celui-ci a bien compris les textes.

Vous devrez d'abord décider quels sont les
points principaux des extraits et ensuite formuler
des questions qui attireront l'attention de votre
partenaire sur ces points.

Evidemment vous répondrez aussi aux
questions rédigées par votre partenaire.

C. Exploitation

1. 'La plus belle langue du monde c'est le français.' Et vous, qu'en pensez-vous?

le pays		important(e)		
le lieu		utile	du monde	
la matière	le plus	dangereux(se)	que je connaisse	
le livre	la moins	courageux(se)	qui soit	c'est...
le film		amusant(e)	que j'aie vu(e)	
la personne		passionnant(e)		
le jeu (sport)		intéressant(e)		

2. Donnez votre avis sur les média:

Je préfère	m'informer	en écoutant la radio	parce que...	précis
Je n'aime pas		en regardant la télé	à cause de...	engagé
		en lisant la presse	vu que...	détaillé
		(populaire/sérieuse/		bref
		hebdomadaire/quotidienne/		superficiel
		mensuelle)		extrême
		(les journaux, les revues		anodin
		politiques, économiques,		passionnant
		techniques)		instructif

D. Dictée/Transposition

Ecoutez 'Skidiz' sur la bande enregistrée.
Ensuite écrivez le texte comme dictée ou
traduisez-le phrase par phrase en anglais.

E. Résumé/Commentaire

1. *La Dernière Classe* d'Alphonse Daudet est un
   extrait d'un de ses *Contes du lundi*.
   a) Trouvez un titre alternatif au conte.
   b) Dressez une liste des mots-clés du texte.
   c) Essayez de résumer en une seule phrase
      l'idée centrale de chaque paragraphe.
   d) Résumez le conte entier en moins de 200
      mots.
   ou
2. Faites le commentaire du texte d'Etiemble.
   a) Résumez les arguments présentés par
      l'auteur.
   b) Indiquez quels arguments vous considérez
      les plus importants et ceux qui vous
      semblent être secondaires.
   c) Analysez les arguments centraux. Lesquels
      considérez-vous persuasifs? Lesquels sont
      moins convaincants? Justifiez vos réponses.
   d) On a souvent accusé Etiemble de
      chauvinisme (excès de patriotisme). En
      cherchant des exemples dans le texte,
      justifiez ou réfutez cette accusation.
   e) Est-il inévitable qu'un jour la langue
      française perde son importance mondiale,
      ou même qu'elle disparaisse? Comment
      protéger cette langue?

F. Traduction

Traduisez en français:
To install a telephone at one's bedside is surely
to permit the ultimate intrusion into one's
privacy. At least until recently, one would never
have found a telephone in a French boudoir.
The prevalence of the telephone in America is
primarily the result of the extraordinary
efficiency of the service that is provided... It is
also a result of the cheapness of the service.
From the beginning, the American companies
did not think of the telephone as a luxury, but
with true American genius saw that it was an
invention for the mass market.

All of this I am ready to salute, but also all of
this I fear. Children are being taught to use the
telephone before they are taught to read. So
early does it begin, and it is altering our
relationships. As someone has said, 'One does
not meet new friends on the telephone,' hence
the number of calls that are made to so few
people.

But one not only does not meet new friends,
one takes less trouble with existing friends. The
trouble there is in a letter from a friend! One
turns it over, reads some bits first, picking them
out, goes back to read it from the beginning,
finds new things in it, reads it again, and leaves
it for a time in the open. A letter feels like a gift
of the friend in a way a telephone call never
does.

Henry Fairlie, *Guardian Weekly*

La liberté d'expression

Points de Départ

La radio libre KPOO

L'objectif de cette radio libre communautaire, largement atteint, depuis quatre ans, est de représenter et d'atteindre les différentes communautés (culturelles, politiques, éthniques) de San Francisco en diffusant des programmes conçus et réalisés par les auditeurs eux-mêmes. Elle fonctionne dans les deux sens. Elle informe chaque communauté de ce qui peut l'intéresser spécifiquement, mais, en revanche, attend beaucoup de ses auditeurs. Tous ceux qui le désirent peuvent venir apporter des informations (annonces ou comptes rendus de manifestations, nouvelles politiques ou sociales) et éventuellement, en parler directement à l'antenne. Légalement, mais non sans problèmes, les radios libres de ce type créent un nouveau type de rapports entre les auditeurs et les média.

Les postes périphériques

Des postes de radio privés, qui vivent de la publicité, sont installés aux frontières de la France (Radio Luxembourg, Europe No. 1, Radio Monte-Carlo entre autres). L'Etat français détient une part importante de certaines de ces sociétés et aussi des sociétés de TV périphériques.

Le monopole

Le monopole de la Télédiffusion française est un monopole d'émission et non de réception. Les auditeurs sont libres dans la limite des conditions techniques de recevoir des émissions étrangères.

L'audio-visuel est l'instrument-type du pouvoir

LA TÉLÉVISION EST LE MIROIR D'UNE NATION

G. Guide-discussion

1. *Les dangers pour la liberté des moyens de communication*

Télé et radio
   a) Le monopole de la diffusion – 'Qui paie, commande.'
   b) La pression commerciale.
   c) Tentation de réduire la télé à une série de jeux, une sorte de stupéfiant.
   d) Tendance à présenter des informations à la télé d'une façon simplifiée, superficielle.
   e) Danger du culte des personnalités.

Presse
   a) Dans les journaux sérieux on peut discuter des événements plus largement – mais peu de gens lisent ces journaux.
   b) A quoi bon les journaux à grande circulation, banals, sentimentalisés?

Liberté individuelle
   L'invasion de la vie privée – les écoutes, les ordinateurs, les pièces d'identité, les enquêtes. Qui a le droit d'agir en censeur?

Langue
   Une langue internationale? Laquelle? Danger de conformisme, de pression politique et commerciale. Les droits des minorités sont déjà menacés par 'l'impérialisme linguistique'. Ça pourrait arriver à des nations entières.

2. *Solutions possibles*
   a) L'encouragement de la diversité; l'éducation du public, la préservation de toutes les libertés et des droits; accès pour tous aux moyens de communication: radio locale, TV communautaire, etc.
   b) Résistance à la tendance bureaucratique vers la centralisation, la suppression des différences, la standardisation facile à administrer et à contrôler.
   c) Apprendre des langues étrangères.
   d) Accorder aux autres (même à ceux avec qui vous n'êtes pas d'accord) les mêmes droits auxquels vous prétendez.

H. Guide-dissertation

In a short essay of 200–350 words, your use of language must be clear and precise. Making a simple plan will help you to organise and clarify your ideas and to construct an essay which makes sense.

Steps in organising your essay:

1. Decide which points you wish to make (using ideas drawn from this Dossier, together with your own). As you make up your list, ask yourself how each step advances your argument, and discard any ideas which stray from the subject set.
2. Put your points in order, to create a coherent and logical pattern for the reader.
3. Divide your main points into paragraphs; each paragraph should present or discuss one main idea or step, preferably in a single sentence at the beginning of the paragraph. The main idea is then developed or modified by other sentences.
4. Compose your concluding paragraph, which summarises your sequence of thoughts or adds the final step.

This is a very simple plan; others will be discussed in later Dossiers, together with more detailed suggestions for the construction of paragraphs and sentences of different types. Remember that each level of an essay: sentence, paragraph and the essay itself, should be planned so that each unit, large or small, presents one clear step in your argument or story.

You will find it worthwhile to supplement the help given in these guides by making a regular practice of these activities:

1. Study the articles in each Dossier and analyse the structure, either of a complete article or of a single paragraph. Pick out the main ideas and steps and consider the way in which they are presented.
2. Make a collection of the words and expressions used in the texts which will be useful in writing essays or in discussion.

I. Sujets de dissertation

1. Apprendre une langue étrangère est une perte de temps.
2. La communication est la clé d'une société libre.
3. La radio locale est le moyen de communication idéal.
4. 'Quand un peuple tombe esclave, tant qu'il tient bien sa langue, c'est comme s'il tenait la clef de sa prison.' (Alphonse Daudet)

Test 1

A. Le subjonctif (i)

degrees of certainty

Complétez les phrases comme dans l'exemple.

exemple La presse des jeunes est plutôt gauchiste. Je ne crois pas...
> *Je ne crois pas que la presse des jeunes soit plutôt gauchiste.*

1. a) Le tirage (*circulation*) de *Salut les Copains* a frôlé le million d'exemplaires. Je suis sûr ...
   b) La presse 'underground' fleurit comme aux Etats-Unis. J'aimerais bien ...
   c) Cet hebdomadaire exploite le sexe. Je ne dis pas ...
   d) De tous les quotidiens *Le Monde* est le plus sérieux. Je pense ...
   e) La peine de mort sera abolie en France. Je souhaite ...
   f) Le taux d'efficacité des appels téléphoniques reste médiocre. Crois-tu ...?
   g) Le service des renseignements met jusqu'à dix minutes à répondre. Je doute ...
   h) Les cabines téléphoniques seront maintenues en parfait état de fonctionnement. J'espère ...

2. a) Les cabines téléphoniques sont protégées contre les actes de vandalisme. Il est peu probable ...
   b) Un jour l'ordinateur remplacera le professeur. Il est possible ...
   c) L'ordinateur permet d'alléger les tâches à la chaîne. Il est certain ...
   d) L'accroissement de l'électronique représente un danger pour la vie privée. Il me semble ...
   e) Les élèves passeront leurs examens à la maison. Peut-être ...
   f) La langue de travail du marché commun sera l'anglais. Il se peut ...
   g) La loi du 4 janvier 1976 protégera la langue française du franglais. Il est impossible ...
   h) La Télédiffusion française gardera son monopole. Il est probable ...

B. Prépositions:

pendant/pour/depuis

Traduisez en français les phrases ci-dessous:

1. For six years there have been phone boxes with automatic telephones.
2. We're going to France for five weeks.
3. We had to wait for three months to have our phone repaired.
4. My colleagues worked for two years on a computer which could control air traffic.
5. For a long time the growth of the electronics industry has been arousing anxiety.
6. The free radio station was operating for a fortnight last month.
7. I haven't watched television for over a month.
8. The State had controlled the media for years.

C. La comparaison

1. Comment envisagez-vous l'an 2 000? Choisissez une dizaine des sujets ci-dessous, employez *plus*, *autant* ou *moins* dans chaque phrase et justifiez votre réponse.

   exemple des livres

   > *Il y aura moins de livres qu'aujourd'hui, parce qu'on aura plus de matériel audio-visuel.*

   des livres, des disques, des restaurants, des aéroports, des voitures, des téléphones, des ordinateurs, des journaux, des transistors, des fermes, des tailleurs, des oiseaux, du travail à la chaîne, une vie privée, une presse libre.

2. Complétez les phrases ci-dessous en employant une des expressions suivantes: plus de; plus que; de plus en plus; plus ... plus/moins ...; d'autant plus que.

   exemple Bien que mon frère n'ait que sept ans, il mange ... mon père.

   > *Bien que mon frère n'ait que sept ans, il mange plus que mon père.*

   a) L'usage de l'ordinateur devient — répandu.
   b) Il n'y aura — vie privée, — tous nos détails personnels seront enregistrés dans l'ordinateur central.
   c) — on regarde la télévision, — on s'intéresse à la lecture.
   d) Le tirage du *Monde* a atteint — 500 000 d'exemplaires.
   e) Le client s'est fâché — la standardiste.

D. Verbes

Complétez les phrases ci-dessous, en employant une forme correcte du verbe. Ensuite, traduisez les phrases en anglais.

aller

1. Les représentants — arriver ce matin. — tout de suite à l'aérogare, s'il te plaît.
2. Si j'étais vous, je n'— pas à la manifestation après-demain.
3. Si vous — — à une cabine téléphonique, vous auriez pu les appeler en PCV.

s'asseoir

4. Alain, — toi là. L'émission commencera tout de suite.
5. Sur la photo Jean — — à côté de l'interprète, mais le PDG était debout.
6. La fille est entrée dans l'atelier et s'— — près du classeur vertical.

avoir/être

7. Moi, j'— raison. Toi, tu — tort.
   Ce n'est pas vrai. Le calcul — faux, mais la solution — correcte.
8. Hier soir, après notre excursion en montagne, nous — affamés et nous — grand soif.
9. Les jeunes n'ont pas voulu se baigner ce matin, ils — tellement froid. Demain la mer — moins froide.
10. Si le proviseur n'— pas — si timide, il n'aurait pas — peur d'y aller.
11. Quoique j'— sommeil, il ne m'— pas nécessaire de dormir ici.

boire

12. Alors, qu'est-ce que vous — ? Un demi pression?
13. D'habitude mes parents ne — pas, mais ils ont promis que le jour de ta fête ils — du champagne.
14. Je préfère que vous ne — pas, surtout quand vous conduisez.

La lutte contre la pollution

Explications
1. *key components*
2. *plan*
3. *establishes regulations*
4. *samples*
5. *hydrocarbons*

La croissance économique, si elle contribue à l'amélioration du niveau de vie, s'accompagne aussi de retombées préjudiciables au cadre et à la qualité de la vie. L'augmentation des nuisances et des pollutions suscite à cet égard de plus en plus d'inquiétudes, qui se manifestent de façon aigüe à l'occasion d'événements d'actualité: versements de déchets industriels dans les cours d'eau ou dans la mer, bruits provoqués par les aérodromes, défiguration des paysages. Ceci justifie la mise au point d'une réglementation et l'intervention d'une action appropriées, dont est responsable le Ministre de la qualité de la vie.

L'une des pièces maîtresses[1] du dispositif[2] de lutte contre les nuisances est en même temps la plus ancienne. Il s'agit de la loi de 1917 qui fixe le régime[3] des établissements dangereux, incommodes et insalubres. Aux termes de ce texte, les établissements industriels et commerciaux sont classés en fonction des dangers qu'ils présentent et soumis soit à un régime d'autorisation, soit de déclaration. Les infractions sont sanctionnées et peuvent conduire jusqu'à la fermeture définitive.

La recherche se développe activement dans les différents secteurs de la pollution.

La pollution atmosphérique concerne surtout les grands centres urbains et notamment Paris. Le laboratoire de la préfecture de Police de Paris effectue régulièrement des prélèvements[4] pour étudier les nuisances provoquées par les véhicules. Il a été possible de réduire de 40% en cinq ans la pollution atmosphérique à Paris. Une réglementation de la conception des moteurs automobiles est sérieusement envisagée, mais n'est concevable qu'au niveau européen.

La pollution des océans concerne avant tout les hydrocarbures[5] et ne peut trouver de solution que dans un cadre international. Toutefois, la multiplication des accidents (les 'marées noires' sur les plages) appelle une réglementation nationale en cours d'élaboration.

La protection et la sûreté nucléaires sont une préoccupation primordiale des organismes responsables de ce secteur de l'énergie. Depuis mars 1973 fonctionne un conseil supérieur de la sûreté nucléaire.

Les déchets prennent dans notre société une place envahissante. On évalue à Paris le taux de croissance du poids moyen des déchets par habitant à 20% par an. Les décharges traditionnelles sont complétées par des usines d'incinération et surtout de compostage. L'abandon des véhicules hors d'usage n'a pas encore trouvé de remède satisfaisant.

Il ne faut cependant pas avoir d'illusions sur l'efficacité à court terme des actions contre la pollution. Toutes les formes de pollution sont plus ou moins interdépendantes et la réduction de l'une entraîne l'augmentation des autres. Il y a là un cercle vicieux qu'il n'est pas facile de trancher.

Documentation française, *La France*

Enfin des plastiques que la lumière détruit

Ni le feu ni les microbes ne pouvaient venir à bout sans danger des 'montagnes de déchets plastiques'. Mais on a mis au point des polypropylènes que la lumière pulvérise. Un nouveau problème toutefois, commence à poindre[1]...

Explications
1. *to appear*
2. *difficult to destroy*
3. *re-surfacing*
4. *easily reduced to powder*
5. *the water table*

En 1935, des chercheurs anglais, grâce à un accident de laboratoire, ouvrirent l'ère d'un matériau nouveau, les matières plastiques. La production industrielle commença timidement après la deuxième guerre mondiale, puis, à l'approche des années soixante, prit un essor considérable. Economiques, légers, résistants aux agents chimiques et biologiques, à l'humidité et aux chocs, permettant toutes les fantaisies de présentation et de forme, les plastiques allaient bouleverser les techniques de l'emballage.

On estime que les Etats-Unis, l'Europe occidentale et le Japon produisent à eux seuls près de 80 millions de tonnes de matières plastiques par an, dont plus de 20% consacrés à l'emballage 'perdu', c'est-à-dire que l'on retrouve peu à peu dans les ordures ménagères, mais aussi et surtout (environ les deux-tiers) le long des routes, dans les bois et les champs, sur les plages enfin où la mer dépose les déchets venus on ne sait trop d'où: de la mer des Sargasses aux plages de l'Alaska, nul endroit n'échappe à ce fléau.

La principale qualité des plastiques, l'indégradabilité,[2] en faisait vite la cible des spécialistes de l'environnement et des écologistes du monde entier. Car, même si on résolvait le problème si complexe de la collecte de tous ces déchets, il resterait encore à les détruire.

Le procédé le plus simple est l'incinération, mais là encore surgissent de nouvelles difficultés: les matières plastiques brûlent assez difficilement et dégagent des gaz toxiques qui polluent l'atmosphère.

Différentes solutions furent proposées, telles qu'utiliser les déchets plastiques dans le revêtement[3] des routes ou les transformer en fuel domestique. Mais ces différentes méthodes ne sont applicables qu'une fois résolu le problème de la collecte des déchets et si l'on peut envisager de séparer les plastiques des autres ordures ménagères collectées, on voit encore mal comment procéder dans le cas des résidus dispersés dans la nature.

Compte tenu de ces difficultés, la seule solution efficace est d'obtenir des matières plastiques biodégradables, c'est-à-dire susceptibles d'être attaquées et digérées par des micro-organismes vivants – mais les matières plastiques synthétiques résistent presque totalement à l'attaque des micro-organismes. Enfin, la découverte la plus importante fut celle du phénomène de photodégradation: on modifie la composition ou la structure des plastiques de manière à ce qu'un agent extérieur (les rayons ultra-violets) puisse détruire les propriétés physiques du matériau, qui devient friable.[4] Le vent, la pluie, les vagues ou les animaux suffisent ensuite à le réduire en une poudre très fine susceptible d'être digérée par les micro-organismes. Les différents polymères photodégradables ne sont sensibles qu'aux ultra-violets et non à la lumière visible.

Les industriels affirment qu'il n'y a aucun inconvénient à ce que pendant de longues années (de un à dix ans) des particules de polymères demeurent dans les sols, même cultivés. On peut cependant concevoir certaines inquiétudes en pensant que cette 'poussière plastique' peut, au gré des vents et des pluies, s'infiltrer jusqu'à l'eau de la nappe phréatique[5] ou être mêlée à la nourriture de la faune terrestre ou aquatique.

Alain Ledoux, *Science et Vie*

A. De quoi s'agit-il?

1. Selon l'auteur du premier texte, de quoi s'inquiète-t-on à présent?
2. Contre quelles formes de pollution lutte-t-on?
3. Est-ce que l'auteur du deuxième texte semble plutôt optimiste ou pessimiste quant à l'avenir?
4. Quel inconvénient y a-t-il à incinérer tous les déchets?

B. Le sens des mots

Les questions 1 à 5 se rapportent au premier texte (à la page 22).
1. Trouvez dans le texte un mot ou une phrase qui veuille dire:
   a) nous rend de plus en plus anxieux
   b) se montrent clairement
   c) les fleuves, rivières, ruisseaux et canaux
   d) l'établissement de mesures légales
   e) les maisons de commerce
   f) peut être résolu seulement si tous les pays se mettent d'accord
   g) le mazout sur les plages
   h) les groupes de personnes qui ont la responsabilité
   i) n'a pas encore été résolu d'une façon acceptable
   j) dépendent les unes des autres

2. Trouvez dans le texte un mot ou une phrase qui a le sens contraire de:
   a) la plus récente
   b) n'ont que très peu d'importance
   c) le taux de réduction
   d) il n'est pas difficile de couper

3. Expliquez en français le sens des expressions ci-dessous, extraites du texte:
   a) le niveau de vie; la qualité de la vie
   b) au niveau européen
   c) en cours d'élaboration
   d) une préoccupation primordiale
   e) le poids moyen des déchets par habitant
   f) les véhicules hors d'usage

4. A l'aide du texte et d'un dictionnaire (si besoin est), trouvez un substantif qui corresponde à chaque verbe ci-dessous.
   exemple réduire – la réduction
   a) augmenter b) croître c) améliorer
   d) nuire   e) fermer   f) concevoir

5. Dressez une liste de tous les mots du texte qui ont rapport à la pollution.

Les questions 6 et 7 se rapportent au deuxième texte (à la page 23).
6. Trouvez dans le texte un mot ou une phrase qui veuille dire:
   a) se débarrasser ... des déchets
   b) des polypropylènes ont été découverts
   c) entre 1960 et 1969
   d) le monde entier est en danger
   e) le ramassage des ordures
   f) d'autres problèmes se présentent
   g) quand on aura trouvé une solution au problème
   h) il est possible d'imaginer être anxieux

7. Expliquez en français le sens des expressions ci-dessous, extraites du texte:
   a) prit un essor considérable
   b) l'emballage 'perdu'
   c) la cible ... des écologistes
   d) compte tenu de ces difficultés
   e) la faune terrestre ou aquatique
   f) la 'poussière plastique'

C. Avez-vous bien compris?

Les questions 1 à 4 se rapportent au premier texte (à la page 22).
1. Quel problème la croissance économique pose-t-elle?
2. Quand les établissements industriels (entreprises) n'observent pas les réglementations concernant la pollution, quelles sanctions peuvent être imposées?
3. Quelles sont les nuisances et pollutions contre lesquelles il faut lutter? Pouvez-vous en ajouter d'autres que l'auteur du texte ne cite pas?
4. Quel est le cercle vicieux dont l'auteur parle? Essayez de trouver des exemples spécifiques.

Les questions 5 à 8 se rapportent au deuxième texte (à la page 23).
5. Quels sont les avantages et les inconvénients des matières plastiques?
6. Quel pourcentage des déchets plastiques se retrouve dans les ordures ménagères?
7. Quelles solutions ont été proposées au problème de la destruction des matières plastiques?

8. De quoi l'auteur s'inquiète-t-il au dernier paragraphe du texte?

D. Version

Traduisez en anglais le texte ci-dessous:

A ces trois sources majeures de bruit – le travail, la circulation et les avions – s'ajoutent celles qui troublent le repos dans le logement même: canalisations, ascenseurs, radios et, bien sûr, les voisins. Cette partie du livre qui nous paraît pourtant essentielle est celle que les auteurs ont le moins longuement traitée. C'est dommage, l'appartement est le lieu du sommeil, là où le bruit ne devrait jamais entrer. Cette lacune n'enlève rien à la valeur de l'ouvrage qui, pour une fois, fait le point sur l'ensemble du problème. Il y a cent ans déjà, Koch, prix Nobel de médecine, déclarait: 'l'homme devra un jour lutter contre le bruit aussi inexorablement que contre la peste et le choléra'. C'est le bruit sans doute qui a dû empêcher les responsables de l'entendre.

Alain Ledoux, *Science et Vie*

E. Expression dirigée

1. Imaginez que vous habitez un appartement dans un immeuble particulier. Ecrivez une lettre au propriétaire de cet immeuble, dans laquelle vous vous plaignez du bruit que font vos voisins, et des ordures ménagères qu'ils laissent dans l'escalier.
2. Quelles sont les sources de pollution dans la ville ou la région où vous habitez? Dressez-en une liste, et pour chacune dites quel remède vous proposez.
3. Imaginez que vous allez déménager à une ville que vous ne connaissez pas. Quelles questions voudriez-vous poser sur les agréments et les inconvénients de cette ville?

F. Au jour le jour

'La fin du monde' (voir le vocabulaire à la page 180).
Après avoir écouté le texte enregistré, dites pourquoi tant de prophètes sont pessimistes concernant l'avenir de la terre.

Sans paroles

25

Responsabilités partagées

[Le 16 mars 1978, l'*Amoco Cadiz*, pétrolier libérien échoue sur les récifs de Portsall (Finistère). La marée noire provoquée par le sinistre menace les Côtes-du-Nord et la Côte de granit rose, victime, il y a 11 ans, de la cargaison du *Torrey Canyon*. La grosse nappe de pétrole a souillé les plages et le port de Roscoff.]

Devant le 'désastre historique' provoqué par la marée noire de l'*Amoco Cadiz*, personne n'a le droit de jouer les censeurs, car tout le monde s'est laissé surprendre.

L'administration d'abord, dont le plan Polmar, pourtant tout récemment 'modernisé', démontre chaque jour son insuffisance. Il s'agit d'un dispositif purement administratif qui permet au préfet maritime de mobiliser sans délai tous les moyens nécessaires. Encore faudrait-il que ces moyens soient à la hauteur des circonstances. Ce n'est pas le cas.

La marine nationale n'a aucun remorqueur capable de tracter un supertanker en difficulté. Les dispersants actuellement en stock ne permettent de traiter que 25 000 tonnes de pétrole (sur 220 000). Les rampes d'épandage, qui, dit-on, avaient été préparées depuis longtemps pour équiper les dragueurs de mines, sont en nombre insuffisant. Alors, faute de mieux, on a vu en pleine mer les matelots utiliser les tuyaux à incendie du bord.

Le lendemain de l'échouage M. d'Ornano, ministre de la culture et de l'environnement, annonçait que 11 kilomètres de barrages allaient être immédiatement mis en place. Or, six jours plus tard, il n'y en avait encore que 5 pour 100 kilomètres de côte menacée. Au reste, personne ne savait trop comment disposer et surtout comment ancrer ces boudins rouges. D'où leur rupture rapide et leur inefficacité.

Pour les pompes flottantes, les bacs récepteurs de mazout, les camions-citernes, on a tout improvisé au jour le jour. Et ce sont les tonnes à purin des paysans, auxquelles évidemment personne n'avait songé, qui se sont révélées les plus efficaces.

Même les combinaisons, les pelles, et les seaux ont manqué jusqu'à, sur la demande des maires, une station de radio périphérique en a acheminé plus de quarante camions sur Brest. Quant au détergent biodégradable qui sera nécessaire pour nettoyer la côte mètre par mètre, on en possède en tout et pour tout 300 kilos! 'Plan Polmar, plan de ringard' scandaient les étudiants et les lycéens bretons devant les préfectures.

Tout se passe comme si l'ensemble des responsables avaient oublié que vingt tankers défilent chaque jour à 15 kilomètres du Finistère. Ils charrient plus de 400 millions de tonnes de pétrole par an. Dans ces conditions, un naufrage accompagné d'une formidable marée noire ne peut être considéré comme un accident exceptionnel mais comme le risque normal couru par la Bretagne.

On ne guérira pas de la maladie des marées noires en s'en remettant exclusivement à l'Etat. A une responsabilité collective doit répondre un effort collectif. Effort des professionnels de la mer, des municipalités et des départements littoraux pour se doter de moyens de défense rapprochés: barrages, pompes, produits nettoyants. Effort des associations, de l'université, du CNEXO (Centre national pour l'exploitation des océans) pour étudier les effets de la pollution par les hydrocarbures, ses antidotes chimiques et biologiques.

Effort des compagnies pétrolières, des ports autonomes, de l'Etat et même des nations de la communauté européenne (le pétrole de l'*Amoco Cadiz* était destiné aux Britanniques et aux Néerlandais) pour installer à Brest un centre de lutte contre la pollution marine doté de gros moyens ainsi qu'un groupe heliporté de réparation des avaries en mer.

Effort des compagnies maritimes et des chantiers navals pour modifier la conception des tankers. Près de cinquante pétroliers de plus de 200 000 tonnes sont actuellement en construction. Il n'est pas trop tard pour renforcer leurs dispositifs de sécurité. Mais la raison voudrait que ces monstres soient les derniers à être lancés.

Car la grande leçon de l'*Amoco Cadiz* c'est que les 'machines géantes' appellent des moyens de contrôle à leur mesure. De même qu'ils demandent un moratoire nucléaire, les écologistes sont fondés à réclamer un moratoire dans la construction des super-pétroliers tant qu'on n'aura pas maîtrisé ces monstres. On ne peut plus 'jouer avec les allumettes' dans ce domaine.

Marc Ambroise-Rendu, *Le Monde*

G. Avez-vous bien compris?

1. Expliquez en français ce que c'est que: l'*Amoco Cadiz*, la marée noire, le mazout, le plan Polmar.
2. Selon l'auteur du texte ci-contre, qu'est-ce qui manquait à la marine nationale?
3. Pourquoi les barrages étaient-ils inefficaces?
4. Où a-t-on mis le mazout recueilli?
5. Pourquoi les étudiants bretons ont-ils manifesté?
6. Pourquoi l'auteur considère-t-il inévitables des naufrages accompagnés d'une marée noire?
7. Quant à l'avenir, quel effort les municipalités devraient-ils faire?
8. Que devraient faire les compagnies maritimes?

H. Paraphrase

Pour chaque phrase ou chaque expression en italique ci-dessous, écrivez une phrase équivalente, de même sens, en respectant pour certaines les consignes qui vous sont données:

Un ronflement me parvenait[1] et je commençai à trembler. *Gilles ouvrit le battant d'une lourde porte et me laissa*[2] le passage. Je m'arrêtai et le regardai. *Il dit quelque chose, mais*[3] je ne pouvais plus l'entendre, j'étais dans l'atelier 76.

Les machines, les marteaux, les outils, les moteurs de la chaîne, les scies mêlaient leurs bruits infernaux et ce vacarme *insupportable*[4] fait de grondements, de sifflements, de sons aigus, *déchirants pour l'oreille,*[5] me sembla tellement inhumain que je crus *qu'il s'agissait d'un accident,*[6] que, ces bruits *ne s'accordant pas ensemble,*[7] certains allaient cesser. Gilles vit mon étonnement.

—*C'est le bruit! cria-t-il*[8] dans mon oreille. *Il n'en paraissait pas gêné.*[9]

Claire Etcherelli, *Elise, ou la vraie vie*, Denoël

1. J'... 2. Le battant d'une ... (passif) 3. Bien que ... 4. ... 5. qui 6. ... 7. Puisque 8. Il cria que ... 9. ...

I. Texte enregistré ✇

'La marée noire en Bretagne' (voir le vocabulaire à la page 180). Après avoir écouté la bande enregistrée, dressez une liste des événements dont on parle.

J. Traduction

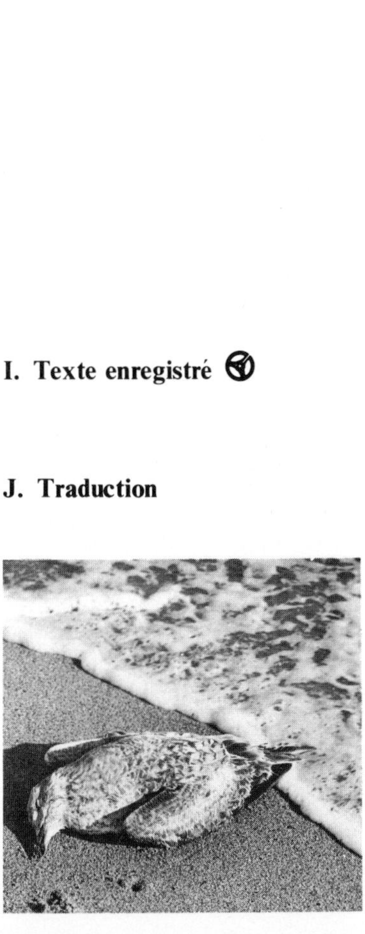

In March, 1967, the giant tanker *Torrey Canyon* ran aground off the south coast of Britain and discharged thousands of tons of oil into the sea. Over seventy miles of beach were contaminated and many thousands of birds killed, not just by the oil, but also by the use of detergent which was intended to disperse the oil slick. Although the detergents were said to be biodegradable they were in fact just as great a danger to marine life as the original cause of the pollution.

After the *Torrey Canyon* disaster, both France and Great Britain drew up emergency plans in order to deal with any future shipwreck of a supertanker. However, eleven years later, when another tanker, the *Amoco Cadiz*, ran aground off the coast of Britanny, all the measures which had been planned proved of little value. Once again, many kilometres of the coastline were covered by the black tide and those responsible for dealing with the emergency were seen to be powerless.

Dossier 2 Une seule terre Leçon 4

Inquiétudes d'un biologiste

Né à Paris en 1894, homme de science, Jean Rostand est le fils du poète et auteur dramatique Edmond Rostand.
S'il se passionne pour la biologie et se spécialise en génétique, il se montre cependant constamment préoccupé de questions philosophiques.
Jean Rostand a été élu à l'Académie française en 1959.

Explications
1. *soothing, harmless*
2. *trigger off*
3. *heritage*
4. *harvest*
5. *nutritive*
6. *it is appropriate*
7. *feeble, puny*
8. *pillage, sack*
9. *earth-dwellers*

'Science sans conscience', on nous l'a assez répété dans les écoles, est promesse de ruine, mais qu'apporte à l'homme la science même consciencieuse? Comment savoir s'il vaut mieux agir qu'abstenir ou vice-versa? Une découverte aujourd'hui jugée insignifiante sera révolutionnaire demain. Une erreur ouvre des voies de recherches nouvelles, conduit à des remèdes souverains alors que d'autres remèdes en apparence anodins[1] déclenchent[2] des drames inattendus comme celui de la thalidomide.

Renonçons-nous pour autant à ce qui donnera des résultats prévisibles, connus d'avance, aux essais nucléaires par exemple avec leur cortège de conséquences sur notre patrimoine[3] génétique? La race

Une centrale nucléaire. Une agression contre la nature ou un grand progrès de la civilisation technique?

humaine risque d'en périr – à moins qu'elle ne périsse pour une autre cause.

Car nos connaissances sont fragmentaires, dispersées, minimes en regard de ce que contient le cosmos, peut-être même faudrait-il dire sans valeur absolue. Le doute et sa compagne l'angoisse, voilà la moisson[4] qu'une vie d'étude apporte à Jean Rostand. Il a rassemblé dans *Inquiétudes d'un biologiste* ses réflexions d'un esprit lucide – leçon d'un homme de science que chacun de nous aura profit à méditer, car ce petit livre très dense constitue de nos jours un avertissement.

Respectons cette petite boule

Depuis quelque années, les amis de la nature se sont donné pour tâche de dénoncer les incessantes agressions dont elle est l'objet. Agressions contre le sol, contre l'atmosphère, contre les eaux, contre les flores, contre les faunes... Agressions par la pollution radioactive, par les insecticides et les herbicides, par les hydrocarbures...

Agressions qui, soit en réduisant le potentiel nourricier[5] de la planète, soit en empoisonnant les aliments ou l'air respirable, soit en rompant les fragiles équilibres naturels, finiront par se retourner contre l'homme.

Et peut-être sied-il[6] de marquer le singulier renversement d'attitude qui, désormais, se trouve imposé à notre espèce.

L'homme avait, jusqu'ici, le sentiment qu'il logeait dans une nature immense, inépuisable, hors de mesure avec lui-même. L'idée ne pouvait lui venir qu'il aurait, un jour, à ménager, à épargner cette géante, qu'il lui faudrait apprendre à n'en pas gaspiller les ressources, à ne la pas souiller en y déposant les excréments de ses techniques. Or, voilà que, maintenant, lui, si chétif,[7] et qui se croyait si anodin, il s'avise qu'on ne peut tout se permettre envers la nature ; voilà qu'il doit s'inquiéter pour elle des suites lointaines de son action ; voilà qu'il comprend que, même dans une mer 'toujours recommencée', on ne peut impunément déverser n'importe quoi...

D'où vient ce revirement ?

D'une part, de l'accroissement de la population, qui fait de l'homme un animal toujours plus 'gros' et plus envahissant ; d'autre part, des progrès de la civilisation technique qui étendent démesurément ses pouvoirs.

Je sais, il y a des gens qui disent, enivrés par nos petits bonds dans le 'cosmos' : eh bien, quand l'homme aura épuisé le capital nourricier de sa planète, quand il aura pillé tous les magasins terrestres, quand il se sera rendu son logis inhabitable avec ses ordures radio-actives, avec ses pétroles, avec sa chimie, il émigrera sur un autre globe, qu'il mettra à sac[8] et souillera à son tour.

N'y comptons pas trop... En attendant que ces rêves prennent corps, conduisons-nous en bons terricoles.[9] Respectons cette petite boule qui nous supporte. Locataires consciencieux, ne dégradons pas les lieux où nous respirons. L'humanité n'est pas une passante. Un poète a dit : naître, vivre et mourir dans la même maison...

Il y a apparence que le sort de l'homme est de naître, de vivre et de mourir sur la même planète.

Jean Rostand, *Inquiétudes d'un biologiste*, Editions Stock

A. Analyse de la langue

1. En vous rapportant à *Inquiétudes d'un Biologiste* (aux pages 28 et 29), cherchez dans le texte tous les exemples:
   a) de l'usage du temps futur de verbe: *exemple* une découverte sera révolutionnaire demain. Ensuite, traduisez ces phrases en anglais.
   b) des verbes d'obligation: *exemple* il aurait à ménager. Ensuite, classez ces verbes selon la structure qui les suit: **à, de,** infinitif sans préposition, **que**.
   c) de l'usage de la préposition **à**: *exemple* une erreur ... conduit à des remèdes... Ensuite, exprimez ces phrases d'une autre façon sans utiliser **à**:
   exemple Il aurait un jour à ménager...
   Un jour, il serait obligé de ménager...
   d) des pronoms au troisième paragraphe (qui commence par 'L'homme avait...'). Dressez-en une liste et identifiez le substantif que chacun remplace: *exemple* il logeait – l'homme logeait.
2. Rédigez des phrases qui commencent avec les expressions suivantes, qui sont basées sur des locutions extraites du texte:
   a) Il vaut mieux lutter ...
   b) A moins qu'on ne prenne garde ...
   c) Depuis quelques jours ...
   d) Peut-être faut-il ...
   e) D'une part ..., d'autre part ...
   f) Quand l'homme aura gaspillé toutes les ressources ...

B. Travail à deux

Après avoir lu le texte (pages 28 et 29) rédigez une série de questions, que vous poserez ensuite à un camarade de classe, pour voir si celui-ci a bien compris le texte.

C. Exploitation

1. Lesquelles des choses de la liste ci-dessous avez-vous remarquées dans la localité où vous habitez? Lesquelles trouvez-vous offensantes ou intolérables et lesquelles acceptables?

Je trouve insupportable ...
Il me serait impossible d'accepter ...
Tout en acceptant la nécessité de ..., néanmoins je trouve inacceptable ...
Etant donné que ...
J'accepte la nécessité de ...
   pourvu que (ce soit) ...
   il faut quand même respecter ...
   mais j'insiste pour que ...
On doit quelquefois accepter ...
   ... à la rigueur ...
   ... pourtant, on ne peut jamais justifier ...

des ordures ménagères dans les rues
des poubelles débordantes; une décharge publique
des papiers et autres déchets ménagers jetés dans les bois, les haies ou les champs
des panneaux-réclame aux affiches déchirées
des tas de ferraille (voitures hors d'usage, vieux lits, voitures d'enfants cassées) sur des terrains vagues
une centrale, un gazomètre ou autre bâtiment industriel géant
un parking à plusieurs étages; une autoroute; une grande surface; un grand ensemble
un parc à caravanes délabré; un camping
des pylones électriques ou des tuyaux à gaz visibles

2. 'Il vaut mieux agir que s'abstenir.' Mais que faire? Que proposez-vous pour limiter les différentes causes de la pollution?

Pour éviter	la pollution de l'air des villes	il serait possible de
réduire	le versement des déchets industriels dans les cours d'eau	peut-être sied-il
limiter		il vaudrait mieux
borner	le risque des marées noires	on devrait
éliminer	la défiguration du paysage	il faut absolument
supprimer	le bruit des avions, des machines et des poids lourds	nous serons obligés de
mettre fin à		

Vous pouvez éventuellement utiliser les expressions ci-dessous:
réutiliser les déchets industriels
voter des lois très sévères contre la pollution
augmenter la production d'aliments et de produits naturels
accélérer les recherches sur l'énergie atomique et ses applications
protéger le milieu naturel par le développement des parcs nationaux
diviser les villes en quartiers résidentiels et en zones industrielles
accélérer et renforcer l'action internationale
organiser des associations bénévoles pour la défense de la nature

D. Dictée/Transposition ⊘

Ecoutez, sur la bande enregistrée: 'Le fléau numéro un: le bruit'. Ensuite, écrivez les deux courts textes comme dictée, ou bien, toujours en les écoutant à une vitesse convenable à une dictée, traduisez-les simultanément en anglais.

E. Résumé/Commentaire

1. Résumez le texte de Jean Rostand (page 29), non compris l'introduction, en 150 à 200 mots – à peu près le tiers du texte intégral. Avant de commencer votre résumé, dressez une liste des mots-clés du texte. Trouvez un titre alternatif au texte; y a-t-il une seule phrase au texte qui vous semble contenir le sens du texte entier? Ou bien pourriez-vous résumer dans une seule phrase l'essentiel du texte?
   ou
2. Faites un commentaire du texte, faisant mention des arguments présentés par l'auteur et de sa façon de les présenter. Etes-vous convaincu par l'argument de l'auteur? Dites pourquoi.

F. Traduction

Inhabitants of the Channel Islands joined thousands of French protesters in a series of demonstrations against the construction of a nuclear power station at Flamanville in the Cotentin peninsula. The electricity authority – the EDF – tried to quell the fears of the islanders by holding meetings in the islands.

   With French ecologists, the protesters said the power station – expected to become the largest in Europe – would pollute the sea for miles around. The plant, one of twenty that France hopes to complete in the next ten years, would have been built on cliffs overlooking holiday beaches.

   The building permit for the power station has now been cancelled – the first victory for the French anti-nuclear movement.

Guardian Weekly

L'énergie nucléaire — le pour et le contre

Le réacteur nucléaire Bugey–2 a divergé

Le deuxième réacteur nucléaire de la centrale du Bugey (Ain), a divergé, jeudi 20 avril. C'est à 3h. 15 du matin que les premières fissions nucléaires ont eu lieu dans le cœur du réacteur. La production d'électricité et le couplage au réseau E.D.F. doivent avoir lieu au cours de la première quinzaine de mai.

Bugey-2 est le troisième réacteur de la filière à eau pressurisée et à uranium enrichi qui diverge, après les deux réacteurs de Fessenheim (Haut-Rhin), mis en service en 1977.

Sur le même site fonctionne depuis 1972 le réacteur Bugey-1, qui relève de la filière graphite-gaz, aujourd'hui abandonnée. La mise en service de Bugey-3, qui possède les mêmes caractéristiques que Bugey-2, devrait intervenir d'ici quelques mois. Deux autres réacteurs, Bugey-4 et Bugey-5, sont en construction.

Le Monde

Manifestation anti-nucléaire

Au lendemain des assises anti-nucléaires qui ont rassemblé près de 2 000 personnes, samedi et dimanche à Morestel (Isère), un groupe de manifestants a investi — lundi vers 5 heures — le site de la future centrale nucléaire de Creys-Malville.

Une centaine de personnes environ sont parvenus jusqu'aux grilles entourant le chantier ou sera installé le sur-générateur 'Super-Phénix'.

Les manifestants ont empêché la sortie du personnel de garde et bloqué l'accès du chantier à l'équipe de travail du matin, qui a dû rebrousser chemin.

France-Soir

G. Guide-discussion

Etes-vous pour ou contre la construction de centrales nucléaires? En vous inspirant des notes ci-dessous et de la discussion enregistrée, discutez du problème (en groupes, si c'est plus pratique).

POUR
en général
- sûreté – pas une mort en 20 ans
- le charbon et le pétrole s'épuisent – il faut trouver d'autres sources d'énergie
- assure l'indépendance de la défense
- assure l'indépendance de l'approvisionnement en énergie du pays
- coûte moins cher
- utilise des ressources abondantes (uranium, plutonium)
- système à bon rendement – générateurs peuvent être utilisés aux heures de pointe

avantages pour la localité
- réduction du chômage
- travail propre et bien payé
- augmentation du commerce
- amélioration sur le plan de l'éducation, du logement et de la construction de routes

CONTRE
en général
- manque de sûreté – toujours le risque de fuites de produits radio-actifs, la possibilité d'explosions
- les déchets nucléaires constituent la matière première pour la fabrication des bombes – risque de prolifération
- les déchets radio-actifs restent dangereux pendant des centaines d'années – comment s'en débarrasser?
- susceptible de limiter les recherches dans l'énergie solaire ou marémotrice (*tidal*) ou géothermique

inconvénients pour la localité
- risque d'explosions et de retombées
- aucune réduction du chômage, sauf pour les techniciens diplômés
- risques dûs au transport des déchets, avec possibilité d'accidents et de vols par des groupes terroristes
- risque de maladies sérieuses qui ne se révèlent pas immédiatement – risques pour les enfants de demain
- les centrales défigurent le paysage et occupent de vastes étendues

Nucléaire: l'exemple de Paluel

Des militants écologistes au service des centrales nucléaires! Cela vous paraît absurde? Et pourtant... trois amoureux de la nature, anticonformistes, travaillent depuis plusieurs mois sur l'environnement de la future centrale nucléaire à Paluel (Seine-Maritime).

Double problème pour les responsables de l'E.D.F. Comment intégrer ces mastodontes industriels dans le paysage? D'autre part, la centrale doit être construite au niveau de la mer, donc creusée dans la falaise pour faciliter l'approvisionnement en eau. Que faire des 7 millions et demi de m³ de terre et de craie déblayés?

Les jeter à la mer? Impossible, cela détruirait les poissons du littoral et soulèverait la fureur des pêcheurs. C'est alors que les écologistes entrent en scène: l'E.D.F. leur confie la tâche de recréer un nouveau paysage autour de la centrale en utilisant toute la terre déblayée pour les travaux.

L'Express

Discussion: Ce qu'on dit sur le terrain
Ecoutez la discussion enregistrée (voir le vocabulaire à la page 180).

CONTRE LE NUCLEAIRE PSU
RESISTANCE POPULAIRE

H. Guide-dissertation

In the first essay subject given, as in the discussion opposite, you are asked to present two sides of an argument. You should present an organised summary of the main points made, rather than a mere collection of points of view. There are of course all sorts of 'in-between' positions in any argument, but, for the moment, concentrate on the two main positions which people might take up.

Steps in organising your essay:

1. Decide on the major points, remembering to ask yourself how they contribute to the construction of your plan.
2. Put your points in order. In this type of essay you will group them into 'pour' and 'contre' sections, which you may decide to treat **either** by presenting all the arguments on one side first, in one or more paragraphs, followed by the opposing arguments, **or** by balancing each point on one side with a corresponding counter-argument. If you choose the latter idea, you may find it more difficult to keep to a clear paragraph plan, although your essay may be more interesting and lively.
   In either case, summarise the reasons which are given for each statement, even though you may not agree with them.
3. Construct your concluding paragraph, in which you present your own summary and opinions. Remember that you are not expected to find the solutions to the world's problems, so you should not search for answers for the sake of a tidy conclusion. A summary of your own doubts and fears in relation to the arguments presented previously may be the best way to end an essay on a controversial theme.

Important items for use in this type of essay (and most others) are words and phrases concerned with expressing and questioning reasons and causes.

When you plan essays on the other subjects below, decide whether the plan given here or the one given in the first Dossier is more suitable.

I. Sujets de dissertation

1. Ecrivez un article pour un journal dans lequel vous résumez les avantages et les inconvénients de la construction d'une centrale nucléaire dans votre localité.
2. Le bruit est le fléau de la vie moderne.
3. Nous n'avons qu'une seule planète. Il faut la ménager.
4. La pollution est le plus grand danger pour l'avenir.

Test 2

A. Le passif

1. Mettez les phrases ci-dessous au passif:
   exemple L'E.D.F. construira une centrale près d'ici.

   > *Une centrale sera construite près d'ici par l'E.D.F.*

   a) On a construit la centrale au niveau de la mer.
   b) Les chercheurs anglais ont ouvert l'ère des matières plastiques.
   c) L'Europe produit plusieurs millions de tonnes de matières plastiques chaque année.
   d) Les gaz d'échappement des véhicules polluent nos grands centres urbains.
   e) Les Japonais ont utilisé les déchets plastiques pour obtenir du pétrole.
   f) Le bruit perturbe tout – l'audition, la qualité du travail, la santé.
   g) Il faut que les responsables modernisent le plan Polmar.
   h) On ne devrait utiliser les détergents qu'avec soin.
   i) Qui réglera la facture de la marée noire?
   j) On ne peut considérer les marées noires comme des accidents exceptionnels.

2. Ecrivez les phrases ci-dessous, en évitant l'usage du passif:
   exemple La marée noire fut provoquée par l'échouage du pétrolier.

   > *L'échouage du pétrolier provoqua la marée noire.*

   a) Un programme contre la pollution va être élaboré par des écologistes.
   b) Quand les ressources terrestres seront épuisées par l'homme, il émigrera sur une autre planète.
   c) Ces taudis devraient être démolis.
   d) La collecte des ordures ménagères devrait être faite au moins une fois par jour.
   e) Des milliers d'oiseaux ont été atteints par le mazout.
   f) La manifestation avait été interdite par la police.

3. Composez des phrases suivant les indications ci-dessous:
   exemple se construire – centrales nucléaires

   > *Des centrales nucléaires se construisent partout en France.*

   a) se vendre – voitures japonaises
   b) se trouver – grands ensembles
   c) se fermer (quel jour?) – cinémas
   d) s'ouvrir (à quelles heures?) – grandes surfaces
   e) s'employer – matières plastiques
   f) se voir – tas de papiers
   g) s'entendre – transistors
   h) se consommer – apéritif

B. Prépositions

Préposition + pronom relatif
  Complétez les phrases ci-dessous avec un pronom relatif:
lequel, quoi, dont, qui

exemple La nuisance contre **laquelle** il faut lutter constamment c'est la pollution atmosphérique.

1. Voilà le bâtiment devant—il y eut une manifestation.
2. On va construire un grand ensemble—les habitants seront fiers.
3. Nous avons posé des questions aux responsables—ils ont refusé de répondre.
4. Les gens avec—nous avons parlé nous ont persuadés de prendre part à la manifestation.
5. Voilà le bois au milieu—on va faire une décharge publique.
6. Il m'a demandé à—je pensais.

C. Manquer

Choisissez la bonne réponse (voir ci-dessous) à chaque question.
Ensuite, traduisez les réponses en anglais.

1. Le directeur n'est pas là?
2. Pourquoi est-ce que ton frère n'est pas venu?
3. Vous n'oublierez pas de venir nous voir?
4. Que regretterais-tu si tu habitais à l'étranger?
5. Pourquoi n'as-tu pas pris deux billets?
6. Est-ce que l'expérience a réussi?

Réponses:
a) Non, je n'y manquerai pas.
b) Je sais que mes amis me manqueraient.
c) Non, vous l'avez manqué de quelques minutes.
d) Je manque d'argent.
e) Non, elle a manqué. Il faut tout recommencer.
f) Il a manqué le train.

D. Verbes

Complétez les phrases ci-dessous, en employant une forme correcte du verbe. Ensuite, traduisez les phrases en anglais.

conduire

1. Je voudrais que tu—moins vite. Tu me fais peur.
2. Les enfants se—bien—pendant la séance.
3. Je n'—jamais—si bien, si j'avais su que tu m'observais.
4. Tout me—à penser que les accidents maritimes se multiplient.

connaître/savoir

5. Je ne—pas que tu—ce notaire. Oui, je le—depuis deux ans.
6. Laissez-le dépanner le moteur. Il s'y—.
7. Si vous—Paris comme moi, vous—qu'il vaut mieux ne pas y aller quand l'exposition y a lieu.
8. A moins que vous ne—bien nager, vous ne devriez pas vous baigner ici.

courir

9. L'eau—très vite ici. Prends garde!
10. Ne vous fiez pas aux rumeurs qui—.
11. Ce vacarme insupportable la fit sortir de l'atelier en—.
12. J'——partout pour trouver ce vin doux.

craindre

13. J'—toujours—les centrales nucléaires.
14. Je—que vous n'ayez oublié notre rendez-vous.
15. Il s'est montré intrépide. Vraiment, il ne—rien.
16. Les oiseaux sont fragiles. Ils—le mazout.

La France dans la société internationale

Explications
1. *to put into practice*
2. *to take up the challenge*
3. *capable of resolving the problems*
4. *which falls to her*
5. *existing stocks of arms*
6. *raw materials*

La Révolution française apporta au monde, il y a près de deux siècles, le message de l'universalisme et de la solidarité.

La France a hérité de ce message, qui a fondé sa diplomatie. Son souci permanent est de s'attacher à bannir tout esprit, toute possibilité non seulement d'affrontement mais de confrontation. Il est aussi de mettre en œuvre[1] à l'échelon mondial les deux principes essentiels de la détente et de la coopération.

L'action de la France est d'abord tournée vers l'Europe. Signataire en 1951 du traité instituant la Communauté Economique du Charbon et de l'Acier et en 1957 du traité de Rome créant la Communauté Economique Européenne, la France reste aujourd'hui persuadée que son premier devoir est de relever ce défi[2] de l'histoire qu'est l'unification de l'Europe occidentale et la construction d'un ensemble politique et économique cohérent qui soit à la mesure des problèmes[3] de notre temps, qui puisse apporter une contribution authentique à la détente et à la coopération. Cette Communauté doit être ouverte sur le monde et consciente de ses responsabilités dans l'équilibre et le progrès de l'ordre international.

Fidèle à ses amitiés traditionnelles, au premier rang desquelles figure l'amitié avec les Etats-Unis et le Canada, mieux équilibrée et donc plus forte, constante et nécessaire à la sécurité, la France n'oublie pas le rôle que la géographie et l'histoire lui ont donné en Méditerranée et en Afrique, ni ses liens avec l'URSS et tous les pays de l'Europe de l'Est, avec lesquels elle souhaite favoriser sur l'ancien continent une détente authentique.

La France, qui n'a cessé d'être présente en Extrême-Orient, développe depuis 1960 une politique active de coopération politique et économique avec les pays d'Asie, et notamment le Japon et la Chine, avec laquelle elle a renoué ses relations diplomatiques en 1964.

La détente demeure fragile et reste évidemment pour longtemps liée au maintien de l'effort de défense. Ayant été le champ de bataille de deux guerres mondiales, la France ressent profondément le devoir qui lui incombe[4] d'être en mesure de défendre son indépendance. Elle s'est à son tour dotée de l'arme nucléaire. La France a toujours affirmé qu'elle était prête à participer immédiatement à toute entreprise tendant à un désarmement véritable, c'est-à-dire la destruction effective, progressive et contrôlée de l'ensemble des arsenaux actuels.[5]

Membre fondateur de l'Organisation des Nations Unies, la France, qui n'use quasiment jamais du droit de veto que lui confère sa qualité de membre permanent du Conseil de Sécurité, n'a cessé de favoriser l'autodétermination des peuples qui n'ont pu encore l'exercer. Elle y a toujours manifesté sa totale désapprobation de la politique de l'apartheid.

La France n'a jamais contesté le droit des pays du Tiers Monde, non seulement de recevoir une part plus équitable des fruits du progrès économique, mais encore d'influencer les prix des matières premières[6] que ces pays produisent. Elle estime cependant que la progression vers un ordre international meilleur est incompatible avec la méconnaissance des réalités et des lois économiques, de la solidarité qui unit consommateurs et producteurs, et notamment du fait fondamental que nul, si puissant soit-il, ne peut s'assurer des avantages durables au moyen de décisions unilatérales.

Documentation française, *La France*

A. De quoi s'agit-il?

Selon l'article ci-contre, la France est-elle pour ou contre:
1. la détente?
2. l'unification de l'Europe occidentale?
3. des liens avec l'Europe de l'Est?
4. la coopération avec l'Extrême-Orient?
5. le désarmement?
6. l'apartheid?
7. le développement des pays sous-développés?

B. Le sens des mots

1. Trouvez dans le texte ci-contre un mot ou une phrase qui veuille dire:
   a) cela fera bientôt deux cents ans
   b) elle prend soin toujours de...
   c) sur le plan international
   d) instituant le marché commun
   e) accepter la lutte, l'épreuve
   f) reconnaître ses obligations
   g) n'oubliant pas ses anciens amis
   h) qui a maintenu une présence en ...
   i) qui n'emploie que très rarement...

2. Expliquez en français le sens des expressions ci-dessous, extraites du texte:
   a) la détente
   b) l'unification de l'Europe
   c) au premier rang
   d) une politique active de coopération politique
   e) ayant été le champ de bataille de deux guerres mondiales
   f) membre fondateur
   g) le droit de veto
   h) l'autodétermination
   i) elle a manifesté sa totale désapprobation
   j) des décisions unilatérales

3. Dressez une liste de tous les noms du texte qui se terminent en **-tion**. Ensuite, à l'aide d'un dictionnaire, si besoin est, essayez de trouver les verbes auxquels ils sont liés. *exemple* création – créer.

4. Dressez une liste des mots et expressions 'géographiques' du texte, et traduisez-les en anglais. *exemple* l'Europe occidentale – Western Europe

5. Copiez la case ci-dessous et complétez-la avec des mots qui conviennent. Servez-vous du texte et d'un dictionnaire, si besoin est.

SUBSTANTIF	VERBE	ADJECTIF
‑‑‑‑‑‑‑‑‑	créer	‑‑‑‑‑‑‑‑‑
‑‑‑‑‑‑‑‑‑	égaler	‑‑‑‑‑‑‑‑‑
‑‑‑‑‑‑‑‑‑	‑‑‑‑‑‑‑‑‑	lié
‑‑‑‑‑‑‑‑‑	‑‑‑‑‑‑‑‑‑	maintenue
‑‑‑‑‑‑‑‑‑	‑‑‑‑‑‑‑‑‑	souhaitable
‑‑‑‑‑‑‑‑‑	s'assurer	‑‑‑‑‑‑‑‑‑

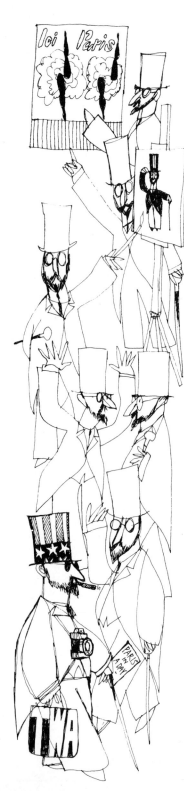

C. Avez-vous bien compris?

1. Il y a exactement combien d'années depuis la Révolution française?
2. Selon l'auteur du texte ci-contre, quels effets la Révolution a-t-elle produits sur la diplomatie française?
3. Quelle est la politique de la France vis-à-vis de l'Europe occidentale?
4. Selon l'auteur du texte, pourquoi la France est-elle anxieuse d'aider à construire un ensemble politique et économique en Europe de l'Ouest?
5. Qui sont les 'amis traditionnels' de la France?
6. Pourquoi la France croit-elle souhaitable de participer à la conférence d'Helsinki?
7. Comment réagit la France envers les pays asiatiques?
8. Pourquoi la France trouve-t-elle important d'avoir des armes nucléaires?
9. Dans quelles circonstances serait-elle prête à renoncer à son arsenal?
10. Qu'est-ce qui donne à la France le droit de veto à l'ONU?
11. Comment a-t-elle exercé ce droit?
12. Pourquoi, selon l'auteur, une connaissance des lois économiques est-elle si importante?
13. Qu'est-ce que c'est que l'apartheid?
14. En citant des exemples, expliquez 'les pays du Tiers Monde'.
15. A votre avis, qui a écrit cet article? Justifiez votre réponse.
16. Que signifient ces sigles: C.E.E., U.R.S.S., O.N.U., O.T.A.N.?

D. Version

Traduisez en anglais les deux derniers paragraphes du texte à la page 36, de *Membre fondateur* ... jusqu'à ... *décisions unilatérales*.

E. Expression dirigée

Le texte à la page 36 nous donne certaines informations concernant la France. Mais qu'est-ce qu'on veut vraiment savoir au sujet d'un pays?

1. Imaginez que vous allez passer un mois en France. Ecrivez une lettre au syndicat d'initiative de la région où vous comptez descendre, demandant des renseignements sur tout ce qui vous semble important.
2. Imaginez que vous êtes responsable de la publicité dans une agence de voyages en France. Ecrivez (en moins de 200 mots) une brochure susceptible d'attirer des jeunes Français en Grande Bretagne, dans la ville ou la région où vous habitez.

Jeunes sans Frontières

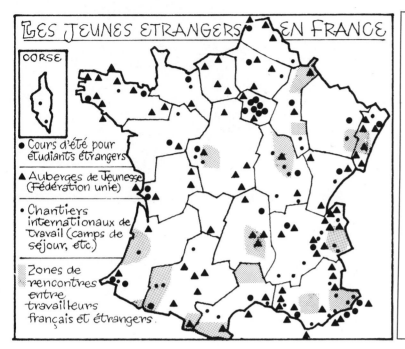

JSF
Le Club Jeunes sans Frontières
offre des

BOURSES

aux étudiants étrangers pour
encourager des visites pour
mieux connaître la vraie
France

Qui les élèves de 1ère ou terminale
Quand un voyage d'un mois
minimum,
entre juin et septembre
Comment Pour poser votre
candidature s'adresser au club
JSF avant le premier mai.
Spécifiez dans votre lettre
(moins de 300 mots) comment
vous proposez d'utiliser une
bourse.

F. Travail à deux 🎧

1. Ecoutez, sur la bande enregistrée, 'Le Club
Jeunes sans Frontières' (voir le vocabulaire à
la page 181).
2. Imaginez que vous posez votre candidature à
une bourse au Club JSF.
   a) Dressez un questionnaire contenant des
   questions sur: détails personnels, raisons
   pour poser votre candidature, activités
   proposées, destination, durée de séjour,
   frais prévus, moyens de déplacement,
   hébergement, etc.
   b) Remplissez le questionnaire préparé par
   votre partenaire, qui remplira celui que
   vous avez dressé.
   c) Vous êtes convoqué à une entrevue. Votre
   partenaire jouera le rôle du responsable du
   Club JSF. Vous essayerez de justifier votre
   candidature. En réponse à ses questions
   vous parlerez de vous-même, de vos
   intérêts, de vos projets, des préparatifs que
   vous avez faits. Ensuite, vous changerez de
   rôles.
3. Si vous ne recevez pas de bourse, quels
projets alternatifs proposez-vous? Servez-

vous de la carte ci-dessus, et ajoutez
d'autres possibilités de séjour à votre gré.

4. Quels problèmes pourraient se poser au cours
de votre séjour proposé? (maladie, accident,
manquer le train, tomber en panne, perte de
bagages, vol d'argent, grève...)

G. Expression dirigée

1. Ecrivez une lettre au Club JSF dans laquelle
vous posez votre candidature à une bourse.
En moins de 200 mots, essayez de fournir
tous les détails nécessaires pour persuader les
responsables de vous offrir une bourse.
(Détails personnels, activité proposée, projets
détaillés.)
2. Imaginez que vous avez passé un mois en
France. De retour chez vous, vous écrivez un
rapport sur votre séjour, y compris un journal
de voyage. Quelles sont les différences entre
vos intentions et la réalité? Comment le
voyage a-t-il trompé ou répondu à vos
espoirs?

'Vive le Québec libre!'

En juillet 1967, le général de
Gaulle est au Québec. Le 24
juillet, du haut du balcon de
l'hôtel de ville de Montréal, il
termine son discours par
'VIVE LE QUEBEC LIBRE!',
ce qui provoque une grande
émotion dans les milieux
anglo-saxons. La veille, lors
d'une réunion à Québec, il avait
brossé un tableau de la
situation, de son point de vue.

Pour nous Français, que nous soyons du Canada
ou bien de France, rien ne peut être plus
émouvant quant aux sentiments que nous
portons, ni plus important pour ce qui est de nos
rapports présents et à venir, que la magnifique
réception faite ici en ma personne à notre
commune patrie d'origine. Rien, non plus, ne
saurait expliquer mieux que les nobles paroles
que vous venez de m'adresser pourquoi et
comment il est de notre devoir d'agir ensemble
de telle sorte que ce que nous faisons de part et
d'autre de l'Atlantique soit, en somme, une
œuvre française.

Car, à la base de l'évolution qui est en train
de s'accomplir en ce qui concerne le destin des
Français canadiens et leurs liens avec la France,
se trouvent trois faits essentiels et que rend
aujourd'hui éclatante l'occasion de ma visite.

Le premier, c'est qu'en dépit du temps, des
distances, des vicissitudes de l'Histoire, un
morceau de notre peuple est installé, enraciné,
rassemblé ici.

Une autre donnée de la situation où vous,
Français canadiens, vous trouvez par rapport à
vous-mêmes et par rapport aux autres, tient à
ceci que votre résolution de survivre en tant
qu'inébranlable et compacte collectivité ... a pris
maintenant une vigueur active en devenant
l'ambition de vous saisir de tous les moyens
d'affranchissement et de développement que
l'époque moderne offre à un peuple fort et
entreprenant... On assiste ici à l'avènement d'un
peuple qui, dans tous les domaines, veut disposer
de lui-même et prendre en main ses destinées.

En tout cas, cet avènement, c'est de toute son
âme que la France le salue. D'autant mieux – et

c'est là le troisième fait dominant de ce qui se
passe pour vous – qu'à mesure que se révèle et
s'élève le Québec, les liens vont en se resserrant et
en se multipliant entre Français des rives du
Saint-Laurent et Français des bassins de la
Seine, de la Loire, de la Garonne, du Rhône ou
du Rhin... Dans les domaines culturel,
économique, technique, scientifique, comme dans
l'ordre politique, les contacts fréquents entre nos
gouvernements organisent notre effort commun
d'une manière chaque jour plus étroite et plus
fraternelle.

En vérité, ce que le peuple français a
commencé de faire au Canada quand, il y a
quatre siècles et demi, Jacques Cartier y abordait
au nom du roi François 1er ; ce que ce peuple a
poursuivi sous l'impulsion de Champlain,
gouverneur nommé par Henri IV, et de ceux qui
vinrent après lui ; ce qui y fut maintenu depuis
lors avec une persévérance inouïe par une
fraction française grandissante ; ce que celle-ci
entend désormais devenir et accomplir de son
propre chef et sur son propre sol, en liant l'effort
qu'elle mène dans le Nouveau Monde avec celui
que déploie dans l'Ancien sa patrie originelle ; ce
que les Français d'ici, une fois devenus maîtres
d'eux-mêmes, auront à faire pour organiser en
conjonction avec les autres Canadiens les
moyens de sauvegarder leur substance et leur
indépendance au contact de l'Etat colossal qui
est leur voisin, ce sont des mérites, des progrès,
des espoirs, qui ne peuvent, en fin de compte,
que servir à tous les hommes. Mais n'est-ce pas
dans l'ordre des choses, puisque ce sont des
mérites, des progrès, des espoirs, français?

Charles de Gaulle, *Pour l'avenir*

H. Avez-vous bien compris?

1. Pourquoi les mots prononcés par de Gaulle à Montréal ont-ils 'provoqué une grande émotion dans les milieux anglo-saxons'?
2. Quand de Gaulle a-t-il prononcé le discours ci-contre?
3. Comment fait-il appel à ses auditeurs (au premier paragraphe)?
4. Quels sont les 'trois faits essentiels' dont de Gaulle fait mention au deuxième paragraphe? Recherchez-les dans les trois paragraphes suivants.
5. Quel effet de Gaulle essaie-t-il de créer en citant les noms des fleuves français et celui du fleuve canadien?
6. Quel est le danger auquel de Gaulle fait allusion au dernier paragraphe?
7. Pourquoi ce discours, ainsi que la visite du président français, étaient-ils si importants pour les Français canadiens?
8. Pourquoi, à votre avis, de Gaulle parle-t-il des Français canadiens et non des Canadiens français?

I. Paraphrase

Pour chaque phrase ou chaque expression en italique ci-dessous, écrivez une phrase équivalente, de même sens, en respectant pour certaines les consignes qui vous sont données:

Le fameux 'Vive le Québec libre!' du général de Gaulle révéla aux Français plutôt qu'aux Canadiens, la prise de conscience nationale de tous *les Québecois francophones*[1] et les aspirations à l'indépendance d'une fraction d'entre eux.

La victoire du parti indépendantiste de René Lévesque marque-t-elle la dernière étape? Annonce-t-elle la dissociation d'une entité politique peu homogène? Ou bien – ce qui est au moins aussi probable – *présente-t-elle une signification opposée?*[2] *Indépendantiste dans l'opposition,*[3] le parti de René Lévesque aura plus de peine à le rester, sans accomplir son programme, *une fois au pouvoir.*[4]

La presse française a peu commenté les élections canadiennes qui, *du vivant du général de Gaulle,*[5] auraient soulevé des passions. *Peut-être convient-il*[6] de se féliciter de cette discrétion. Les Français de France doivent maintenir leurs liens avec les Français d'Amérique du Nord, longtemps oubliés, *depuis un quart de siècle*[7]

retrouvés. *Mais ils doivent*[8] les laisser libres de leurs décisions, sans peser sur eux dans un sens ou dans un autre. *Aux Canadiens français de choisir*[9] la voie qui leur offre les meilleures chances de sauvegarder, dans une Amérique *de langue anglaise*[10], leur culture propre.

Raymond Aron, *Le Figaro*

1. ...   2. Aron a demandé ...   3. Quoi que ...
4. quand ...   5. ...   6. Il ...   7. ...
8. Il faut ...   9. Il faut que ...   10. ...

J. Texte enregistré

'La visite à Paris de M. René Lévesque' (voir le vocabulaire à la page 181)

K. Traduction

General de Gaulle expressed most strongly his own sense of a unique relationship with those rooted on the other side of the Atlantic, whom he saw as part of the French people, in spite of the great distance which separates the two continents and of the centuries which have passed since the colonists left their former homeland to seek a better life far away.

The present French government is more discreet in its expressions of goodwill. It is less inclined to intervene in the affairs of what is, after all, part of a foreign country.

Thus, while France continues to offer cultural and social links to French Canadians, it is recognised that the latter may decide that their destiny is as citizens of an independent country and as neighbours of a superpower, no less than as descendants of Jacques Cartier and his followers, who discovered the new land over four hundred years ago.

Dossier 3 La France dans le monde Leçon 6

Sic transat ... le dernier voyage du 'France'

Les Touristocrates, ce n'est pas seulement la relation daninosienne du dernier tour du monde du France, avec ses milliardaires et 'ses braves petits millionnaires qui ont fait leur premier million eux-mêmes' – ultime voyage du plus beau navire du monde. C'est aussi la satire du voyage organisé, de l'homo touristicus.

Explications
1. *galley*
2. *coffins*
3. *ports of call*
4. *coal*
5. *blast-furnaces*
6. *tiny peninsula*

Les Touristocrates

Je tiens à remercier les amis, les experts, les conseillers en tout genre qui m'avaient dissuadé de m'embarquer dans cette galère...[1] Parlez d'un tour du monde en paquebot aux gens bien renseignés (il n'en est point d'autres): ils vous parlent aussitôt des cercueils[2] que l'on embarque au Havre.

Après les *si j'étais vous... si c'était moi...*, les questions. On m'a demandé qui il y aurait sur le bateau... quel genre de cabine j'allais avoir... si je ne craignais pas le monde, la mer, le caviar... quels costumes j'emportais... si je comptais des amis à bord...

Personne, parmi les représentants de cette société parisienne négatrice, blasée, craignant toujours de paraître 'dépassée' – ne m'a demandé par où j'allais passer. Personne, je le jure. Sauf un garçon de quatorze ans.

Devant le tracé de ce tour du monde en 90 jours et le nom de ses escales:[3] Rio de Janeiro, Tahiti, Bali, Hong Kong, Kotakinabalu, Singapour, Le Cap, Colombo, Sainte-Hélène – je reste rêveur.

Ainsi restais-je suspendu, il y a un demi-siècle, à cette ligne d'italiques Bordeaux-Rio de Janeiro: 17 jours, qui franchissait l'Atlantique sud de la carte murale dans la classe de M. Plique. Je ne sais si les temps ont beaucoup changé dans les lycées mais on arrivait toujours en Amérique du Sud l'été, à la fin du troisième trimestre. Le Brésil, le Pérou, l'Argentine, c'étaient presque des pays pour rire.

Le café, l'or des Incas, la pampa avaient un parfum de vacances.

Chers pays lointains qui nous éloignaient de l'hiver, de la houille,[4] de l'acier, des hauts fourneaux,[5] des produits manufacturés – bref des pays sérieux, la France, l'Allemagne, la Grande-Bretagne…

Rien de tel comme un paquebot pour maintenir le prestige… Il existe sur notre globe un royaume ambulant sur lequel le soleil ne se couche jamais. Il appartient aux Français. Le Français montre une aptitude particulière dans le domaine de la comparaison… Capable de faire surgir La Baule en Australie et le Puy-de-Dôme dans les Andes, il est champion de la Comparaison.

Jamais complètement là où il se trouve, le Français conserve toujours un pied chez lui. Ni dépaysé, ni dépaysant.

Habitué à voir Paris au centre du monde, planté au méridien zéro de son planisphère à égale distance de New York et de Bombay, du Groenland et de l'Ethiopie, tel un soleil autour duquel gravitent tous les pays de l'univers, il est parfois surpris de sentir le centre du monde se déplacer avec lui. Comment peut-on être Péruvien et se permettre de mettre le Pérou au plein milieu de la carte, 'à idéale distance' de Los Angeles et de Londres, de Sydney et de Moscou, en envoyant la France se balader, presqu'île infime,[6] à l'autre bout de la terre?

Le jour arrive où l'on en a marre. Marre du soleil. Marre des poissons. Marre de ces pays sans saisons. Je ne crois pas au paradis. Je crois aux paradis. Décidément, Pascal avait raison avec sa chambre; si l'homme ne sait pas y être heureux, c'est qu'il lui en faut deux.

Deux pôles aux pouvoirs d'attraction contraires: fuir Paris pour mieux l'aimer, après avoir adoré Tahiti – c'est peut-être ça, le paradis.

Pierre Daninos, *Les Touristocrates*, Denöel

A. Analyse de la langue

1. Trouvez dans le texte de Pierre Daninos (page 43) tous les exemples:
   a) de l'usage du temps imparfait du verbe. Commentez le choix de ce temps: *exemple* Si j'étais vous: l'imparfait dans la proposition subordonnée (après 'si'), le conditionnel dans la proposition principale sous-entendue (*understood*).
   b) des expressions indiquant la durée de temps: *exemple* pendant trois mois.
   c) de l'usage des prépositions à part **de, à, en**: *exemple* devant le tracé de ce tour du monde …
      Ensuite, traduisez en anglais les phrases où elles se trouvent.
   d) des pronoms relatifs. Ensuite, identifiez les noms auxquels ils se rapportent: *exemple* les amis … qui m'avaient dissuadé.
2. Employez chacune des expressions ci-dessous au commencement d'une phrase:
   a) Je tiens à vous signaler …
   b) Sans que je ne m'en sois rendu compte …
   c) Moi qui pensais que …
   d) On m'a demandé si je ne craignais pas …
   e) Ainsi pensais-je il y a cinq ans …
   f) Il existe dans le monde …
   g) Point n'est besoin de …
   h) Je ne crois pas à …

B. Travail à deux

Après avoir lu le texte (aux pages 42 et 43), rédigez une série de questions, que vous poserez ensuite à un camarade de classe pour voir si celui-ci a bien compris le texte.

C. Exploitation

1. a) En partant en vacances à l'étranger,

que désirez-vous trouver	du point de vue: langue?
que vous attendez-vous à trouver	temps? paysage?
de quoi avez-vous besoin	cuisine? divertissements/ sorties?
qu'est-ce que vous n'aimez pas	tranquillité? gens? exotisme? dépaysement?

   b) Et les Français qui viennent en Grande-Bretagne, comment trouvent-ils: les gens, le temps, la cuisine, le paysage, les coûtumes, les monuments et les sites historiques? Quels désagréments trouvent-ils?
   c) Où aller en vacances? Justifiez votre choix. (… pour … à cause de … puisque)
   d) Imaginez qu'il ne soit pas permis aux Britanniques de voyager à l'étranger (comme ça arrive dans certains pays). A votre avis, quelles en seraient les conséquences? – langue, culture, politique, commerce, enseignement, chauvinisme?
2. Le sigle E.N. signifie conforme aux 'normes européennes'. On a déjà proposé l'unification de certaines normes en Europe concernant par exemple les poêles à mazout, les cuisinières à gaz, les installations sanitaires.
   a) Quelles normes pourrait-on adopter sans trop de difficultés?
   b) Lesquelles devrait-on adopter malgré toutes les difficultés?
      – l'unification des poids et mesures, kilométrage, vitesse, lois sur la pollution, sur l'agriculture, l'éducation, la sécurité sociale, le système pénal
      – la standardisation technologique – claviers des machines à écrire, langue pour les ordinateurs, les appareils ménagers… les médicaments, nourriture et boissons (le thé communautaire?)
   c) Quelles sont les avantages et les inconvénients d'une telle unification?
      – coût, difficultés techniques, préjugés, résistances irrationnelles, pièces interchangeables, libre circulation des produits, manque de choix et de variété.

D. Dictée/Transposition ▼

Ecoutez sur la bande enregistrée 'L'indépendance et la paix'. Ensuite, écrivez-le comme dictée en français, ou bien, toujours en l'écoutant à une vitesse convenable à une dictée, traduisez-le simultanément en anglais.

E. Résumé/Commentaire

1. Résumez le texte de Daninos (aux pages 42 et 43)
   a) Trouvez un titre alternatif.
   b) Dressez une liste des mots-clés du texte.
   c) Résumez en deux ou trois phrases le sujet du texte.
   d) Résumez le texte entier en 200 mots environ.

   ou

2. Faites un commentaire du texte de Daninos. Commentez:
   a) l'usage des expressions en italique
   b) l'usage de la répétition
   c) l'humour du texte. En quoi consiste-t-il?
   d) Expliquez les expressions ci-dessous:
   sic transat; cette galère; dépassée; sérieux; prestige; ni dépaysé, ni dépaysant.

F. Traduction

Since the early 1960s, there has been a striking and, in my view, encouraging decline in old-style nationalism and patriotism among young people – except among a tiny Right-wing minority.

De Gaulle's nationalism left them cold; no longer do they stir to the sound of a military band on 14 July – *tout ça c'est du folklore*. They are less chauvinist than their elders, less insular than British youth; and most of them do believe in some ideal of a united Europe. Often I was told, in effect: 'We go to Frankfurt or Milan now as naturally as to Lyons or Bordeaux. We have no sense of frontiers any more. It's only the British whom we feel to be still 'different', but we wish they weren't because we like them. And we wish that European universities and degrees were integrated, so that you could study for one year in Paris and the next in, say, Munich, just as you like.' These young people are most of them bored and cynical about the EEC in Brussels, where they see the nations haggling and defending their own interests just as before. But they believe in their own kind of Europe, and they are trying to build it, in their own way, almost despite the politicians.

John Ardagh, *The New France*, Penguin

Sans paroles

L'Europe unie — pour et contre

TRAVAILLEUR **BRETON**
ILS TE **BERNENT !**

Les néo-capitalistes français complices
des marionnettes du national-gaullisme
TE déplacent comme un PION sur le
marché hexagonal et européen du travail
(l'origine géographique des offres d'emploi
dans la presse locale le PROUVE !)

ILS TE TRAITENT en
COLONISÉ !

REPRENDS TA DIGNITE

UDB REJOINS
l'UNION DÉMOCRATIQUE BRETONNE

B.P. 713 · 35 RENNES

A l'heure où le F.L.B. se fait embastiller, les Corses arraisonner, les Occitans pourchasser et les Basques traquer, et où les remous de la répression donnent un relief particulier aux menées régionalistes, il faut bien constater que ces combats ne sont plus que des escarmouches d'arrière-garde.

Le véritable débat n'est pas dans le statut de la région, il est dans la réalité quotidienne des modes de vie. Il est dans les chaînes d'hôtels et de restaurants qui, d'un bout à l'autre de la France, proposent des chambres rigoureusement identiques et des menus invariablement semblables. Il est dans la gamme réduite des plats surgelés présentés par les supermarchés. Il est dans les petits pavillons fabriqués en grande série et qui ornent les reliefs de la Picardie et de l'Alsace, de la Provence et de la Normandie. Il est dans la même musique que les mêmes jeunes écoutent aux mêmes heures. Il est dans les gestes, les regards, les démarches, les paroles d'hommes et de femmes qui empruntent tout cela aux modèles véhiculés par la presse, le cinéma et la publicité.

L'aspiration à la différence, si noble soit-elle, ne peut rien contre cette uniformisation écrasante. Comment dit-on Coca-Cola en occitan?

Elle

G. Guide-discussion

1. Le peuple britannique deviendra-t-il un jour européen? Quels obstacles s'y posent? (la Manche, distance, insularité, langue …) Quels avantages pourrait-il y avoir? (possibilités d'enseignement et de travail, plus de prospérité, marché plus large, enrichissement de la culture …) Par quels moyens pourrait-on rapprocher la Grande-Bretagne de l'Europe?
   – unification des poids et mesures, de l'argent, circulation à droite
   – une seule langue officielle – ou plus d'efforts pour enseigner plusieurs langues étrangères?
   – lois et réglementations uniformisées; police, armée, services sociaux partagés
   – abolition des douanes, passeports, cartes d'identité.

2. Etes-vous pour ou contre l'unification de l'Europe?

   POUR OU CONTRE

   * Que veut dire pour vous le patriotisme? Etes-vous fier d'être Britannique? Vous considérez-vous déjà comme un Européen?

   * Une C.E.E. puissante ne créera-t-elle des problèmes pour ceux qui en sont exclus? Les autres pays d'Europe, du Tiers Monde, du Commonwealth etc.
   * Est-il de notre intérêt (ou de l'intérêt du genre humain) de créer un pouvoir mondial de plus?
   * Ne devrait-on pas essayer d'abattre les frontières artificielles qui existent en ce moment?
   * Ne devrait-on pas plutôt penser à la coopération globale – une fédération mondiale avec un seul gouvernement (l'O.N.U.?)
   * Est-ce que les aspirations nationalistes et régionalistes sont légitimes? Ou est-ce que ces aspirations sont en conflit avec la solidarité humaine?
   De toute façon, selon certains, les forces économiques vers l'universalisme sont plus fortes que les forces politiques. Qu'en pensez-vous? (Tout le monde achète les mêmes disques, porte les mêmes blue-jeans, consomme les mêmes boissons, regarde les mêmes films et les mêmes émissions de télévision, lit les mêmes best-sellers.)

L'essentiel pour jouer un rôle international, c'est d'exister par soi-même, en soi-même, chez soi. Il n'y a pas de réalité internationale qui ne soit d'abord une réalité nationale.'

C. de Gaulle

'A cause de cela, les Anglais sont prêts à jouer le rôle d'Européens. Mais ils ne seront jamais prêts à être véritablement des continentaux. Il y aura toujours chez eux une tendance à penser: "Tant pis pour ceux qui sont coupés de l'Angleterre à cause d'un bon brouillard sur la Manche". C'est d'ailleurs en grande partie pour cela que les Anglais sont convaincus que les Français tiennent tellement à ce tunnel sous la Manche.'

Sydney Smith

Discussion: Nationalisme ou Europe unie

Ecoutez la discussion enregistrée (voir le vocabulaire à la page 181).

H. Guide-dissertation

The third type of essay plan presents and discusses a number of alternative views of a topic, rather than two opposing arguments. It enables you to deal with complex subjects by analysis of the issues as seen from different points of view. It demands the most clear and logical planning if you are to maintain balance and clarity.

Steps in organising your essay:

1. Plan an introduction which will state the issues involved. Even in a short essay it is worthwhile to do this, especially when you have to analyse a complex topic. Not only will the introductory paragraph provide signposts for your readers, but it will also help you to stay on the right track (provided that you refer back to it).
2. Decide on the key points you wish to make, as determined by your introductory notes, which should act as a brief for you in selecting and organising your material.
3. Divide the key points into paragraphs. For the sake of clarity, you might decide to treat each paragraph as a mini-essay dealing with the various aspects of one step in your argument. Remember that each sentence should also contribute to the structure of your essay by presenting a single idea.

4. Plan your conclusion. This should take up again the issues mentioned in the introduction. However, it should summarise your final thoughts in the light of the arguments which you have presented. It is not just a rehash of the introduction. Once again, you may find that a series of questions or a restatement of the major problems you have identified is preferable to a glib 'solution'.

This type of essay plan is suitable for the discussion of plans, ambitions and so on, as well as for the problem-centred essay.

For your collection of words and phrases, concentrate on expressions of reservation, query and doubt which are useful for qualifying statements and assertions.

I. Sujets de dissertation

1. Vaut-il la peine d'essayer de conserver une identité nationale ou régionale?
2. 'Nous savons aujourd'hui qu'il n'y a plus d'îles et que les frontières son vaines.'
(Albert Camus)
3. Les guerres civiles sont les plus acharnées.
4. 'Ce stupide patriotisme du XXe siècle n'est plus que du mauvais esprit d'équipe.'
(Antoine de Saint-Exupéry)

Test 3

A. L'imparfait et le passé composé ou le passé simple

1. Mettez les phrases ci-dessous au passé, employant le temps imparfait ou le passé simple, selon le cas. (Il est possible de substituer le passé composé pour le passé simple.)
   a) M. René Laffont décide de poser sa candidature à une bourse, parce qu'il veut étudier l'architecture de la France.
   b) Il écrit aux responsables, disant qu'il a plusieurs raisons de vouloir aller en France.
   c) Puis il doit attendre. Il devient philosophe. Il déclare que, s'il ne reçoit pas de bourse, il ira quand même en France.
   d) Chaque jour pendant trois semaines, il va à la rencontre du facteur.
   e) Il attend déjà depuis trois semaines, quand enfin il reçoit une réponse à sa lettre.
   f) Heureusement il est convoqué à une entrevue. Je le vois au moment où il sort de l'entrevue. Il n'a pas l'air très content. Il paraît qu'on ne va pas lui offrir une bourse.
   g) Mais une semaine plus tard, il a de la chance. On décide après tout qu'il mérite une bourse.

2. Mettez les phrases ci-dessous au passé, employant le temps imparfait ou le passé composé, selon le cas.
   a) Afin de payer ses vacances, mon ami René compte faire des économies. Il dit qu'il doit se priver un peu, qu'il peut se passer de livres et journaux, puisqu'il y en a beaucoup à la bibliothèque.
   b) Il vient de prendre cette décision, quand il passe devant une librairie. Là, dans la vitrine, il aperçoit le dictionnaire qu'il veut depuis longtemps.
   c) Il n'hésite qu'un moment. Il entre dans la boutique et s'approche de la jeune fille qui est assise près de la caisse.
   d) Il lui indique le livre dont il s'agit et en demande le prix.
   e) Il est épouvanté par la hausse du prix du livre, mais il ne peut s'empêcher de l'acheter.
   f) Une fois rentré à son appartement, il se rend compte qu'il va falloir vendre quelque chose pour payer le livre...

B. Prépositions : en/dans/à

Complétez les phrases ci-dessous en employant les prépositions qui conviennent :
1. L'année dernière je suis allé — Italie. J'ai passé une semaine — Rome et un mois — la belle ville de Florence.
2. Cette année je vais — Canada et — Etats-Unis. Je vais rester deux mois — Amérique du Nord.
3. Il est difficile de garer sa voiture — Paris. Voilà pourquoi je préfère habiter — l'Indre.
4. Je n'ai pas encore écrit à mon amie suédoise. Je lui écrirai — deux ou trois jours.

5. J'ai du travail à faire; je le finirai — deux heures.
6. Nous avons fait quatre-vingts kilomètres — une heure. Nous roulions à plus de cent — l'heure.
7. Mon frère ne veut pas nous accompagner. Il est très fatigué — ce moment.
8. Mon père est rentré. — ce moment-là, la pluie a commencé.

C. C'est *ou* Il est?

Complétez les phrases ci-dessous en employant **ce (c')** ou **il (elle/ils/elles)** suivant le cas.
1. — est important pour la France d'avoir des armes nucléaires, mais les expériences nucléaires, — ne sont plus nécessaires.
2. Voilà M. Pique. — est professeur. — est mon ancien professeur de français. En effet, — est le meilleur professeur du collège.
3. Vous aimez ce fromage? Oui, — est excellent. Mmm, — est vrai.
4. — est certain qu'il y aura une troisième guerre mondiale. Je ne dirais pas cela. — est possible, mais — n'est pas certain.

D. Verbes

Complétez les phrases ci-dessous, en employant une forme correcte du verbe. Ensuite, traduisez les phrases en anglais.

croire

1. Nous — fermement que tout se passera bien.
2. Si je vous — —, je n'aurais pas assisté à cette conférence.
3. On le — ailleurs. Mais il était là tout le temps.
4. Cet écrivain voudrait que l'on — à sa sincérité.

devoir

5. Je lui ai prêté cent francs. Elle me les — toujours.
6. Vous n'— pas — téléphoner si tard. Vous avez réveillé tous les locataires.
7. Le concierge ne répond pas. Il — être au lit.
8. Tu — te mettre en route à 5h. Autrement, tu seras en retard.

dire

9. —-lui qu'il vienne me voir, s'il vous plaît.
10. Je ne veux pas que tu me — des mensonges.
11. —-donc, regarde ces taudis là-bas!
12. Regarde le ciel! On — qu'il va pleuvoir.

dormir

13. Où —-tu — cette nuit? Sous la tente?
14. Il était étendu par terre, — comme une souche.
15. Regardez-le! Il est si fatigué qu'il — debout.
16. Couche-toi, maintenant. Je ne veux pas que tu — au volant demain.

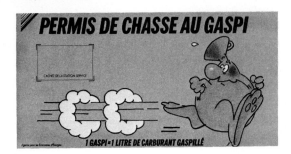

'Prédire l'avenir est difficile, voire illusoire'

Compte tenu de l'abondance du pétrole bon marché avant 1973, le monde industrialisé a négligé de penser à l'avenir, de chercher des sources alternatives d'énergie. Mais les pays producteurs ont menacé de fermer le robinet, de ne plus vendre de pétrole aux pays riches. En fin de compte, les Arabes se sont contentés de hausser les prix, mais les pays occidentaux ont connu un bon moment de panique.

Loin de compromettre l'avenir des sociétés avancées, cette crise artificielle a été providentielle en nous forçant à nous éveiller du rêve illusoire de pétrole bon marché inépuisable. On avait cru que le pétrole allait durer des siècles. La crise nous a obligés à prendre conscience de la situation réelle – situation prévisible mais qu'on n'avait pas prévue...

Explications
1. *supplies*
2. *disclosed*
3. *internal supplies/production*
4. *there will be*

Le monde industrialisé a découvert la fragilité de ses approvisionnements[1] en énergie, et il ne se passe guère de mois sans que paraissent des prévisions sur l'avenir énergétique de la planète. La plupart des oracles sont sombres.

'La consommation mondiale de pétrole va augmenter jusqu'à la période comprise entre 1985 et 1995, et se trouvera alors limitée en fonction des ressources potentielles.'

A la pénurie possible s'ajoute, en effet, l'immense dépendance des pays riches non communistes : en 1976, sur les 1 900 millions de tonnes de pétrole consommées dans la zone O.C.D.E., 1 360 millions de tonnes étaient importées (72%).

Ainsi, malgré le ralentissement de la croissance décelé[2] par toutes les études et des économies d'énergie massives, le monde risque, d'un avis unanime, d'être confronté à une crise de ses approvisionnements pétroliers avant 1995, et, dès les années 80, à des tensions inévitables sur les prix.

L'O.C.D.E. recommande à ses membres, 's'ils veulent réduire les risques au minimum, de prendre des mesures efficaces pour accroître l'offre intérieure[3] notamment à partir de sources conventionnelles : pétrole, gaz naturel, charbon et fission nucléaire ; d'économiser davantage l'énergie en rationalisant plus efficacement les emplois et de constituer des stocks plus importants pour amortir les effets des réductions délibérées des approvisionnements. Si, pour faire accepter le coût de ces mesures aux consommateurs et aux contribuables, ils attendent que les dangers deviennent plus évidents, alors le temps risque de leur manquer pour procéder aux adaptations nécessaires et ils pourraient se voir confronter à de graves bouleversements économiques, à un ralentissement de la croissance et à une aggravation du chômage'.

En Europe, les réactions ont été limitées. Inégalement riches en charbon, en gaz, et depuis la découverte en mer du Nord, en pétrole, les pays de la Communauté se sont lancés individuellement dans des politiques énergétiques où se retrouvent les objectifs définis par la Commission : développement des ressources internes et économies d'énergie. Mais en dehors d'un plan de répartition du pétrole en cas d'embargo ou de crise, aucune mesure collective concrète n'a été adoptée.

On continue de consommer de l'énergie comme si rien ne s'était passé. Tout laisse croire pourtant que, dès les années 80, s'instaureront[4] sur le marché des tensions permanentes.

Bruno Dethomas, *Le Monde*

Bénissons la crise du pétrole !

Explications
1. *spring up*
2. *rob*
3. *by virtue of rights*
4. *bridging the gap*

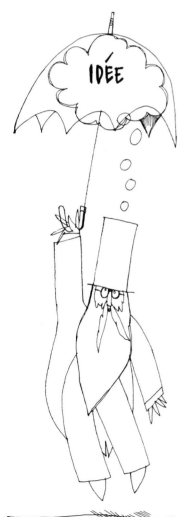

"En France, on n'a pas de pétrole, mais on a des idées"

IDÉE

Onze des douze Titans sont morts. Le sort du douzième, Prométhée, est pire. Il eut la vie sauve parce qu'il s'était allié avec Zeus, mais il avait la faiblesse d'aimer le genre humain, et il lui fit cadeau du feu, monopole des dieux. Enchaîné sur le Caucase, il peut voir se dérouler, de millénaire en millénaire, les conséquences de son sublime larcin.

Le feu n'a pas tout à fait introduit l'énergie dans la carrière de l'homme puisque chaque mouvement de son corps en est une manifestation. Mais il a marqué le début de l'emprunt énergétique à l'environnement sous une autre forme que l'ingestion des aliments et le mécanisme de la digestion. Le Prométhée inconnu qui fit jaillir[1] la première flamme ne détroussait[2] pas les dieux de l'Olympe, mais il arrachait à la matière une fraction de l'énergie moléculaire qu'elle contient.

L'humanité consomme en un jour autant d'énergie que l'Antiquité, le Moyen Age et la Renaissance en trois ans.

Encore doit-on considérer ceci : les combustibles fossiles sont précieux à un titre[3] plus important que celui de producteurs d'énergie. Ce sont des matières premières et, à ce titre, c'est un véritable crime que de les brûler.

Les économies modernes poussent à quelques gaspillages de détail par l'abondance qu'elles engendrent, mais elles réduisent les grands, les vrais gaspillages en quadruplant, par exemple, le rendement des terres arables ou en abaissant à quatre cents kilos les mille kilos de coke qu'il fallait encore récemment pour fabriquer une tonne d'acier.

Avec une exception énorme et désastreuse : l'utilisation des hydrocarbures pour produire des calories. Le pétrole est une industrie simpliste, d'où le bon marché. On creuse un trou ; le pétrole monte ; s'il ne monte pas, un léger pompage le contraint ; puis un apprêt relativement simple l'adapte aux besoins. La civilisation contemporaine s'est assise sur ce miracle avec béatitude. Elle a trouvé naturel que sa matière première la plus précieuse, l'énergie, lui arrive comme une manne inversée, jaillissant du sol au lieu de tomber du ciel. Elle ne s'est pas préoccupée ni d'un épuisement qui, malgré les découvertes, reste fatal, ni des traverses politiques qui pouvaient faire du beau miracle un cauchemar.

Est-ce inévitable ? Absolûment pas. L'énergie potentielle existant dans la nature est illimitée. On calcule qu'elle pourrait faire face à la consommation actuelle pendant dix milliards, dix mille millions d'années, bien au-delà par conséquent de la longévité accordée à la Terre et au Soleil. L'eau contenue dans deux piscines suffirait à remplacer toutes les sources d'énergie actuellement utilisées dans le monde entier. Pourtant, dès le siècle prochain, l'humanité courrait à une crise devant laquelle l'agression des pays arabes n'est qu'une gêne insignifiante.

Si le développement des ressources énergétiques autres que les combustibles fossiles s'était maintenu à sa cadence paresseuse des dernières années, jamais la soudure[4] n'aurait été faite. Le pétrole aurait été épuisé avant que les moyens de remplacement aient été mis en place. Les Arabes rendent à l'Occident un service inappréciable en le contraignant à sortir de sa torpeur.

Raymond Cartier, *Paris Match*

A. De quoi s'agit-il?

1. Selon l'auteur du premier texte, qu'est-ce qui rend l'avenir incertain?
2. Quelle est la bonne voie, à son avis?
3. De quelle crise Raymond Cartier parle-t-il au deuxième texte?
4. Pourquoi, selon lui, devrions-nous bénir cette crise?

B. Le sens des mots

Les questions 1 à 3 se rapportent à l'introduction et au premier texte (à la page 50).
1. Trouvez dans le texte une expression ou une phrase qui veuille dire:
   a) presque tous les mois on fait des prévisions
   b) la consommation future de l'énergie du monde entier
   c) la quantité de pétrole consommé dans le monde va devenir plus grande
   d) bien que la croissance ralentisse
   e) à partir de l'an 1980
2. Expliquez en français le sens des expressions ci-dessous, extraites du texte:
   a) les pays producteurs
   b) fermer le robinet
   c) le monde industrialisé
   d) la pénurie possible
   e) une aggravation du chômage
   f) en cas d'embargo
3. Trouvez dans le texte ou à l'aide d'un dictionnaire (si besoin est) les mots qui compléteront les cases ci-dessous:

SUBSTANTIF	VERBE	ADJECTIF
————————	illusionner	————————
énergie	————————	
————————	————————	réduit
————————	consommer	
————————	————————	croissant
————————	aggraver	————————
————————	————————	découvert
————————	s'épuiser	————————

Les questions 4 et 5 se rapportent au deuxième texte (à la page 51).
4. Trouvez dans le texte une expression qui veuille dire:
   a) sa vie fut sauvée
   b) ce que produisent les champs cultivés
   c) elle serait capable de répondre aux besoins de notre temps
   d) le temps qu'on s'attend à ce que la terre dure
   e) on aurait utilisé tout le pétrole
   f) avant d'avoir substitué d'autres sources d'énergie
   g) en le forçant à devenir plus actif
5. Expliquez en français le sens des expressions ci-dessous, extraites du texte:
   a) de millénaire en millénaire
   b) l'ingestion des aliments
   c) le Moyen Age, la Renaissance
   d) les combustibles fossiles
   e) dès le siècle prochain
   f) un cauchemar

C. Avez-vous bien compris?

Les questions 1 à 8 se rapportent au premier texte (à la page 50)
1. Pourquoi le monde industrialisé n'a-t-il pas pensé à l'avenir énergétique avant 1973?
2. Comment la crise nous a-t-elle été profitable?
3. Sur quoi fait-on tant de prévisions sombres aujourd'hui?
4. Quand, selon certaines prévisions, y aura-t-il une pénurie de sources d'énergie?
5. L'Organisation de Coopération et de Développement Economiques donne à ses membres trois conseils. Lesquels?
6. Si ces pays n'agissent pas bientôt, quels risques courent-ils?
7. Quelle est la seule mesure collective adoptée par la C.E.E., vis-à-vis de l'approvisionnement de l'énergie?
8. A votre avis, quels sont les dangers qui menacent les pays arabes dans la situation actuelle?

Les questions 9 à 13 se rapportent au deuxième texte (à la page 51)
9. Quel a été le crime de Prométhée?
10. Quel est le crime de l'humanité de nos jours?
11. Pourquoi l'humanité consomme-t-elle aujourd'hui mille fois plus d'énergie qu'au Moyen Age?
12. S'il est vrai que 'l'énergie potentielle existant dans la nature est illimitée,' en quoi consiste le problème pour l'humanité?
13. Quel service les Arabes ont-ils rendu à l'Occident?

D. Version

Traduisez en anglais les slogans ci-dessous:
* L'énergie que nous avons suffira à nos besoins, si nous savons limiter nos excès.
* Contrôlez votre chauffage. Vous vous porterez mieux, et vous économiserez de l'argent.
* En France, on n'a pas de pétrole mais on a des idées.
* La matière grise, c'est aussi de l'énergie... et de la moins coûteuse.
* Economiser de l'énergie doit être un effort commun dans l'intérêt de tous.
* L'énergie facile c'est fini.
* L'énergie, pensez-y! Maintenant! Nous vivrons aussi bien. Et nous préserverons notre avenir.

E. Au jour le jour 🛞

'L'énergie facile, c'est fini!' (voir le vocabulaire à la page 181).
Après avoir écouté la bande magnétique, dressez une liste des conseils qu'on vous offre pour économiser l'énergie.

F. Expression dirigée

1. Imaginez que vous êtes responsable de la campagne publicitaire pour les économies d'énergie. En vous rapportant aux conseils enregistrés (voir ci-dessus), essayez de donner des conseils supplémentaires concernant les appareils électro-ménagers.
   a) la cuisinière (électricité, gaz)
   b) le réfrigérateur ou le congélateur
   c) la machine à laver
   d) le lave-vaisselle
   e) tous les appareils électro-ménagers – faites-les entretenir régulièrement

Sans paroles

Les nouvelles sources d'énergie

Le soleil
On peut capter les rayons du soleil pour en extraire la chaleur et pour la production d'électricité.

La houille blanche
En utilisant l'énergie des cours d'eaux et des chutes d'eaux naturelles ou artificielles (formées par la construction des barrages), on produit déjà des quantités importantes d'énergie hydro-électrique.

Le vent
L'aérogénérateur, version moderne du moulin à vent, capte l'énergie éolienne pour produire du courant, qui peut être accumulé dans des batteries.

L'énergie géothermique
La température de la terre augmente avec la profondeur, surtout dans les régions volcaniques, où il existe des lacs ou des geysers d'eau chaude. L'exploitation de cette chaleur se fait déjà. Par exemple, dans la région de Melun, une source d'eau souterraine sert à chauffer près de 2 000 logements.

L'énergie marémotrice
Il existe déjà des barrages, par exemple, celui de la Rance, qui utilisent la force motrice des marées. Il y a d'autres projets et aussi des expériences pour mettre au service de l'homme la puissance inépuisable des vagues de l'océan.

L'énergie hydrothermique des mers
La différence de température entre les eaux de surface et les eaux profondes pourrait fournir de l'énergie pour des centrales flottantes.

Récupération des ordures et des déchets organiques
La combustion de ces matières pourrait produire de la vapeur pour le chauffage ou pour la génération d'électricité, ou bien on pourrait produire de l'essence en chauffant et en comprimant les déchets organiques.

Gaz de fumier
On obtient du méthane en faisant subir au fumier de basse-cour (ou bien aux matières excrétées par les êtres humains) une série de fermentations.

Et pour l'avenir plus lointain…?
L'hydrogène
Gaz obtenu par l'électrolyse de l'eau, procédé qui sépare l'hydrogène de l'oxygène. Le produit de la combustion de l'hydrogène dans les moteurs à explosion non-polluants est l'eau, qui peut être retransformée en hydrogène – et ainsi de suite.

G. Avez-vous bien compris?

1. Selon l'article ci-contre on peut utiliser les rayons du soleil de deux façons? Lesquelles?
2. Qu'est-ce que c'est que la 'houille blanche'?
3. Qu'est-ce qu'un aérogénérateur?
4. Comment utilise-t-on la température terrestre?
5. Comment pourrait-on capter l'énergie des mers?
6. Par quels moyens les ordures et les déchets pourraient-ils nous fournir de l'énergie?

H. Paraphrase

Pour chaque phrase ou chaque expression en italique ci-dessous, écrivez une phrase équivalente, de même sens, en respectant pour certaines les consignes qui vous sont données:

Premier avantage de l'énergie solaire, être[1] une énergie *non-polluante.*[2] Avec elle, finis les odeurs, le bruit et les malaises *dûs à*[3] l'oxyde de carbone des moteurs à explosion: finie la pollution: finis les pylônes et les poteaux électriques *qui cisaillent les paysages;*[4] finis les *nuages glauques*[5] de poussières sur les villes; et pas de risque de dangereuses retombées radio-actives comme *celles*[6] produites par l'énergie nucléaire. Seconde vertu: le soleil est aussi la source d'une énergie gratuite!
La maison 'chauffage solaire' est une réalité;[7] et, *miracle,* elle a été *construite*[8] non pas dans un pays méditerranéen, mais dans une province où le soleil est rare, la Meuse, (l'une des régions les plus humides, *les moins ensoleillées de France*[9], d'ailleurs elle est habitée par une famille (très) nombreuse. *Raison d'être:*[10] démontrer que *l'on peut se chauffer grâce au soleil,*[11] même *quand une épaisse couche de nuages*[12] le voile à nos yeux, et obtenir même ainsi, à l'intérieur de la maison, une température constante de 20° pendant toute l'année.

Madame Express

1. Le ... c'est ... 2. ... 3. ... 4. ... 5. ... 6. celles que ...
7. ... 8. ce qui est ... 9. région où ... 10. ... 11. le soleil ...
12. quand il ...

I. Texte enregistré ⊗

'Nouvelles sources d'énergie' (voir le vocabulaire à la page 181).

J. Traduction

Perhaps the attempts to tame the inexhaustible energy of the sun are more dream than reality. It has, however, already been demonstrated that new sources of power for our homes and for industry are available from the heat of the earth, the rays of the sun or the power of the wind and tides, provided that we can develop the techniques to harness them.

We have surely learnt the brutal lesson that it is disastrous to rely upon a single energy source. We have to solve the fundamental problem of continuing our progress in a world which, in the near future, will not have coal and oil to waste. Why then deny ourselves any means of diversifying our energy sources?

Dossier 4 L'énergie Leçon 8

Découverte de la nature

Le père du petit Marcel annonce ses projets de vacances. Pour Marcel c'est la naissance de son amour de la nature.

Explications
 1. *heath, scrubland*
 2. *pine-woods*
 3. *cicadas*
 4. *plane trees*
 5. *mocked, jeered at*
 6. *enchantment*
 7. *brow, ridge, crest*
 8. *peak*
 9. *brassy*
10. *coarse grass*
11. *gritty soil, gravel*
12. *rusty fence, railing*
13. *tangled undergrowth*

—Ta mère a besoin d'un peu de campagne. J'ai donc loué, de moitié avec l'oncle Jules, une villa dans la colline, et nous y passerons les grandes vacances.
Je fus émerveillé.
— Et où est-elle, cette villa?
— Loin de la ville, au milieu des pins.
— Alors, c'est sauvage?
— Assez, dit mon père. C'est juste au bord d'un désert de garrigue[1] qui va d'Aubagne jusqu'à Aix. Un vrai désert!

Je me répétais sans cesse quelques mots magiques: la 'villa', les 'pinèdes',[2] les 'collines', les 'cigales'.[3] Il y en avait bien quelques-unes au bout des platanes[4] scolaires. Mais je n'en avais jamais vu de près, tandis que mon père m'en avait promis des milliers, et presque toujours à portée de la main … C'est pourquoi, écoutant les chanteuses égarées qui nous narguaient,[5] invisibles dans les hauts feuillages, je pensais – sans la moindre poésie:
— Toi, ma vieille, quand nous serons dans les collines, je te mettrai la paille au cul!
Telle est la gentillesse des 'petits anges' de huit ans.

Nous sortîmes du village; alors commença la féerie[6] et je sentis naître un amour qui devait durer toute ma vie.

Autour de nous, des croupes[7] de collines plus basses accompagnaient notre chemin, qui serpentait sur une crête[8] entre deux vallons. Un grand oiseau noir, immobile, marquait le milieu du ciel, et de toutes parts, comme d'une mer de musique, montait la rumeur cuivrée[9] des cigales. Elles étaient pressées de vivre, et savaient que la mort viendrait avec le soir.

On ne voyait pas de hameau, pas une ferme, pas même un cabanon. Le chemin n'était plus que deux ornières poudreuses séparées par une crête d'herbes folles, qui caressaient le ventre du mulet.

C'est là que je vis pour la première fois des touffes d'un vert sombre qui émergeaient de cette 'baouco'[10] et qui figuraient des oliviers en miniature. Je quittai le chemin, je courus toucher leurs petites feuilles. Un parfum puissant s'éleva comme un nuage, et m'enveloppa tout entier.

C'était une odeur inconnue, une odeur sombre et soutenue, qui s'épanouit dans ma tête et pénétra jusqu'à mon cœur.

C'était le thym, qui pousse au gravier[11] des garrigues: ces quelques plantes étaient descendues à ma rencontre, pour annoncer au petit écolier le parfum future de Virgile.

Alors mon père nous montra une petite maison, sur le coteau d'en face, à demi cachée par un grand figuier.
—Voilà, dit-il. Voilà la Bastide Neuve. Voilà l'asile des vacances: le jardin qui est à gauche est aussi à nous!

Ce jardin, entouré d'un grillage rouillé[12] avait au moins cent mètres de large.

Je ne pus distinguer rien d'autre qu'une petite forêt d'oliviers et d'amandiers, qui mariaient leurs branches folles au-dessus de broussailles enchevêtrées[13]: mais cette forêt vierge en miniature, je l'avais vue dans tous mes rêves, et, suivi de Paul, je m'élançais en criant de bonheur.

Marcel Pagnol, *La gloire de mon père*, Livre de Poche

'Nous tournons le dos à la nature

Explications
1. *founded*
2. *took into account*
3. *The Fates*
4. *madness*

Nous avons exilé la beauté, les Grecs ont pris les armes pour elle. Première différence, mais qui vient de loin. La pensée grecque s'est toujours retranchée[1] sur l'idée de limite. Elle n'a rien poussé à bout, ni le sacré, ni la raison, parce qu'elle n'a rien nié, ni le sacré, ni la raison. Elle a fait la part de[2] tout, équilibrant l'ombre par la lumière. Notre Europe, au contraire, lancée à la conquête de la totalité, est fille de la démesure. Elle nie la beauté, comme elle nie tout ce qu'elle n'exalte pas. Et, quoique diversement, elle n'exalte qu'une seule chose qui est l'empire futur de la raison.

A l'aurore de la pensée grecque, Héraclite imaginait déjà que la justice pose des bornes à l'univers physique lui-même. 'Le soleil n'outrepassera pas ses bornes, sinon les Érinnyes[3] qui gardent la justice sauront le découvrir.' Nous qui avons désorbité l'univers et l'esprit rions de cette menace. Nous allumons dans un ciel ivre les soleils que nous voulons. Mais il n'empêche que les bornes existent et que nous le savons. Dans nos plus extrêmes démences,[4] nous rêvons d'un équilibre que nous avons laissé derrière nous et dont nous croyons ingénument que nous allons le retrouver au bout de nos erreurs.

Nous tournons le dos à la nature, nous avons honte de la beauté.

Voilà pourquoi il est indécent de proclamer aujourd'hui que nous sommes les fils de la Grèce. Ou alors nous en sommes les fils renégats.

Si l'on veut bien saisir notre différence, il faut s'adresser à celui de nos philosophes qui est le vrai rival de Platon. 'Seule la ville moderne, ose écrire Hegel, offre à l'esprit le terrain où il peut prendre conscience de lui-même.' Nous vivons ainsi le temps des grandes villes. Délibérément, le monde a été amputé de ce qui fait sa permanence: la nature, la mer, la colline, la méditation des soirs.

La nature est toujours là, pourtant. Elle oppose ses ciels calmes et ses raisons à la folie des hommes. Jusqu'à ce que l'atome prenne feu lui aussi et que l'histoire s'achève dans le triomphe de la raison et l'agonie de l'espèce. Mais les Grecs n'ont jamais dit que la limite ne pouvait être franchie. Ils ont dit qu'elle existait et que celui-là était frappé sans merci qui osait la dépasser. Rien dans l'histoire d'aujourd'hui ne peut les contredire.

L'ignorance reconnue, le refus du fanatisme, les bornes du monde et de l'homme, le visage aimé, la beauté enfin, voici le camp où nous rejoindrons les Grecs.

Cette fois encore, les murs terribles de la cité moderne tomberont pour livrer, "âme sereine comme le calme des mers", la beauté d'Hélène.

Albert Camus, *L'Eté*, Gallimard

A. Analyse de la langue

1. Trouvez dans les textes de Pagnol et Camus (aux pages 56 et 57) tous les exemples...
   a) de l'usage du passé simple (*past historic tense*). Ensuite traduisez en anglais les phrases où ces verbes se trouvent :
   exemple — Assez, dit mon père. 'Fairly', said my father.
   b) des noms abstraits (*abstract nouns*). Ensuite, pur chacun, trouvez un adjectif qui a la même racine : *exemple* la beauté — beau.
   c) des locutions prépositives (*compound prepositions*) :
   exemple au bord de.
   d) des pronoms personnels dits disjonctifs et de renforcement (*disjunctive/emphatic pronouns*). Indiquez si chacun dépend d'une préposition ou s'il s'emploie comme renforcement : *exemple* ... autour de nous (dépend de la préposition autour de).

2. Rédigez des phrases qui commencent avec les expressions ci-dessous, qui sont basées sur des locutions extraites des textes :
   a) Si l'on veut bien saisir la différence entre ... et ... il faut ...
   b) Jusqu'à ce que le monde ...
   c) On ne peut se passer de ...
   d) Il ne s'agit pas de ...
   e) Il est non moins vrai que ...

B. Travail à deux

Après avoir lu les textes (aux pages 56 et 57), rédigez une série de questions, que vous poserez ensuite à un camarade de classe pour voir si celui-ci a bien compris les textes.

C. Exploitation

1. L'exode rurale et le retour à la nature
   a) En même temps que les paysans quittent la campagne pour la ville, les habitants des villes retournent à la campagne. Quels sont les motifs des uns et des autres?
   exemple Les uns cherchent du travail dans les usines, les autres éprouvent un besoin de calme et de détente.

l'exode rurale	le retour à la nature
pourquoi?	
chômage	nostalgie
manque de distractions, de transports, de ...	métro-boulot-dodo
	recherche d'une communauté, d'une vie plus complète
travail dur	désir de cultiver son jardin

   b) Quels sont pour vous les attraits et les défauts de la vie urbaine et de la vie rurale? Justifiez vos réponses.
   exemple Ce qui m'attire à la ville ce sont les distractions. J'adore les concerts, les ...

ce qui m'attire, m'attirerait	c'est	la tranquillité
ne m'attire pas du tout	ce sont	le manque de ...
ce que j'aime, j'adore, je cherche	ce serait	les embouteillages
je trouve (trouverais)		les foules, l'animation
passionnant, ennuyeux		le temps pour réfléchir

2. Comment peut-on économiser de l'énergie?
    exemple On pourrait économiser de l'essence en roulant moins vite.
                Il vaut mieux rester calme au volant.

On pourrait faire des économies	régler	l'individuel	afin de	épuiser
Il vaudrait la peine de	réduire	les entreprises	pour ne pas …	gaspiller
Pourquoi pas essayer	éteindre	le gouvernement		user
Il ne faut pas	installer	les nations avancées		voler
Il est essentiel	faire entretenir	les chercheurs		
Il vaudrait mieux	partager	les ingénieurs		
	se servir de	les écoles …		
	mettre fin à			
	isoler			
	contrôler			

✆ D. Dictée/Transposition

Ecoutez sur la bande enregistrée 'Les comptes de la maison'. Ensuite, écrivez le texte comme dictée ou traduisez-le en anglais en l'écoutant phrase par phrase.

E. Résumé/Commentaire

1. Résumez le texte de Camus à la page 57:
    a) Dressez une liste des mots-clés du texte, et des liens entre les paragraphes.
    b) Trouvez un titre alternatif pour le texte.
    c) Résumez chaque paragraphe en une seule phrase.
    d) Résumez le texte entier (de 150 à 200 mots).
    ou
2. Faites le commentaire du texte de Pagnol à la page 56:
    a) Faites un commentaire sur le langage descriptif employé par l'auteur.
    b) Pagnol réussit à évoquer la sensation de l'amour qu'éprouve le jeune raconteur pour la nature. Quel est le choix de mots qui évoque cette sensation?

F. Traduction

Governments find the idea of harnessing natural power all the more attractive since, although certainly not free, some of the possible sources do give promise of long-term economies. No more fleets of tankers, no more giant refineries, no need for nuclear power. Instead of the rows of pylons and pipelines which now thread the countryside, energy could be trapped and converted locally into electricity or even directly into motive power or heat.

    The windmill and watermill might act as a symbol for the age-old inventiveness of mankind working in harmony with nature, in contrast to the titanic struggle to subject the forces of the universe to the will of man, which has so often been the temptation of Western civilisation.

Nous n'avons qu'une seule terre

'Les hommes ont fantastiquement développé leur productivité. Ils ont amélioré les records de leurs athlètes et les performances de leurs astronautes. Ils ont augmenté la taille des poulets, des porcs et du maïs. Ils ont appris le langage des ordinateurs. Mais ils n'ont jamais vraiment cherché à comprendre leur nouvelle condition, à évaluer les conséquences générales de leur action, à développer le sens de leur responsabilité à l'égard du monde et de son avenir.

Ce monde est un monde fini, où les ressources naturelles sont limitées. Si la croissance continue au même rythme, l'humanité connaîtra bientôt une catastrophe générale et définitive. Donc, il est grand temps de limiter notre croissance, et d'en changer la nature et les objectifs. Car si la consommation et la démographie augmentent de façon exponentielle, le temps qui nous reste pour maîtriser nos problèmes diminue de la même façon.'

Aurelio Peccei

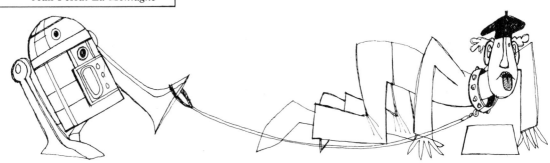

G. Guide-discussion

1. Faudrait-il mettre fin à la croissance technologique illimitée?
   crises d'énergie, pollution et autres dangers – désir d'une vie plus naturelle – sentiment de responsabilité de partager et conserver les ressources terrestres et les sources d'énergie – insuffisance de matières primaires, donc impossibilité pour tout le monde d'atteindre le niveau de vie des nations les plus avancées.
2. Faudrait-il donc chercher des moyens de progrès alternatifs, une croissance nouvelle? Le progrès en petit, l'anti-gigantisme, la décentralisation de l'industrie, des communications, des agglomérations.
3. Faut-il accepter un niveau de vie plus modeste, afin de ne pas gaspiller la patrimoine des générations à venir et de partager plus équitablement les ressources que nous possédons? Peut-on se priver des jouets technologiques, des appareils électro-ménagers, des voitures, des motos, des avions supersoniques?
4. Qu'est-ce qu'il est essentiel de chercher dans la qualité de la vie? Le désir légitime d'un niveau de vie élevé (confort, alimentation, logement, accès à l'éducation et aux soins médicaux) mais aussi luxe, loisirs, distractions sophistiquées, liberté de voyager …?
5. Pour soigner la Terre, pour protéger l'environnement aujourd'hui et à l'avenir, quel chemin suivre – la poursuite de la technologie avancée, les sources d'énergie centralisées (le nucléaire, l'hydro-électrique, etc.), ou la décentralisation (l'énergie solaire, éolienne, les moulins à eau ou à vent), les petites communautés, les industries à l'échelle humaine – retour à la vie paysanne? Ou existe-t-il un chemin moyen à trouver entre l'avenir agraire et l'avenir technologique?

'La technologie, dans les nations industrielles, continue de progresser à pas de géant. Pourtant, les générations qui arrivent à l'âge adulte affichent volontiers leur indifférence, sinon leur hostilité, à ce progrès qui était devenu, au cours des deux derniers siècles, le credo de l'humanité en marche vers une connaissance et une puissance illimitées.

L'homme du vingtième siècle a commencé d'éprouver plus d'inquiétude que d'admiration devant ses propres conquêtes, et pourtant les conquêtes continuent.

Une sorte de course de vitesse est engagée entre l'élan technologique, plus puissant que jamais, et la mise en accusation de cet élan, au sein même des nations où il est le plus fort. Qui sera gagnant en fin de compte? Nous ne le savons pas.

Ce que nous savons, c'est que l'humanité semble éprouver un besoin grandissant d'autres dieux que le dieu technologique, mais qu'elle ne peut revenir en arrière et que c'est avec les seuls moyens du progrès qu'il faut conjurer les périls que le progrès fait naître.'

Thierry Maulnier, *Le Figaro*

'Les résultats de la recherche doivent tendre à améliorer la qualité de la vie – qu'il s'agisse de transports urbains, de santé, d'alimentation ou de n'importe quoi. Il y a en effet deux visions de la société post-industrielle: selon l'une c'est une société de technologie sophistiquée, riche, pourvoyeuse de services; selon l'autre, c'est une société décentralisée, plutôt agraire et née de l'échec de la société industrielle.'

2000 Tiers Monde

Discussion: La crise de l'énergie
Ecoutez la discussion enregistrée (voir le vocabulaire à la page 182).

Tout est pour le mieux dans le meilleur des mondes possibles.

Cela est bien dit, mais il faut cultiver notre jardin.

[Voltaire]

H. Guide-dissertation

Many essays are concerned with discussion topics, but you may also need to write narrative or descriptive accounts, or letters which might include reports of events, descriptions of experiences and perhaps discussion of plans and ambitions.

In this type of essay it is particularly important to keep to a clear and straightforward sequence in your plan, with a good balance between the different steps of the essay. Although the plan is based on the simple one outlined in Dossier 1, it may also include linking sentences which give causes and reasons for the sequence of events.

Steps in organising your essay:
1. Plan the introduction, which should focus the reader's (and your) attention on the nature of the event, process or sequence which you are going to describe.
2. Put the steps into a logical sequence, which should be as simple and straightforward as possible. Remember that events may be linked by cause and effect as well as by time; your plan should therefore make provision for logical relationships.
3. Outline the conclusion, which might contain your comments or impressions, together with your views and doubts about the series of events and their causes and effects, together with speculation about future outcomes.

The first essay subject below is an example of an essay which should be treated as the description of a process, with causes and effects.

Words and phrases to be collected for this type of essay include expressions which enable you to make links, both of sequence and of logic, between the steps of the sequence (e.g. expressions of cause and effect, reason and purpose, together with time adverbs and prepositions).

I. Sujets de dissertation

1. Pourquoi les nations de l'Occident éprouvent-elles une crise d'énergie?
2. Qu'est-ce qui serait le plus efficace pour le développement des nouvelles sources d'énergie, la centralisation ou la décentralisation?
3. Il faut cultiver notre jardin pour assurer un meilleur monde.
4. Vaut-il mieux être paysan ou millionnaire?

Test 4

A. Le subjonctif (ii)

1. **Obligation.** Qu'est-ce qu'il faut (ne faut pas) que tout le monde fasse? Choisissez une expression d'obligation (il faut, il est essentiel, il est nécessaire) et ensuite combinez chaque expression de gauche (ci-dessous) avec une expression de droite:

   exemple Il faut que tout le monde pense à l'avenir.

   a) tout le monde
   b) l'homme
   c) les pays occidentaux
   d) la C.E.E.
   e) l'humanité
   f) les pays riches
   g) nous ... tous ...
   h) le gouvernement
   i) chacun de nous
   j) l'Europe

   prendre conscience de la crise
   penser à l'avenir
   préparer des sources alternatives d'énergie
   réduire la consommation du pétrole
   ralentir la croissance
   aggraver le chomâge
   prendre des mesures collectives
   économiser l'énergie
   avoir une politique énergétique
   gaspiller les matières premières

2. **Quoique/bien que.** Imaginez que vous avez fait de gros efforts pour économiser – vous avez suivi tous les conseils, mais vous êtes déçu par les résultats.

   exemple Si vous isolez le toit de votre maison, le chauffage vous coûtera moins cher.
   Quoique j'aie isolé le toit de ma maison, le chauffage ne me coûte pas moins cher.

   a) Je vous conseille d'installer des doubles fenêtres. Votre chauffage vous reviendra deux fois moins cher.
   b) Si vous faisiez des économies d'eau chaude, vous économiseriez de l'argent.
   c) Soyez certain de vous servir toujours d'une casserole non déformée. Vous consommerez moins de gaz.
   d) En prenant une douche au lieu d'un bain, vous réaliserez des économies.
   e) Si vous contrôlez votre chauffage, vous vous porterez mieux.
   f) Si vous éteignez la lumière dans les pièces inoccupées, votre note d'électricité vous coûtera moins cher.

   g) En faisant entretenir régulièrement vos appareils électro-ménagers, vous consommerez moins d'énergie.

B. Prépositions – DE

Traduisez en anglais les phrases ci-dessous, soulignant votre traduction du mot **de** (s'il est traduit).

1. Ces mineurs de charbon viennent de Lille.
2. La grande surface est ouverte de 8h à 21h six jours sur sept.
3. Vous avez gaspillé plus de mille francs.
4. Nous recevons notre énergie d'un moulin à eau.
5. L'eau souterraine sert à chauffer près de 2 000 logements.
6. Les vins de Portugal sont souvent pétillants.
7. Ils ont fait construire un pavillon entouré d'arbres.
8. Le speaker a parlé d'une voix fâchée.
9. Tu as fait ça de ta propre main?
10. Cette pendule retarde d'une demi-heure.
11. On a découvert quelque chose d'intéressant.
12. Le barrage de la Rance utilise la force motrice des marées.
13. Le peloton a pris la route de Tours.
14. Sur quelle voie arrive le train de Paris?
15. Je lui ai offert un foulard de soie.
16. Tu as vu un aérogénérateur? Non, jamais de ma vie.
17. Il y a une centrale de l'autre côté de la rivière.
18. C'est le plus grand barrage du monde.
19. Il me semble que le ministre a changé d'avis.
20. En se relevant en sursaut il a renversé son verre de vin.

C. Le passé simple

Utilisez les notes ci-dessous pour rédiger des phrases, en mettant au temps passé simple les verbes qui sont en italique.

exemple Arabes – *se contenter* – relever prix pétrole.

Les Arabes se contentèrent de relever le prix du pétrole.

1. pays producteurs – *menacer* – fermer robinets
2. crise d'énergie – *être* providentielle – nous
3. crise – *obliger* – pays occidentaux – prendre conscience – situation
4. pays riches – *devoir* examiner – consommation ressources
5. *falloir* considérer – politique de croissance
6. maisons – chauffage solaire – *être* construites – la Meuse
7. explosion – *avoir* lieu – centrale nucléaire – *faire* trembler maisons – village
8. lendemain – habitants village – *voir* – dégâts du sinistre

D. Verbes

Complétez les phrases ci-dessous, en employant une forme correcte du verbe. Ensuite, traduisez les phrases en anglais.

écrire

1. Je t'ai déjà dit : — à l'encre, mon petit.
2. Nous — — au gérant il y a quinze jours.
3. Le mot 'adresse' était mal — par l'enfant. Il avait mis deux 'd'.
4. Je préfère que tu — ton rapport à la machine.

envoyer

5. Si j'étais vous, j'— le paquet tout de suite en recommandé.
6. Il faut que la compagnie d'assurances — un expert pour estimer les dégâts.
7. Je suis triste que mon ancien professeur d'anglais — — sa démission.
8. Le proviseur avait — chercher l'élève, qui a — dire qu'il ne voulait pas venir.

faire

9. 'Aïe! Je me — — mal,' —-il. 'C'est bien —,' répondit-elle.
10. Est-ce qu'ils — de la philosophie à l'école?
11. Que voulez-vous que je —? Si cela ne vous — rien, —-les entrer maintenant.
12. Quand nous étions jeunes nous ne — que jouer tout le temps.
13. Ils se — — couper les cheveux ce matin.
14. Tu — toi-même tes robes, ou tu les — faire?

falloir

15. Pour finir ce travail il — au moins trois ouvriers.
16. Le concierge n'est pas venu. Il — qu'il soit malade.
17. Les enfants étaient épuisés. Il leur — du repos.
18. Si Hélène avait voulu arriver à temps, il lui — — se mettre en route à six heures.

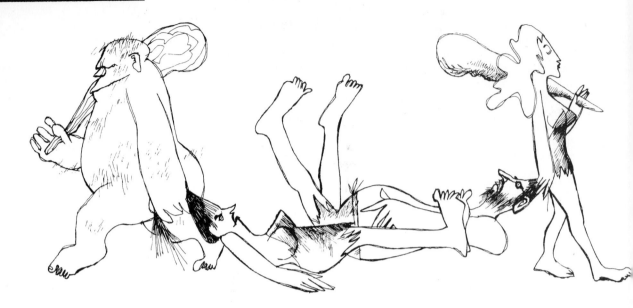

La discrimination – pourquoi?

Explications

1. *status*
2. *impediments*
3. *to enslave*
4. *bore*
5. *charge*
6. *to complete*
7. *subordinate*
8. *extremist*
9. *upbringing*

La situation actuelle correspond à un monde en évolution. La condition féminine tend à se modifier mais il est clair que les femmes tendent à prendre conscience de cette évolution et à réclamer la suppression d'inégalités de statut[1] qui leur deviennent de plus en plus insupportables. Leur comportement évolue et elles acquièrent une liberté, vestimentaire notamment, de plus en plus grande. Et c'est important: le vêtement, par les entraves[2] qu'il apporte à la liberté de mouvements, a toujours été une des façons d'asservir[3] la femme, de lui interdire certaines activités. Et l'usage des robes revêtait[4] un caractère de stricte obligation. Le principal chef d'accusation[5] contre Jeanne d'Arc était le fait qu'elle portait des vêtements masculins, évidemment indispensables pour mener sa vie de combats. Bien entendu, la minijupe et le monokini ne résolvent rien. Ils comportent même une part de danger: ils peuvent laisser croire à la femme que cette émancipation est chose faite, lui donner l'impression qu'elle a acquis une liberté qu'elle n'est ni préparée ni, au fond, bien disposée à exercer. Elle n'y est pas préparée dans la mesure où toute sa formation et toute sa personnalité restent conditionnées par des conceptions traditionnelles ne lui impartissant qu'un rôle limité et un statut inégal.

La formation professionnelle des femmes est fortement déficiente: elle est loin de retenir l'attention au même titre que celle des garçons. Chose plus grave, souvent leurs études sont entreprises sans grande conviction et dans de nombreux cas la formation reçue n'est même pas mise en valeur.

Mais on aurait tort de croire que le problème soit uniquement affaire de diplômes. C'est dès le berceau que commence le conditionnement: le choix des jouets, des vêtements, des jeux, tout tend à créer dès le plus jeune âge une différenciation entre garçons et filles et à accoutumer ces dernières à reconnaître leur infériorité. Il suffit d'interroger les marchands de jouets pour savoir qu'il y a autant de filles qui aiment les trains électriques que de garçons qui ont envie d'une poupée. Mais la tradition veut qu'on les leur refuse aux uns comme aux autres.

Le défaut d'instruction, ou l'instruction inférieure donnée aux filles viendra ainsi parachever[6] une discrimination dont l'origine remonte au plus jeune âge. Que faire dès lors? Certaines, et c'est même la tendance classique de ce qu'il est convenu d'appeler le 'féminisme', vont s'efforcer de redresser la situation en s'opposant à l'homme, auteur d'une société dans laquelle il se réserve tous les droits et confine la femme dans des fonctions subalternes.[7] Le cas le plus typique est celui de la suffragette – qui projette son hostilité sur l'ensemble de l'univers masculin – et de bon nombre d'organisations 'féministes'. Cet état d'esprit trouve son expression la plus outrancière[8] dans certains groupements qui, aux Etats-Unis, proclament la supériorité intrinsèque de la femme sur l'homme tout comme la négritude proclamant la supériorité de la race noire sur toutes les autres.

Historiquement la tendance oppositionnelle, le féminisme, n'a jamais fait progresser la condition de la femme. C'est toujours une raison politique globale qui a joué et non la pression d'un quelconque groupe féministe. C'est là un fait historique dont les femmes auraient intérêt à tirer la leçon. Ce n'est pas en s'opposant à l'homme qu'elles feront évoluer leur condition mais bien au contraire en proclamant leur équivalence, en la prouvant chaque fois que l'occasion s'en présente, en faisant surgir les occasions de la prouver. C'est l'inclusion dans le monde du travail qui peut constituer et constituera le moteur de cette évolution.

Quant au rôle de la femme en tant que mère, il importe de bien s'entendre: il n'est pas question de réduire ce rôle, ni de le minimiser. On ne doute pas que la mère soit irremplaçable pour mettre l'enfant au monde et fortement nécessaire pour le soigner durant les premiers âges. On précisera d'ailleurs à ce sujet que l'enfant a besoin non pas nécessairement de sa mère, mais d'une présence constante, attentive et aimante.

Là n'est pas le fond du problème: le gros reproche à faire à notre société, c'est de raisonner comme si elle n'avait pas à s'en préoccuper. Proclamer que l'éducation[9] des enfants est l'affaire de la mère est un thème facile pour des déclarations touchantes; c'est aussi une attitude fort commode dans la mesure où il est toujours commode de dire 'débrouillez-vous' et de faire résoudre par une personne des problèmes qui ne sont pas les siens.

La maternité est une fonction sociale qui doit être assumée par l'ensemble de la société et il est lâche de laisser à la mère le soin de résoudre tant bien que mal, c'est-à-dire à son propre détriment, les problèmes qu'elle pose. Il est bien évident que dans l'organisation sociale qui prévaut actuellement une mère peut difficilement exercer une activité professionnelle à temps plein sans qu'il ne résulte des perturbations pour ses enfants. La question est précisément de savoir s'il n'y a pas lieu de changer cet état de choses et de créer une infra-structure qui soit l'expression de la volonté de la société d'assumer ses responsabilités et de faire face à ses devoirs. L'ensemble de la société y trouvera d'ailleurs son compte, les femmes ainsi libérées pourront à leur tour se rendre utiles et produire, c'est-à-dire contribuer ainsi à l'expansion économique globale.

Robert Gubbels, *Le travail au féminin*

A. De quoi s'agit-il?

En vous rapportant au texte à la page 68, dites si les phrases suivantes sont vraies ou fausses:

1. Les femmes ne sont plus prêtes à accepter une position inférieure à l'homme dans la société.
2. Les vêtements féminins n'exercent aucune influence sur le rôle que joue la femme dans le monde.
3. Souvent les femmes commencent une formation professionnelle sans avoir l'intention de s'en servir.
4. Les petits garçons n'aiment pas les poupées.
5. Les groupements 'féministes' n'aideront pas à faire progresser la condition de la femme.
6. C'est la femme elle-même qui devrait résoudre les problèmes de maternité.

B. Le sens des mots

1. Trouvez dans le texte une phrase ou une expression qui veuille dire:
   a) les femmes ont tendance à se rendre compte de ce changement
   b) pour la même raison que (celle des garçons)
   c) elles ne se servent même pas de la formation qu'elles ont reçue
   d) on n'aurait pas raison de supposer que …
   e) on n'a qu'à demander aux commerçants
   f) le manque d'enseignement
   g) en conséquence de ce fait, que faut-il faire?
   h) ce qu'on a décidé de nommer le féminisme
   i) cette attitude s'exprime de la façon la plus excessive
   j) nous sommes persuadés qu'on ne pourrait remplacer la mère
   k) le garder (l'enfant) pendant qu'il est jeune
   l) ce n'est pas là l'essentiel de la difficulté

2. Expliquez en français le sens des expressions ci-dessous, extraites du texte:
   a) la situation actuelle
   b) la condition féminine tend à se modifier
   c) un statut inégal
   d) la formation professionnelle des femmes
   e) dès le berceau
   f) le moteur de cette évolution
   g) sans qu'il en résulte des perturbations pour ses enfants
   h) faire face à ses devoirs

3. En cherchant dans le texte ou dans un dictionnaire, si besoin est, trouvez les mots qui remplissent les cases ci-dessous.

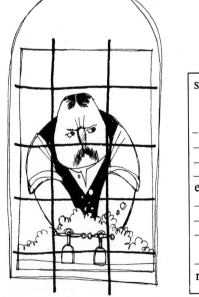

SUBSTANTIF	VERBE	ADJECTIF	ADJECTIF- SENS CONTRAIRE
----------	interdire	----------	permis
----------	----------	supprimé	----------
----------	égaler	----------	----------
----------	acquérir	----------	----------
entreprise			----------
----------	----------	----------	supérieur
	reconnaître	----------	----------
----------	----------	discrimina- toire	----------
			courageux
résolution	----------	----------	----------

C. Avez-vous bien compris?

1. Qu'est-ce que les femmes ne veulent plus supporter?
2. Quelle liberté ont-elles déjà acquise?
3. Pourquoi la femme n'est-elle pas préparée à exercer cette liberté?
4. En quoi la formation professionnelle des femmes est-elle déficiente?
5. Comment commence le conditionnement des filles?
6. Que font les organisations 'féministes' pour redresser la situation actuelle?
7. Que pense l'auteur du texte de ces actions féministes?
8. Quelle action alternative propose-t-il?
9. L'éducation des enfants devrait être l'affaire de qui?
10. Quel avantage y aurait-il pour la société en résolvant le problème de la maternité?

D. Version

Traduisez en anglais les quatrième et cinquième paragraphes du texte, de *Le défaut d'instruction...* jusqu'à... *le moteur de cette évolution.*

E. Expression dirigée

1. En vous servant des expressions ci-dessous, rédigez un dialogue entre une épouse qui, ayant un jeune enfant, veut reprendre son métier, et son mari qui veut qu'elle reste au foyer.
—Que penses-tu, chéri, est-ce que je devrais reprendre mon travail?
—Et si je te disais que j'avais déjà posé ma candidature à un emploi?
—Ce n'est pas pour passer ma vie entière au foyer que j'ai fait mes études supérieures.
—Ce n'est pas que je ne m'intéresse pas aux problèmes ménagers!
—Comme père, toi aussi, tu as le droit de deux ans de congé (non-payés) alors, pourquoi tu n'en profites pas?
—Alors, il faut penser à une crèche, parce que moi je suis résolue à prendre un emploi.
—Tu travailles, toi–je veux être aussi libre que toi.
—Toi aussi, tu voulais un enfant. Alors, maintenant il faut partager les responsabilités.

2. Rédigez un dialogue entre un homme et sa femme qui veulent tous les deux rester à la maison tandis que l'autre va au travail.

F. Au jour le jour

'Mon beau-frère, le P.D.G.' (voir le vocabulaire à la page 182).
Après avoir écouté la bande enregistrée, dites ce que l'extrait révèle des attitudes des deux interlocuteurs.

La condition féminine

Interview avec Françoise Giroud, premier secrétaire d'Etat à la Condition Féminine

—Est-ce que votre travail au secrétariat d'Etat à la Condition Féminine a modifié quelque chose dans votre façon de voir la société ou les femmes?

F. GIROUD—Je ne peux pas dire que cela m'ait appris quelque chose quant à la situation des femmes globalement. Cela m'a beaucoup appris dans le détail des lois, des règlements, de certaines situations particulières, et aussi sur la catégorie des femmes qui se sentent le plus mal dans leur peau.

Ce sont, d'ailleurs, d'après toutes les enquêtes, les femmes qui ont entre vingt-cinq et trente-cinq ans. Qui, du point de vue social, appartiennent au milieu des employées et des petits cadres et qui ont généralement deux enfants. Ou bien elles travaillent et ont une vie épuisante, ou bien elles se sentent frustrées parce qu'elles restent chez elles.

Il y a là un phénomène nouveau et important. Autrefois, une femme passait directement de sa famille à sa vie de femme mariée. La période où elle était une jeune fille n'était pas très agréable, loin de là. Elle était sous la tutelle des parents. Le mariage apparaissait un peu comme une libération, elle allait acquérir son statut d'adulte, devenir une grande personne …

Qu'est-ce qui se passe maintenant? Les seules personnes tout à fait libres de notre société, ce sont les jeunes filles.

C'est fantastique! Elles travaillent, elles gagnent leur vie, même si elles la gagnent mal. Comme elles vivent encore chez leurs parents, elles gardent de l'argent de poche, elles ont la pilule, elles sortent …En gros, il n'y a pas de vie plus agréable aujourd'hui que la vie d'une jeune fille. Et elle sort de cette existence agréable, sans responsabilités, pour tomber dans une vie où, brusquement, elle est piégée. Elle n'est pas piégée au moment de son mariage, elle est piégée lorsqu'elle a des enfants.

Ce moment où elles sont tout d'un coup bloquées à la maison avec les enfants, les jeunes femmes le ressentent très vivement. Elles se trouvent soudain paralysées.

—Un sondage récent établissait que, si les femmes pouvaient choisir le sexe de leur enfant, il y aurait 90% de naissances masculines et seulement 10% de filles.

F. GIROUD—Là, les chiffres globaux ont un sens et je peux vous donner un autre chiffre très impressionnant. En France, 37% des femmes préféreraient être un homme. C'est un chiffre accablant. Parce que cela veut dire que la condition féminine est vécue par elles comme moins heureuse, ou plus malheureuse que la condition masculine.

Peu importe, en un sens, que ce soit objectivement vrai. Peut-être les femmes sont-elles incapables de ressentir les difficultés de la condition masculine, qui ne sont pas nulles. Le fait est qu'elles situent l'homme dans un univers plus heureux, et c'est grave.

Marie-Claire

G. Avez-vous bien compris?

1. Qu'est-ce que le travail de Françoise Giroud lui a appris de la situation générale des femmes?
2. Qui sont les femmes les plus affectées par la situation actuelle de la femme?
3. Pourquoi Françoise Giroud constate-t-elle qu'aujourd'hui il n'y a pas de vie plus agréable que celle d'une jeune fille?
4. En quoi consiste le piège du mariage?
5. Quel ressentiment éprouvent les jeunes femmes?
6. Selon un sondage récent, comment les femmes se sont-elles montrées mécontentes?
7. Quel pourcentage de femmes préféreraient être un homme?
8. Pourquoi Françoise Giroud trouve-t-elle ce chiffre accablant?

H. Paraphrase

Pour chaque phrase ou chaque expression en italique ci-dessous, écrivez une phrase équivalente, de même sens, en respectant pour certaines les consignes qui vous sont données:

Je crois que certains excès du M.L.F. sont tout à fait utiles.[1] Malheureusement, *c'est souvent par l'excès qu'on peut déclencher un mouvement.*[2] Un homme, je ne sais plus lequel, l'a très bien dit: l'arme principale *dont les hommes se sont servis*[3] pour empêcher les femmes d'avancer, c'est le ridicule.
Donc je trouve que les militantes du M.L.F. ont beaucoup de courage, parce qu'*il leur est arrivé souvent de braver le ridicule.*[4] Il y a eu des actions *sur lesquelles je ne suis pas d'accord,*[5] qui me sont étrangères. Je ne suis pas violente, *je n'ai aucune hostilité, aucun grief envers les hommes*[6] ni en général, ni en particulier et je suis réformiste dans tous les sens du mot. Mais, encore une fois, je pense qu'*elles ont rendu service.*[7]

Françoise Giroud

1. il est possible ... 2. souvent un mouvement peut ... 3. que ... 4. ... 5. que ... 6. ... 7. ...

I. Texte enregistré ⊗

'Annonce sur l'emploi des femmes' (voir le vocabulaire à la page 182).

J. Traduction

In former times girls usually passed directly from being under the control of their parents to what must have seemed like the freedom of marriage; it was almost as if they could only acquire adult status by taking this step.

Nowadays the situation is often very different: girls grow up and enjoy adult life without responsibility, while still living at home. Changes in customs enable them – in many families at least – to do as they please.

It must be an overwhelming shock for such women when, after marriage, they find themselves stuck at home with young children, their former freedom lost.

If they do choose to continue working, they have to put up with the double stress of a job and of domestic toil. No wonder they feel at odds with the world and claim that they would prefer to be men.

Sans paroles

Dossier 5 Vivent les différences Leçon 10

Mémoires d'une jeune fille rangée

Explications
1. *petty clerks*
2. *pension*
3. *unusual*
4. *adolescence*
5. *wretched, poor*
6. *cast out*
7. *tackle at the same time*
8. *university degrees*
9. *disgrace, downfall*

'Quel dommage que Simone ne soit pas un garçon: elle aurait fait Polytechnique!' J'avais souvent entendu mes parents exhaler ce regret. Un polytechnicien, à leurs yeux, c'était quelqu'un. Mais mon sexe leur interdisait de si hautes ambitions et mon père me destina prudemment à l'administration: cependant il détestait les fonctionnaires, ces budgétivores,[1] et c'est avec ressentiment qu'il me disait: 'Toi au moins, tu auras une retraite!'[2]

J'aggravai mon cas en optant pour le professorat. Il nourrissait contre les professeurs de plus sérieux griefs; ils appartenaient à la dangereuse secte qui avait soutenu Dreyfus: les intellectuels.

Demain j'allais trahir ma classe et déjà je reniais mon sexe; cela non plus, mon père ne s'y résignait pas: il avait le culte de la jeune fille, la vraie. Ma cousine Jeanne incarnait cet idéal: elle croyait encore que les enfants naissaient dans les choux. Mon père avait tenté de préserver mon ignorance. Si du moins j'avais sauvé les apparences! Il aurait pu s'accommoder d'une fille exceptionnelle à condition qu'elle évitât soigneusement d'être insolite[3]: je n'y réussis pas. J'étais sortie de l'âge ingrat,[4] je me regardais de nouveau dans les glaces avec faveur; mais en société, je faisais piètre[5] figure. Mes amies jouaient avec aisance leur rôle mondain; elles paraissaient au 'jour' de leur mère, servaient le thé, souriaient, disaient aimablement des riens; moi je souriais mal, je ne savais pas faire du charme, de l'esprit ni même des concessions. Mes parents me citaient en exemple des jeunes filles 'remarquablement intelligentes' et qui cependant brillaient dans les salons. Je m'en irritais car je savais que leur cas n'avait rien de commun avec le mien: elles travaillaient en amateurs tandis que j'avais passé professionnelle. Je passais cette année les certificats de littérature, de latin, de mathématiques générales, et j'apprenais le grec; j'avais établi moi-même ce programme, la difficulté m'amusait; mais précisément, pour m'imposer de gaieté de cœur un pareil effort, il fallait que l'étude ne représentait pas un à-côté de ma vie mais ma vie même: les choses dont on parlait autour de moi ne m'intéressaient pas.

Somme toute, en dehors des moments où j'étais reçue à mes examens, je ne faisais pas honneur à mon père; aussi attachait-il une extrême importance à mes diplômes et m'encourageait-il à les accumuler. Son insistance me persuada qu'il était fier d'avoir pour fille une femme de tête; au contraire: seules des réussites extraordinaires pouvaient conjurer[6] la gêne qu'il en éprouvait. Si je menais de front[7] trois licences,[8] je devenais un phénomène qui échappait aux normes habituelles; mon destin ne reflétait plus la déchéance[9] familiale, mais s'expliquait par l'étrange fatalité d'un don.

Simone de Beauvoir, *Mémoires d'une jeune fille rangée*

La vie des femmes

Dans l'après-midi elles sortaient ensemble, menaient la vie des femmes. Ah! cette vie était extraordinaire! Elles allaient dans des 'thés', elles mangeaient des gâteaux qu'elles choisissaient délicatement, d'un petit air gourmand: éclairs au chocolat, babas[1] et tartes.

Tout autour c'était une volière[2] pépiante,[3] chaude et gaîment éclairée et ornée. Elles restaient là, assises, serrées autour de leurs petites tables et parlaient.

Il y avait autour d'elles un courant d'excitation, d'animation, une légère inquiétude pleine de joie, le souvenir d'un choix difficile, dont on doutait encore un peu (se combinerait-il avec l'ensemble[4] bleu et gris? mais si pourtant, il serait admirable), la perspective de cette métamorphose, de ce rehaussement[5] subit de leur personnalité, de cet éclat.

Elles, elles, elles, elles, toujours elles, voraces, pépiantes et délicates.

Leurs visages étaient comme raidis par une sorte de tension intérieure, leurs yeux indifférents glissaient sur l'aspect, sur le masque des choses, le soupesaient[6] un seul instant (était-ce joli ou laid?), puis le laissaient retomber. Et les fards[7] leur donnaient un éclat dur, une fraîcheur sans vie.

Elles allaient dans des thés. Elles restaient là, assises pendant des heures, pendant que des après-midi entières s'écoulaient. Elles parlaient: 'Il y a entre eux des scènes lamentables, des disputes à propos de rien. Je dois dire que c'est lui que je plains dans tout cela quand même. Combien? Mais au moins deux millions. Et rien que l'héritage de la tante Joséphine … Non … comment voulez-vous? Il ne l'épousera pas. C'est une femme d'intérieur[8] qu'il lui faut, il ne s'en rend pas compte lui-même. Mais non, je vous le dis. C'est une femme d'intérieur qu'il lui faut … D'intérieur … D'intérieur …' On le leur avait toujours dit. Cela, elles l'avaient bien toujours entendu dire, elles le savaient: les sentiments, l'amour, la vie, c'était là leur domaine. Il leur appartenait.

Et elles parlaient, parlaient toujours, répétant les mêmes choses, les retournant, puis les retournant encore, d'un côté puis de l'autre, les pétrissant,[9] les pétrissant, roulant sans cesse entre leurs doigts cette matière ingrate et pauvre qu'elles avaient extraite de leur vie (ce qu'elles appelaient 'la vie', leur domaine) la pétrissant, l'étirant,[10] la roulant jusqu'à ce qu'elle ne forme plus entre leurs doigts qu'un petit tas, une petite boulette grise.

Nathalie Sarraute, *Tropismes*

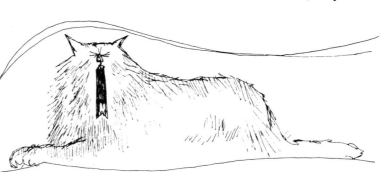

A. Analyse de la langue

1. Trouvez dans les textes de Simone de Beauvoir et de Nathalie Sarraute (pages 70 et 71) tous les exemples:
   a) des temps du verbe autre que l'impératif. Ensuite, commentez l'usage du temps employé: *exemple* 'Quel dommage que Simone ne *soit* pas un garçon!'–Présent du subjonctif (être), après 'dommage que'.
   b) d'expressions indiquant une comparaison: *exemple* de si hautes ambitions. Ensuite, traduisez-les en anglais.
   c) de l'usage des prépositions autre que **de** et **à**. Ensuite, traduisez en anglais les expressions où se trouvent ces prépositions.
   d) des pronoms personnels compléments d'objet direct ou indirect (*direct and indirect object pronouns*). Ensuite, écrivez les phrases où ces pronoms se trouvent, en remplaçant les pronoms par les substantifs qu'ils représentent:
   exemple mon sexe *leur* interdisait ...
   mon sexe interdisait *à mes parents* ...

2. Rédigez des phrases qui commencent avec les expressions ci-dessous, qui sont basées sur des locutions extraites des textes:
   a) Quel dommage que je ...
   b) Si j'avais su ...
   c) Un garçon qui évite soigneusement d'être insolite...
   d) Je m'irrite de ...
   e) Pour conjurer ma gêne ...
   f) Je dois dire que ...

B. Travail à deux

Après avoir lu les textes (aux pages 70 et 71), rédigez une série de questions, que vous poserez ensuite à un camarade de classe pour voir si celui-ci a bien compris les textes.

C. Exploitation

1. Qu'en pensez-vous? Donnez vos opinions en vous servant des notes ci-dessous:

A mon avis	en théorie	en pratique	Je suis enclin à penser	quoique
Quant à moi	légalement	en réalité	Je suis convaincu	quand même
Pour moi	selon la loi	trop souvent	Je ne crois pas	néanmoins
	en principe	en général		

exemple Quoique les hommes et les femmes aient les mêmes droits politiques, je ne crois pas qu'ils aient une influence égale.

droits politiques	les mêmes droits	influence inégale
	la vie politique leur est ouverte	ne pas exercer leurs droits
		très peu de femmes députés
vie active	salaire égal	inégalités
	possibilités de formation professionnelle	manque d'avancement
		très peu syndicalisées
enseignement	au niveau supérieur	différentes matières
	mêmes possibilités	opposition des parents, préjugés
liberté personnelle	pilule disponible, gratuite	préjugés
mœurs		opposition des médecins
mariage		statut inégal

2. Rédigez une dizaine de phrases
   sur la condition des | femmes
   | pauvres
   | travailleurs
   | immigrés
   | personnes
   | âgées
   | handicapés
   | jeunes

   en employant les expressions ci-dessous :

   se considérer (considérer quelqu'un) comme
     inférieur/supérieur/privilégié/opprimé
   mal agir envers/avec quelqu'un
   jouir de possibilités égales/égalité de …
   des attitudes/convictions courantes/
     exceptionnelles/traditionnelles
   comportement/façon de vivre (in)acceptable/
     (a)normal(e)
   prendre/maintenir une attitude positive/
     négative/impartiale à l'égard de
   exploiter/l'exploitation … subjugué/asservi
   avoir des préjugés contre
   la discrimination/des mesures discriminatoires
   l'allégement du travail familial

D. Dictée/Transposition 🐞

Ecoutez 'La libération de l'homme' sur la bande
enregistrée.
Ecrivez le texte comme dictée ou traduisez-le
phrase par phrase en anglais.

E. Résumé/Commentaire

1. En vous rapportant au texte de Simone de
   Beauvoir (à la page 70) :
   a) trouvez un titre alternatif au texte
   b) dressez une liste des mots-clés
   c) exprimez les idées principales de chaque
      paragraphe en une ou deux phrases
   d) résumez le texte entier (de 100 à 150 mots)
   ou
2. Faites le commentaire du texte de Nathalie
   Sarraute (à la page 71). Commentez la *forme*
   et le *fond* du texte et surtout notez l'emploi :
   a) des guillemets
   b) de la répétition
   c) des mots et expressions ci-dessous :
      une volière pépiante ; vorace ; intérieur ;
      pétrissant ; une petite boulette grise

F. Traduction

The situation that produced the generation gap
shares some of the same contradictions that
produced the Women's Liberation Movement.
The cult of youth and a reverence for its joys is
matched with serious unemployment and low
wages. We honour early physical maturing by
dropping the legal age of maturation and we
force these mature people to remain in highly
immature institutions for as long as possible – in
schools or colleges. If they refuse, we do not pay
them a living wage so they are forced to
continue to live in their parents' home long after
their emotional and sexual experience has leapt
the bounds of the normal family repression.
Young people find themselves trapped in the
dilemma that likewise embraces women : the
contradiction between the ideology of their
freedom and a real economic deprivation that
makes the ideology a farce.
  A great deal of protest has taken the form of
a demand for the realisation of the gifts we are
supposed to be enjoying anyway. If society says
we are so lucky, so mature, let's see it – let's try
to get the things it says we've already got.
  Juliet Mitchell, *Women's Estate*, Penguin

La libération féminine ... masculine ... humaine

Anne Chopinet

Deux filles major d'hommes, si j'ose dire, l'une à H.E.C., l'autre à Polytechnique, c'est merveilleux. Le règne absolu du mâle est en train de finir tout doucement, ce n'est pas trop tôt.

Pendant des millénaires nous avons réussi à persuader les femmes que leur cerveau n'était pas fait comme le nôtre et qu'elles étaient ineptes à certains travaux intellectuels. Pour plus de sûreté, nous ne leur enseignions guère que la couture, la musique et l'orthographe.

C'est tout à fait extraordinaire qu'elles aient cru à notre supériorité, au point que, dans les premiers temps de leur émancipation, elles n'avaient d'autre ambition que de nous imiter de leur mieux.

C'était une erreur. Les hommes ne sont pas un idéal pour les femmes. Dans l'état où on les voit, ils ne sont même pas un idéal pour les hommes. J'espère qu'elles trouveront mieux.

André Frossard, *Le Figaro*

Pour toi mon amour

Je suis allé au marché aux oiseaux
  Et j'ai acheté des oiseaux
    Pour toi
  mon amour

Je suis allé au marché aux fleurs
  Et j'ai acheté des fleurs
    Pour toi
  mon amour

Je suis allé au marché à la ferraille
  Et j'ai acheté des chaînes
    De lourdes chaînes
      Pour toi
  mon amour

Et puis je suis allé au marché aux
             esclaves
  Et je t'ai cherchée
    Mais je ne t'ai pas trouvée
  mon amour.

Jacques Prévert

G. Guide-discussion

La libération humaine

1. De quoi les femmes ont-elles besoin d'être libérées?
   —attitudes de la société; tendance à les considérer comme des biens et effets; inférieures, dépendantes; des objets sexuels (déesse ou poupée)
   —conséquences des attitudes traditionnelles; frustration près du foyer ou exploitation au travail (mal payé, répétitif)
2. En quoi pourrait consister la libération des femmes (ou des autres groupes exploités ou sous-privilégiés)?
   —droits politiques et économiques, droits égaux devant la loi et au travail
   —liberté personnelle
3. Pourquoi a-t-on résisté à cette libération?
   —besoin chez les hommes de dominer; peur de la concurrence; refus d'adapter
   —l'organisation du travail (et des affaires, de la politique, etc.) aux besoins des femmes
   —désir de garder la femme au foyer (la mère éternelle)
4. Qu'a-t-on accompli jusqu'à présent?
   —la vote, mais les femmes (et les jeunes) ne prennent pas une part active à la vie politique
   —au travail, malgré les nouvelles lois, possibilités d'avancement restent inégales
   —liberté personnelle; la pilule, l'avortement, les crèches; mais attitudes vis-à-vis du divorce, de la vie célibataire, de la mère seule, des vêtements, etc?
5. Quels sont les problèmes actuels?
   —pouvoir économique, attitudes traditionnelles, peur des groupes féministes outranciers
6. Et les solutions?
   —Dans tous les cas de préjugé, de privilège, seule l'éducation peut changer les attitudes; abandon des rôles et des positions fixes
   —éducation sexuelle et les relations personnelles aux programmes scolaires
   —attention à la télé, à la radio, aux livres et aux revues et journaux

L'ordonnance du 21-4-44 prévoyait le vote des femmes qui votèrent pour la première fois le 29-4-45 aux élections municipales.

Maintenant les femmes représentent 54% du corps électoral mais elles ne détiennent que 4% des mandats municipaux et 2% des mandats législatifs. 'Il est difficile de trouver des candidates.'

Seulement 29% des Françaises peuvent envisager une femme comme Président de la République et 55% sont contre cette idée!

'Pour moi, je serais preneur s'il y avait un mouvement d'étude de la condition masculine. Il ne faut pas se bloquer sur la seule libération des femmes. C'est aussi en changeant la mentalité des hommes qu'on fera avancer la question.'

Editions Stock

Conte de fée

Il était un grand nombre de fois
Un homme qui aimait une femme.
Il était un grand nombre de fois
Une femme qui aimait un homme.
Il était un grand nombre de fois
     une femme et un homme
Qui n'aimaient pas celui et celle qui
     les aimaient.
Il était une fois
Une seule fois peut-être
Une femme et un homme
     qui s'aimaient.
     Robert Desnos, *Domaine public*

Discussion: En classe de philo
Ecoutez la discussion enregistrée (voir le vocabulaire à la page 182).

Dans les proclamations féministes, on perd trop souvent de vue que beaucoup des questions posées, des exigences avancées, des situations décrites, ne sont pas particulières aux femmes, qu'elles sont moins affaire de sexe que de classe, de place dans la société, de système ou de niveau de vie et qu'un grand nombre gardent toute leur valeur si on les envisage de l'autre côté, celui des hommes.   Pierre Viansson-Ponté, *Le Monde*

H. Guide-dissertation

We have now considered several types of simple essay, from which you may choose an appropriate plan for many subjects. You might of course decide to adapt or combine the suggested frameworks to suit what you wish to say in your own way. Even so, an ordered plan is essential so that you express your thoughts clearly and concisely.

We now begin to consider in more detail the major element of the essay, the paragraph. The same principles of organisation and methodical planning apply to the individual paragraph as to the complete essay.

The most important principle is that each paragraph should contain one main idea and should advance your argument or story by one major step. The whole paragraph should be constructed around this single idea, which is often best placed in the first sentence of the paragraph. In order to emphasise or clarify the key idea, you may need to refer back to topics previously mentioned or to introduce relevant supporting ideas, facts or examples and to make illustrative contrasts or comparisons. Since you have so little space at your disposal, however, you must be ruthless in applying the test of relevance and importance to each item, in order to exclude non-essential material which might obscure your point or lead you away from the subject.

Introductory and concluding paragraphs should obey the rule that one major idea only is to be presented in each paragraph. This apparent limitation can be helpful in identifying precisely the theme which you intend to develop and in summarising the major conclusion you intend to draw as you plan the outline of your essay.

I. Sujets de dissertation

1. Les femmes libérées sont devenues des membres des classes privilégiées.
2. Ce qu'il faut changer, ce n'est pas la condition des femmes, mais l'attitude des hommes.
3. Vivent toutes les différences!
4. La tradition, ennemi du progrès ou protection de la société?

Test 5

A. Le subjonctif (iii)
(*Emotions/personal feelings*)

Rédigez une douzaine de phrases en combinant une expression de la liste de gauche (ci-dessous) avec une phrase de la liste de droite.

exemple le marché au travail est ouvert aux femmes

Je suis heureux que le marché au travail soit ouvert aux femmes.

c'est dommage	1. la population féminine active augmente
je suis heureux	
je suis content	2. il y a un allégement du travail familial
je regrette	
je voudrais	3. les femmes ne participent que peu à la vie politique
ça (ne) m'étonne (pas)	
j'ai honte	
j'ai peur	4. les femmes députés sont si peu nombreuses
je crains	
je suis ennuyé	5. la pilule est disponible aux filles de 13 ans
ça me rend furieux	

6. les vêtements féminins deviennent de plus en plus pratiques
7. la formation professionnelle des femmes est fortement déficiente
8. le rôle des femmes reste limité
9. les femmes commencent à changer de statut
10. dans le monde du travail les possibilités d'avancement restent inégales
11. légalement les femmes ont droit à un salaire égal
12. les femmes ne sont plus contentes d'être les esclaves de l'homme – elles entrent en compétition avec lui

B. Les prépositions

Traduisez en français les phrases ci-dessous :

1. The dog escaped from his master, stole a cake from the boy and ran off.
2. If you can't hire a bicycle from the station, you'll have to buy a second-hand one from the shop in the square.
3. The boy snatched the bag from the girl's hand, then he hid it from her.
4. Quick! Take that box of matches away from the baby.
5. It's very refreshing to drink from a mountain stream.
6. Would you take a knife from that drawer and pass it to me.
7. Someone has cut the photograph out of my newspaper.
8. Three children came to our party dressed up as astronauts.
9. He spoke to us not as a teacher, but as a friend.
10. Will you kindly pick up all that rubbish from the table.

C. Le participe présent *et* le gérondif

Traduisez en français les phrases ci-dessous, en employant le participe présent (**-ant**) ou le gérondif ([**tout**] **en -ant**) :

1. Being unable to understand the word, he looked it up in the dictionary.
2. Marie was in the office, speaking to the manager.
3. Not knowing what to do, I returned home at once.
4. They're a nice couple; she's charming, he's very amusing.
5. Being a student, she's able to travel at reduced fares.
6. Opening the book with a trembling hand, he began to read aloud.
7. By working hard, you'll get into university.
8. As you go out of here, take the second on the right.
9. 'Did you break your arm skiing?' she asked, smiling.
10. If you buy that you'll make your sister envious.
11. The policemen ran across the road towards the accident.
12. While I'm willing to help them, I can't offer them any money.

D. Verbes

Complétez les phrases ci-dessous, en employant une forme correcte du verbe. Ensuite, traduisez les phrases en anglais.

fuir (s'enfuir)

1. Et surtout, ne ... pas devant vos responsabilités.
2. Le robinet n'étant pas bien fermé, le tonneau ... . Il n'y a plus de vin.
3. A mesure que nos ennemis ..., nous avancions.
4. Les parents avaient peur que leur fille ne s'... avec la vedette de rock.

joindre (rejoindre)

5. Nous ... à notre lettre un chèque de cent francs.
6. Le directeur ... ... sa signature aux autres au bas de la pétition.
7. Je n'arrive pas à la ... à present. Mais, ne quittez pas, j'essaierai son bureau.
8. Je voudrais que vous nous ... sur la côte d'Azur.

lire

9. Je l'ai vu à la télévision ... à haute voix le conte que j'avais écrit.
10. Si vous ... bien ... la carte, nous ne nous serions pas égarés.
11. Je voudrais que tu ... au moins deux chapitres avant de t'endormir.
12. L'avocat a dit qu'il ... le dossier demain avant le procès.

mettre (remettre)

13. Tu n'as pas vu les dossiers que j'... ... sur mon bureau?
14. Si vous étiez parti de bonne heure, vous n'... pas ... deux heures à faire le trajet.
15. Il faut que tu ... tes lunettes de soleil.
16. S'ils vous voyaient, ils se ... en colère.
17. Chaque fois que je lui parle des droits égaux de la femme, elle se ... à rire.
18. Ne ... jamais au lendemain ce qu'on peut faire le jour même.
19. Je serais très reconnaissant si vous ... ce paquet à mon beau-frère.
20. La police vous ... votre portefeuille, aussitôt qu'on l'aura trouvé.

Le Tiers Monde
et le sous-développement

Selon la Banque Mondiale,
67% des habitants de la terre
vivent dans les pays dont le
produit national brut
représente moins de 800$ par
habitant; 14% dans les pays
dont le P.N.B. est supérieur à
3 200$. Il ne semble pas que les
pays sous-développés puissent
atteindre le niveau de
consommation des pays riches:
les ressources mondiales
connues n'y suffiraient pas.
Dans l'ensemble, les pays du
Tiers Monde tendent à devenir
plus pauvres. Depuis 1950 les
pays pauvres vendent moins
cher leurs produits; les riches
vendent plus cher les leurs.

Explications
1. *Food and Agricultural*
   Organisation
2. *increase in population*
3. *monopolisation*
4. *food production*
5. *agriculture which takes the*
   goodness from the soil
   without replacing it
6. *overdevelopment of*
   commerce, transport,
   administration, etc. (secteur
   tertiaire); secteur
   secondaire – *processing of*
   raw materials (from secteur
   primaire) *into consumer*
   goods, etc.
7. *foodstuffs*
8. *to drop*
9. *slicing up* (*i.e. of available*
   work-cake, based on old
   system of dividing up lands
   on death of father, which led
   to uneconomically small
   plots.)

L'origine et le caractère du sous-développement

1. **Insuffisance alimentaire** Moins de 2 500 calories par jour et par
habitant. 8 pays connaissent une ration moyenne de calories par habitant inférieure au minimum vital fixé par la F.A.O.[1]
(Bangladesh, Bolivie, Ethiopie, Guatemala, Inde, Mozambique,
Philippines, Zaïre.)

2. **Croissance démographique[2] galopante** Taux annuels de plus de 3%
(dans une vingtaine de pays). Des programmes de limitation des naissances ont été appliqués dans des pays représentant plus de 70% de
la population du Tiers Monde.

3. **Gaspillage des ressources naturelles – mauvaise utilisation des sols
cultivables** Accaparement[3] par une minorité, manque d'argent de la
population empêchant le développement d'un marché vivrier,[4] pratique de 'l'agriculture minière',[5] destructrice de richesses.

4. **Nombre élevé d'agriculteurs à faible productivité fournissant une
part limitée du revenu national** L'agriculture (60 à 80% de la population
active) ne peut absorber le surplus de jeunes.

5. **Industrialisation insuffisante et limitée malgré l'urbanisation galopante** (fuite des populations pauvres vers les villes) La population
urbaine est passée de 6% de la population totale en 1920 à 19% en
1970.

6. **Hypertrophie du secteur tertiaire avant le développement du secteur
secondaire**[6] Commerçants tout-puissants grâce au contrôle du
financement des transports et de la distribution des produits importés.

7. **Subordination économique** Commerce essentiellement orienté vers
l'étranger, au détriment des productions locales, et souvent aux mains
des étrangers. Les prix des produits industriels vendus par les nations
riches n'ont cessé d'augmenter, tandis que les prix des exportations
des produits miniers et des denrées alimentaires[7] vendus par les pays
sous-développés n'ont cessé de fléchir[8] (sauf dans quelques cas parti-
culiers, par exemple le pétrole). Les deux-tiers de l'effort d'expansion du Tiers Monde ont été absorbés par la chute des prix.
   Le bénéfice acquis ainsi par les pays riches, importateurs de ces denrées, est égal ou supérieur à l'aide consentie par eux au Tiers Monde.
L'aide ne sert pas au développement, mais seulement à boucher un
trou que l'on creuse en même temps.

8. **Inégalités sociales brutales** En moyenne, 20% des propriétaires ter-
riens possèdent 50–60% des terres arables, alors que 100 millions d'ex-
ploitations de 5 hectares couvrent moins de 20% des terres arables.

9. **Sous-emploi avec 'parcellisation'[9] du travail**

10. **Analphabétisme** Jusqu'à 80% d'illettrés en Afrique et en Inde, 75%
au Moyen-Orient. Au total, 800 millions d'illettrés.

11. **Fréquence d'épidémies non-mortelles**

D'après *Quid*, Robert Laffont

La fuite en avant

Explications
1. *splinters*
2. *conflicting force, struggle*
3. *range*
4. *potentialities*
5. *the 'haves'*
6. *the 'have-nots'*
7. *aim for*
8. *fancy, fantasy*
9. *corner*

Je suis né à Paris au cœur de la civilisation blanche. J'ai étudié jusqu'à vingt-cinq ans. Je possède une automobile, un réfrigérateur, un téléviseur ; je suis abonné au téléphone et je m'enfonce des échardes[1] quand je cours pieds nus dans la campagne. Je suis un homme moderne.

Il est né dans une tribu papoue de Nouvelle-Guinée. Il a le même âge que moi. Il va tout nu, le nez transpercé d'un os. Il ne sait ni lire ni écrire, mais il peut survivre dans la nature sans aucune assistance technique. C'est un sauvage.

Si mon père m'avait abandonné à la naissance dans cette tribu, je serais un sauvage. Comme lui. Si un ethnologue avait recueilli le nouveau-né des antipodes, il serait devenu un homme moderne. Comme moi. Car il n'existe aucune différence génétique entre lui et moi. Nous appartenons à la même espèce et rien sous le scalpel du chirurgien ne distinguerait son cerveau du mien.

N'est-ce pas étrange ? Une espèce animale se définit par un certain capital génétique et tous les individus qui partagent cet héritage chromosomique ont les mêmes aptitudes et, à peu de chose près la même vie. Pour l'espèce humaine seule cette relation n'est pas vraie. Les conditions d'existence y sont autant déterminées par le capital génétique que par l'assistance culturelle et technique en sorte qu'elles varient davantage du 'civilisé' au 'sauvage' que de ce dernier au chimpanzé. Pourtant ce primitif, si différent, c'est aussi l'homme moderne.

Cet écartèlement[2] de l'humanité est un phénomène très récent par rapport à l'hominisation. Mais la distance ne cesse de s'accroître entre les sociétés industrialisées et quelques peuplades, témoins oubliés de nos origines. Un écart entre Eux et Nous ou bien entre Moi et Moi ?

René Dubos pense que : 'la réussite de l'homme en tant qu'espèce est une conséquence de son aptitude à mettre en action un large éventail[3] de virtualités[4] adaptables'.

Cependant rien d'essentiel ne pourra être changé tant que nos sociétés resteront fondées sur la discrimination entre les riches et les pauvres, les nantis[5] et les démunis.[6] Il ne s'agit pas de viser[7] l'égalité qui est pure chimère.[8] Que les situations matérielles varient de l'un à l'autre ; c'est inévitable. Que les écarts de revenus varient du zéro à l'infini, que cette discrimination repose moins sur les services rendus ou les mérites acquis que sur la naissance ou l'habilité à s'enrichir, c'est absurde.

Absurdes encore ces privilèges que donne la fortune. Le droit d'accaparer[9] les biens naturels, d'avoir accès à la meilleure éducation, à la meilleure médecine, aux meilleurs conseillers juridiques et avocats, d'utiliser la législation à son profit.

Ces injustices entretiennent les rapports de puissance, multiplient les frustrations et l'agressivité. Créent un climat permanent de tension. Si l'on ne supprime pas cet ordre social il est vain de tenter quelque autre réforme que ce soit.

François de Closets, *Le Bonheur en Plus*, Denoël/Gonthier

A. De quoi s'agit-il?

1. Selon l'auteur du premier texte, en principe les pays pauvres deviennent encore plus appauvris par rapport aux pays riches. Vrai ou faux?
2. Quelles sont les origines principales de cette pauvreté?
3. Selon l'auteur du deuxième texte, comment l'homme est-il différent des autres animaux?
4. Comment l'homme s'est-il adapté à l'existence moderne?
5. Quelle est la source principale de la discrimination dans le monde?

B. Le sens des mots

Les questions 1 et 2 se rapportent au premier texte (à la page 78).
1. Trouvez dans le texte une phrase ou expression qui veuille dire:
   a) les pays sous-développés ont tendance à s'appauvrir
   b) le contrôle du nombre d'enfants qui naissent chaque année
   c) la dépense des richesses du pays
   d) l'emploi incorrect de la terre exploitable
   e) le grand nombre de personnes qui cultivent la terre, ne produisant que très peu
   f) l'assistance qu'ils accordent aux pays sous-développés
   g) faire une cavité que l'on remplit simultanément

2. Expliquez en français le sens des expressions ci-dessous.
   a) le produit national brut (PNB)
   b) les pays sous-développés
   c) le niveau de consommation
   d) l'insuffisance alimentaire
   e) la population active
   f) les denrées alimentaires
   g) l'analphabétisme

Les questions 3 et 4 se rapportent au deuxième texte (à la page 79).
3. Trouvez dans le texte une phrase ou expression qui veuille dire:
   a) plus ou moins/à peu près
   b) ce conflit de forces qui tire l'homme d'un côté et de l'autre
   c) ceux qui sont privilégiés et ceux qui ne le sont pas
   d) il n'est pas question d'essayer que tout le monde soit égal
   e) c'est tout à fait illusoire

4. Expliquez en français le sens des expressions ci-dessous, extraites du deuxième texte:
   a) je m'enfonce des échardes
   b) le scalpel
   c) un climat permanent de tension

5. Copiez la case ci-dessous et complétez-la avec des mots qui conviennent, en vous servant, si besoin est, des textes et d'un dictionnaire.

	SUBSTANTIF	VERBE	ADJECTIF	ADJECTIF – SENS CONTRAIRE
exemple	mort	mourir	mortel	vital
	----------	----------	suffisant	----------
	----------	----------	----------	inégal
	croissance	----------	----------	----------
	----------	----------	----------	riche
	amélioration	----------	----------	pauvre
	----------	espérer	----------	----------
	----------	----------	gaspilleur	----------

C. Avez-vous bien compris?

Les questions 1 à 8 se rapportent au premier texte.

1. Quel pourcentage de la population mondiale vit dans des pays où le PNB est inférieur à 800$ par personne?
2. Pourquoi semble-t-il impossible que les pays pauvres atteignent le niveau de consommation des pays riches?
3. Comment se fait-il que les pays pauvres tendent à devenir plus pauvres?
4. Dans quels continents se trouvent les pays qui connaissent la plus grande misère?
5. Pourquoi des programmes de limitation de naissances sont-ils nécessaires dans certains pays?
6. Pourquoi les habitants des pays pauvres, surtout les jeunes, fuient-ils vers les villes?
7. En quel sens l'aide consentie par les pays riches au Tiers Monde est-elle illusoire?
8. Comment l'analphabétisme contribue-t-il au sous-développement?

Les questions 9 à 14 se rapportent au deuxième texte.

9. Quelles sont les différences superficielles entre 'l'homme moderne' et 'le sauvage'?
10. Si le sauvage avait été élevé parmi des hommes modernes, que serait-il devenu?
11. Comment l'espèce humaine est-elle différente de toute autre espèce?
12. L'auteur ne s'attend pas à ce que nos sociétés deviennent égales, mais que trouve-t-il absurde?
13. Selon l'auteur, quels privilèges l'argent apporte-t-il?
14. Quelle est la première réforme à tenter afin d'aider les pays pauvres?

D. Version

Traduisez en anglais le texte ci-dessous:

Les sociétés traditionnelles étaient écrasées par la fatalité. Elles devaient accepter un rapport de forces immuable entre la nature et l'homme. Un rapport très défavorable à ce dernier. Les Mayas ne connaissaient pas la charrue et n'imaginaient pas qu'ils pourraient un jour améliorer leurs techniques agricoles. Dans une telle situation, les choses sont ce qu'elles sont; et les hommes peuvent ce qu'ils peuvent. A tout jamais.

Au contraire, les sociétés contemporaines sont entretenues dans la conviction que ce rapport évolue, et qu'il évolue toujours en faveur de l'humanité. Confronté à une difficulté, le monde moderne tend naturellement à la refuser et à rechercher un nouveau moyen propre à l'éliminer. C'est ainsi qu'une maladie mortelle n'est jamais qu'une maladie que la médecine ne sait pas encore guérir.

François de Closets, *Le Bonheur en Plus*, Denoël/Gonthier

E. Au jour le jour 🚗

'La lutte contre le faim' (voir le vocabulaire à la page 182).
Après avoir écouté l'enregistrement, écrivez un sommaire en forme d'appel pour les affamés.

F. Expression dirigée

Quelles sont les principales causes du sous-développement des pays du Tiers Monde? Dressez-en une liste, et ensuite, indiquez des remèdes possibles.

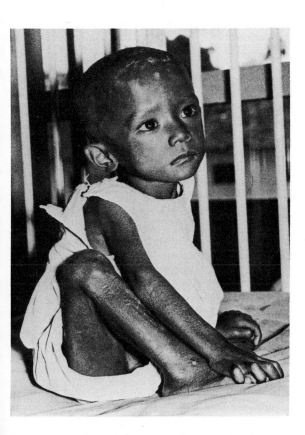

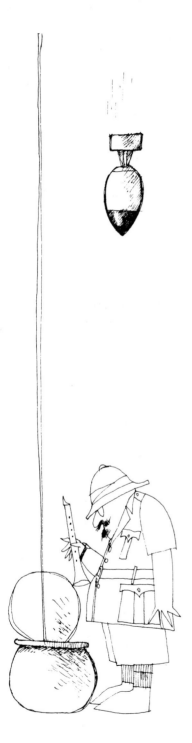

La révolution verte

La victoire dans la bataille contre la faim au Tiers Monde ne peut être uniquement le fait de ce qu'on appelle la 'révolution verte', sans intention, d'ailleurs, de la sous-estimer. Simplement, la 'révolution verte' s'appuie sur l'utilisation de certaines variétés sélectionnées de céréales, accompagnée de doses élevées d'engrais, exigeant beaucoup d'eau et utilisant des insecticides, ce qui ne va pas sans créer, dans certains cas, de désastreux problèmes de pollution : le riz 'miracle' des Philippines est en train d'obtenir des rendements très élevés, mais les poissons sont morts dans les rivières et le régime alimentaire des paysans s'est ainsi détérioré. En d'autres termes, la 'révolution verte' permet la solution du problème de l'offre de céréales seulement là où l'on peut trouver une quantité suffisante de capitaux pour procéder aux travaux d'irrigation et à la création d'une puissante industrie chimique d'engrais et d'insecticides.

Ces conditions existent dans certaines régions du Tiers Monde, mais elles sont exceptionnelles. Il nous faut simultanément chercher les moyens capables d'augmenter la production d'aliments pour l'homme et de fourrage pour les animaux sans être obligés de faire de massifs investissements de capitaux qui entraînent par ailleurs, dans la plupart des cas, une concentration de revenus inacceptable.

Les déserts inhospitaliers qui n'offrent aucune possibilité à l'homme sont en petit nombre. La possibilité de les transformer – par d'énormes travaux destinés à produire ou à apporter de l'eau – en jardins potagers ne peut quand même pas être exclue. Citons, à titre d'illustration, les études proposant le transport jusqu'aux côtes désertiques du Chili ou du Pérou des iceberg de l'Antarctique, et le dessalement par application d'énergie solaire de l'eau de mer, procédé cher mais qui peut être justifié dans le cadre d'une agriculture intensive fonctionnant en circuits d'eau fermés. Peut-on imaginer meilleure utilisation des capitaux accumulés par les pays désertiques du Moyen Orient durant la période de maintien du cours actuel de leur pétrole ?

Pour alimenter en harmonie avec l'environnement une population mondiale en rapide croissance, il faut, sans négliger l'agriculture traditionnelle, réexaminer attentivement le potentiel de ressources non encore exploitées de chaque écosystème.

La tentation de dégrader les ressources naturelles de façon à maximer les avantages immédiats fait partie de la logique du marché. Il faut l'éviter à tout prix, sous peine de transformer l'occasion de construire une nouvelle civilisation industrielle durable, solidement fondée sur l'utilisation des ressources renouvelables, en un désastre écologique, et par là social, d'une dimension incalculable.

Il est cependant évident que les pays tropicaux, plus ensoleillés et favorisés par des conditions optimales pour la photosynthèse, sont privilégiés. Si la civilisation du charbon et du pétrole a marqué la prépondérance de l'Europe et des Etats-Unis sur le reste du monde, la civilisation des ressources renouvelables qui apparaît à l'horizon fournira au monde tropical une dimension essentielle du développement.

Ignacy Sachs, 2000 Tiers Monde

G. Avez-vous bien compris?

1. Qu'est-ce que c'est que la révolution verte?
2. Pourquoi le riz miracle des Philippines n'a-t-il pas connu un succès sans réserve?
3. Quels sont les défauts de la révolution verte?
4. Comment a-t-on proposé d'irriguer les côtes désertiques du Chili et du Pérou?
5. Comment les pays arabes pourraient-ils mettre à profit leurs revenus pétroliers?
6. Quel serait le résultat si les pays en voie de développement dégradaient leurs ressources naturelles?
7. En quoi les pays tropicaux sont-ils privilégiés?
8. Selon l'auteur, comment les pays du Tiers Monde pourraient-ils se développer le mieux?

H. Paraphrase

Pour chaque phrase ou chaque expression en italique ci-dessous, écrivez une phrase équivalente, de même sens, en respectant pour certaines les consignes qui vous sont données:

Dans les sociétés sous-développées, *on part d'un état de chômage catastrophique*;[1] *qui plus est*,[2] les capitaux qui permettraient le développement industriel *font défaut*.[3] Enfin *ce dernier*,[4] conduit par les techniques les plus modernes, crée très peu d'emplois. Au total, *le progrès ne se répercute pas*[5] d'un secteur sur l'autre et il n'y a pas de vrai développement.

Il est clair, dans ces conditions, *que l'industrie moderne ne peut pas résoudre les problèmes du Tiers Monde*.[6] Le souci de productivité, qui l'anime *depuis des décennies*[7] l'a conduit à économiser toujours davantage la main-d'œuvre. C'est exactement le contraire qu'il faut faire ici.

Dans ces sociétés riches en hommes et pauvres en capitaux, *il faudrait donc choisir*[8] des activités qui créent *un maximum d'emplois pour un minimum d'investissements*.[9]

1. … 2. … 3. … 4. … 5. … 6. que les problèmes … 7. …
8. il faut que … 9. …

I. Texte enregistré ☯

'La richesse du Tiers Monde: les hommes' (voir le vocabulaire à la page 182).

J. Traduction

The so-called 'Green Revolution' is unlikely to solve many of the problems of the Third World. It relies too heavily upon advanced technical knowledge and upon heavy investment in chemicals. It is a good example of the false steps which poor countries are tempted to take in their efforts to make progress.

The wealth of the advanced countries lies in their technological expertise and in their ability to invest capital in vast undertakings. The poor countries are rich in manpower and in many natural resources. Men without work need employment. Organisation of this available workforce is of far greater value than investment in inappropriate and therefore inefficient techniques.

'Tu aimeras ton prochain comme toi-même'

'Et qui est mon prochain?' Jésus reprit la parole et dit: 'Un homme descendait de Jérusalem à Jéricho. Il tomba au milieu des brigands qui le dépouillèrent, le chargèrent de coups et s'en allèrent, le laissant à demi-mort. Un sacrificateur qui, par hasard, descendait par le même chemin, ayant vu cet homme, passa outre. Un lévite qui arriva aussi en ce lieu, l'ayant vu, passa outre. Mais un Samaritain qui voyageait, étant venu par là, fut ému de compassion lorsqu'il le vit. Il s'approcha et banda ses plaies en y versant de l'huile et du vin; puis il le mit sur sa propre monture, le conduisit à une hôtellerie et prit soin de lui. Le lendemain, il tira deux deniers, les donna à l'hôte et dit: 'Aie bien soin de lui, et ce que tu dépenseras de plus, je te le rendrai à mon retour.'

Lequel de ces trois te semble avoir été le prochain de celui qui était tombé au milieu des brigands?

'C'est celui qui a exercé la miséricorde envers lui', répondit le docteur de la loi.

Et Jésus lui dit: 'Va, et toi, fais de même.'

Evangile selon saint Luc

La lutte contre la peste

[Jean Tarrou, visiteur à Oran, vient voir le docteur Rieux pour lui expliquer son projet pour aider dans la lutte contre l'épidémie qui menace la ville.]

—Alors, j'ai un plan d'organisation pour des formations sanitaires volontaires. Autorisez-moi à m'en occuper et laissons l'administration de côté. Du reste, elle est débordée. J'ai des amis un peu partout et ils feront le premier noyau. Et naturellement, j'y participerai.

—Bien entendu, dit Rieux, vous vous doutez que j'accepte avec joie. On a besoin d'être aidé, surtout dans ce métier. Je me charge de faire accepter l'idée à la préfecture. Du reste, ils n'ont pas le choix. Mais...

Rieux réfléchit.

—Mais ce travail peut être mortel, vous le savez bien. Et dans tous les cas, il faut que je vous en avertisse. Avez-vous bien réfléchi?

...

Tarrou se carra un peu dans son fauteuil et avança la tête dans la lumière.

—Croyez-vous en Dieu, docteur?

—Non, mais qu'est-ce que cela veut dire? Je suis dans la nuit, et j'essaie d'y voir clair. Il y a longtemps que j'ai cessé de trouver ça original.

—Voilà, dit Tarrou. Pourquoi vous-même montrez-vous tant de dévouement puisque vous ne croyez pas en Dieu? Votre réponse m'aidera peut-être à répondre moi-même.

Sans sortir de l'ombre, le docteur dit que s'il croyait en un Dieu tout-puissant, il cesserait de guérir les hommes, lui laissant alors ce soin. Mais que personne au monde ne croyait en un Dieu de cette sorte, puisque personne ne s'abandonnait totalement et qu'en cela du moins, lui, Rieux, croyait être sur le chemin de la vérité, en luttant contre la création telle qu'elle était.

—Ah! dit Tarrou, c'est donc l'idée que vous vous faites de votre métier?

—A peu près, répondit le docteur en revenant dans la lumière.

Tarrou siffla doucement et le docteur le regarda.

—Oui, dit-il, vous vous dites qu'il y faut de l'orgueil. Mais je n'ai que l'orgueil qu'il faut, croyez-moi. Je ne sais pas ce qui m'attend ni ce qui viendra après tout ceci. Pour le moment il y a des malades et il faut les guérir. Ensuite, ils réfléchiront et moi aussi. Mais le plus pressé est de les guérir. Je les défends comme je peux, voilà tout.

—Contre qui?

—Je n'en sais rien, Tarrou, je vous jure que je n'en sais rien. Quand je suis entré dans ce métier, je l'ai fait abstraitement, en quelque sorte, parce que j'en avais besoin, parce que c'était une situation comme les autres, une de celles que les jeunes gens se proposent. Peut-être aussi parce que c'était particulièrement difficile pour un fils d'ouvrier comme moi. Et puis il a fallu voir mourir. Savez-vous qu'il y a des gens qui refusent de mourir? Avez-vous jamais entendu une femme crier: 'Jamais!' au moment de mourir? Moi, oui. Et je me suis aperçu alors que je ne pouvais pas m'y habituer. J'étais jeune alors et mon dégoût croyait s'adresser à l'ordre même du monde. Depuis, je suis devenu plus modeste. Simplement, je ne suis toujours pas habitué à voir mourir. Je ne sais rien de plus. Mais après tout ...

Rieux se tut et se rassit. Il se sentait la bouche sèche.

—Après tout? dit doucement Tarrou.

—Après tout ..., reprit le docteur, et il hésita encore, regardant Tarrou avec attention, c'est une chose qu'un homme comme vous peut comprendre, n'est-ce pas, mais puisque l'ordre du monde est réglé par la mort, peut-être vaut-il mieux pour Dieu qu'on ne croie pas en lui et qu'on lutte de toutes ses forces contre la mort, sans lever les yeux vers ce ciel où il se tait.

—Oui, approuva Tarrou, je peux comprendre. Mais vos victoires seront toujours provisoires, voilà tout.

Rieux parut s'assombrir.

—Toujours, je le sais. Ce n'est pas une raison pour cesser de lutter.

—Non, ce n'est pas une raison. Mais j'imagine alors ce que doit être cette peste pour vous.

—Oui, dit Rieux. Une interminable défaite.

Albert Camus, *La Peste*, Gallimard

A. Analyse de la langue

1. Trouvez dans les extraits de l'*Evangile selon Saint Luc* et *La Peste* (pages 84 et 85) tous les exemples :

   a) de l'usage du gérondif et du participe présent (ou du participe passé précédé d'**étant** ou **ayant**). Ensuite, refaites les phrases où ces locutions se trouvent, en employant un verbe à un mode fini :

   exemple Un sacrificateur... *l'ayant vu*, passa outre.
   Quand le sacrificateur *l'eut vu*, il passa outre.

   b) de questions. Classez-les selon leur forme : inversion ou sans inversion ; avec ou sans adverbe interrogatif.

   c) des verbes qui sont suivis (généralement) de la préposition **à** :

   exemple les *donna à* l'hôte. Ensuite, traduisez ces phrases en anglais.

   d) de pronoms (dans le premier texte). Indiquez aussi les noms que ces pronoms représentent :

   exemple Il tomba ... *qui le* dépouillèrent.
   (l'homme) (les brigands) (l'homme)

2. Rédigez des phrases qui commencent par les expressions ci-dessous, basées sur des locutions extraites des textes :

   a) Je doute que ...
   b) Je me chargerai de ...
   c) Dans tous les cas, il faut que ...
   d) Je ne crois pas en ...
   e) J'éprouve du dégoût que ...
   f) Je vais entrer dans le métier de ...
   g) Avez-vous entendu crier ...
   h) Je me suis aperçu que ...

B. Travail à deux

Après avoir lu les textes (à la page 84 et 85), rédigez une série de questions, que vous poserez ensuite à un camarade de classe, pour voir si celui-ci a bien compris les textes.

C. Exploitation

1. Faites des comparaisons entre les problèmes du Tiers Monde et ceux des pays avancés en choisissant dans la case ci-dessous :

> la pollution   le chômage   la maladie épidémique
> l'analphabétisme
> la discrimination   l'urbanisation illimitée   la dépopulation
> l'inondation   la crise d'énergie   le manque de main d'œuvre
> la surpopulation   les tremblements de terre   la famine
> la sécheresse   l'ivresse   la pauvreté

Dans les pays riches/ industrialisés/surpeuplés ...	on trouve le problème de ... il existe des problèmes de ...	tandis que alors que mais
dans les pays en voie de développement sans ressources du Tiers Monde ...	encore plus sérieux beaucoup plus grave n'existe pas	actuellement en général à l'avenir

2. Que faut-il faire pour combattre les problèmes du Tiers Monde?

Pour	combattre	il faut que nous	… mais peut-être vaudrait-il
Afin de	vaincre	il nous faut	mieux (d'abord, avant de,
	éliminer	il sera nécessaire de	etc.)
Si nous voulons	triompher de	on va devoir	
	dominer	etc.,	
	maîtriser		
	lutter contre		

les problèmes
insuffisance alimentaire
croissance démographique galopante
gaspillage des ressources naturelles
mauvaise utilisation des sols cultivables
industrialisation insuffisante
subordination économique
inégalités sociales
sous-emploi/chômage
analphabétisme
épidémies

les solutions
donner la priorité à l'agriculture traditionnelle
éduquer les illettrés
employer les chômeurs à …
former des médecins et des infirmiers
ne pas se fier aux économies étrangères
supprimer la discrimination
irriguer les régions désertiques
ne pas se fier à la mécanisation
préserver les moyens matériels
établir des programmes de limitation des
    naissances
se méfier des techniques avancées

D. Dictée/Transposition 🎘

Ecoutez 'Médecins sans frontières' sur la bande enregistrée. Ensuite, écrivez le texte comme dictée en français ou traduisez-le phrase par phrase en anglais.

Sans paroles

E. Résumé/Commentaire

1. Résumez la parabole du Bon Samaritain (de 80 à 100 mots)
   ou
2. Faites le commentaire de l'extrait de Camus, en prêtant plus particulièrement attention à la *forme* et au *fond* de l'extrait. Commentez surtout la façon dont Camus emploie le dialogue direct et indirect et les mouvements et gestes des interlocuteurs.

F. Traduction

There is a growing tendency to concentrate financial assistance on the poorest countries and the poorest groups within the developing countries. Some 700 million to 800 million people still live in conditions of absolute poverty. In spite of the advances made by some of the developing countries, the bottom 40 per cent of their populations have frequently failed to share in the general improvement.

Until recently many economists thought that the fruits of development would 'trickle down' through the whole population. This has manifestly failed to happen. The rich people within the developing countries have often got much richer, the middle classes have prospered, but large numbers of people have remained outside the cash economy.

Melvyn Westlake, *The Times* (abridged)

Qui est responsable?

Mais ce qui est vrai des maux de ce monde est vrai aussi de la peste. Cela peut servir à grandir quelques-uns. Cependant, quand on voit la misère et la douleur qu'elle apporte, il faut être fou, aveugle ou lâche pour se résigner à la peste.

Albert Camus, *La Peste*, Gallimard

Chacun est responsable de tous. Chacun est seul responsable. Chacun est seul responsable de tous. Je comprends pour la première fois l'un des mystères de la religion dont est sortie la civilisation que je revendique comme mienne: 'Porter les péchés des hommes …' Et chacun porte tous les péchés de tous les hommes.

Antoine de Saint-Exupéry, *Pilote de Guerre*

Entre les nouveaux riches du pétrole et les pays les plus écrasés par la misère, il n'existe qu'un seul point commun: leur volonté de 'revanche' contre les démocraties industrielles.

G. Farkas, *France-Soir*

Il s'agit de bien autre chose que de liquider à l'amiable un passé colonial. Il s'agit même de quelque chose qui dépasse la simple dotation en moyens techniques et financiers et la recherche d'un meilleur niveau de vie. Il s'agit d'une nouvelle vie, d'un nouvel art de vivre entre peuples divers qui auront ensemble l'espoir commun de se cultiver et de s'enrichir par leurs mutuelles différences.

R. Delavignette, *La France d'Aujourd'hui*

G. Guide-discussion

1. Lesquels sont les pays du Tiers Monde? En général, les anciennes colonies – certaines riches en minerai ou en pétrole, d'autres sans ressources valables, avec terres infertiles ou mal développés.
2. Les causes du sous-développement: Les colonies exploitées sans penser à l'avenir, d'où manque de direction et de structures (santé, enseignement, transports, communications). Après l'indépendance – rivalités tribales, exploitation des pauvres, manque ou destruction des structures démocratiques, manque d'investissement, chômage, maladies, effets des récessions mondiales, fuite des cadres vers les pays 'riches':
3. Solutions déjà essayées: 'Premiers soins' après les sinistres – aide à longue échéance – programmes mal adaptés aux besoins du pays (technologie et agriculture avancées, besoin d'investissements, de connaissances techniques et scientifiques) – gaspillage, détournement de l'aide – programmes ne bénéficiant que les privilégiés.
4. Causes de conflit entre les pays du Tiers Monde et les 'riches'. Envie du niveau de vie des pays riches – vues comme de néo-colonialistes – l'aide vue comme exploitation – saisie des matières primaires (achetées bon marché contre les produits et techniques trop chers et trop compliqués, y compris les armements et les jouets technologiques).
5. L'espoir pour l'avenir: La réciprocité – l'ONU, l'OMS, l'OCDE – développement des rapports égaux – nouveaux programmes et structures techniques qui tiendront compte des traditions et des conditions du pays.

Comme le Bon Samaritain, le Sénégal a décidé de voler au secours de plus misérables que lui. Sans doute parce que l'aide des pays occidentaux aux victimes de la sécheresse est loin d'être aussi importante que l'on serait en droit de l'attendre de nations riches.

Le Monde

Le malheur de l'Afrique résulte moins de sa pauvreté que de sa richesse; l'enjeu des conflits qui la déchirent n'est pas la libération de ses peuples mais la saisie de ses matières premières.

A. Fontaine, *Le Monde*

L'aide actuelle n'est, en réalité, que la récupération par les pays du Tiers Monde d'une faible partie de ce dont l'exploitation impérialiste les a privés.

P. Machevor, *Le Monde*

La télé vous montre les désastres. Les Médecins sans Frontières y sont.

Les journaux, la radio, la télévision, c'est très bien. On sait tout, tout de suite. Le monde est servi à domicile. Tout chaud.

On sait. Mais la réalité est toujours pire. Les cris, l'odeur, l'horrible silence qui succède à tous les désastres, rien jamais ne rendra cela. Il faut imaginer. Il faudrait y aller.

Les Médecins sans Frontières y vont. Ils ne se font pas trop d'illusions. La tâche est immense. Leurs moyens sont infimes. Ils ne sont pas fous. Ils sont médecins, chirurgiens, infirmières.

Médecins sans Frontières

Discussion: Les stratégies de développement
Ecoutez la discussion enregistrée (voir le vocabulaire à la page 183).

H. Guide-dissertation

We have suggested that each paragraph in an essay should present a single major point or step in the discussion or story, thus contributing towards a logical and balanced essay plan. In order to give the paragraph itself a unity and clarity which increase the effectiveness of your argument, you must ensure that it has its own internal structure, rather than being a mere list of sentences loosely related to the main idea. Thus the supporting ideas should be expressed through sentences which are linked together to form the paragraph by the various devices of logic, reason, purpose, sequence etc., which we use in language to justify statements and to persuade others that what we say or write is worthy of consideration, rather than being a mere assertion of unsupported facts and ideas. It is by reading and carefully analysing French texts that you will become familiar with varied methods of creating these essential links without relying solely on the most elementary devices. A succession of sentences which use nothing but 'parce que' and 'par exemple' to weave an argument is unlikely to build up to a good paragraph (that is, one which is not only written in correct French, but creates interest through variety and balance).

In the essays below, we suggest that you should try to plan your paragraphs with particular attention to the giving of causes and reasons, both in relation to the facts and events which you describe and to the ideas which you express about those facts and events. This Dossier has dealt with the causes and effects of under-development and other problems. Use expressions drawn from the texts to advance your argument and try to model the structure of your paragraphs on those you have read.

I. Sujets de dissertation

1. Comment apporter une aide efficace aux dépourvus?
2. Est-ce que les nations riches ont des responsabilités envers les pays du Tiers Monde? Justifiez votre réponse.
3. Qui est mon prochain?
4. Il faut être fou, aveugle ou lâche pour se résigner à la peste. (A. Camus)

Test 6

A. Les articles

Complétez les phrases ci-dessous, en ajoutant l'article défini, indéfini, partitif (ou **de** sans article), seulement où c'est nécessaire.
Ensuite, traduisez les phrases en anglais.

1. Deux tiers — habitants de la terre vivent dans — misère.
2. Dans le Tiers Monde on a appliqué — programmes de limitation — naissances.
3. Un des problèmes de ces pays, c'est — gaspillage — ressources naturelles.
4. — pays sous-développés ne devraient pas imiter — pays riches.
5. Plus de 300 millions — enfants présentent les signes — croissance retardée.
6. Il faut empêcher que — enfants meurent — faim.
7. En Afrique, il faut — méthodes éprouvées.
8. On devrait se fier à — agriculture traditionnelle.
9. Ces pays ont besoin — argent. En effet, ils ont besoin — aide que leur a promis l'ONU.
10. La crise — énergie n'a pas eu — effet permanent sur nous.
11. La plupart — pays — Amérique du Sud souffrent d'un manque — matières premières.
12. Il faut que ces pays adoptent — nouveaux modèles de développement.

B. Verbes

Complétez les phrases ci-dessous, en employant une forme correcte du verbe. Ensuite, traduisez les phrases en anglais.

mourir
1. Partir, c'est — un peu.
2. Je n'accepte pas que les enfants — de faim.
3. Mon chien — — il y a six mois.
4. Passe-moi la bouteille, je t'en prie. Je — de soif.

mouvoir
5. Il bondit sur nous, comme — par un ressort.
6. — ta jambe gauche! Tu peux te —, j'espère.
7. S'il — — par un sentiment de remords, je l'aiderais volontiers.
8. Les moteurs de la centrale sont — par la force hydraulique.

ouvrir
9. Le député n'— pas — la bouche pendant toute la soirée.
10. En — les volets, elle a laissé tomber sa bague.
11. Ma fenêtre — sur un potager fertile.
12. Si j'étais vous, je n'— pas la radio à cette heure.

partir
13. — vite! Nous allons être en retard.
14. Il faut que tu — à midi. Je — en vacances à une heure.
15. Le match — mal —, mais on a fini par gagner.
16. Nous sommes arrivés le 27, mais ils — déjà — pour l'Amérique.

Examen 1

A. Traduisez en anglais: (*Approximately 1 hour*)

Se loger est un des premiers besoins de l'homme. Qui n'aspire à la possession d'un 'chez soi' où il fait bon vivre, élever sa famille, recevoir ses amis? Un univers bien à soi, un refuge que n'atteindront pas toutes les rigueurs de la vie moderne. L'homme des cavernes avait déjà ressenti cette nécessité, et décorait son domaine familial. Les besoins ont bien évolué depuis, au rythme de la civilisation. Aujourd'hui, l'homme doit construire sa demeure, et une véritable politique du logement s'est créée.

L'effort de construction entrepris au cours des dernières années a fait sortir la France de la grande pénurie dans laquelle elle se trouvait. Pour mesurer l'effort accompli et apprécier les résultats il est utile, en effet, de rappeler l'énorme retard accumulé, tant pour la construction du neuf que pour l'entretien de l'habitat ancien.

Les logements mis en chantiers en 1972 ont atteint un chiffre record; notre retard, peu à peu, se comble. Il faut également se féliciter de l'importante progression réalisée dans le secteur dit 'sans aide de l'Etat', ce qui permet de libérer des logements anciens bon marché. L'Etat peut ainsi concentrer ses aides aux plus défavorisés. Quant aux logements prévus pour 1975, ils seront réalisés sans retard, puisque les crédits en auront été votés dès 1973.

Oxford Local Examinations

B. Traduisez en français: (*Approximately 1½ hours*)

'When Harry gets back', David said, 'tell him what you have just told us. He will be glad to learn that he has been more useful than he thought. Meanwhile, we must be off. We have a long journey ahead of us.'

It took us more than four hours to reach Gore. We avoided the motorway, knowing it would be watched, but we made up for the lost time by not stopping anywhere for a meal. In any case, neither of us felt hungry. We saw nothing suspicious on the way, except for some particularly unattractive individuals who could have been genuine hitch-hikers. Whether they were or not, we were in too great a hurry to be able to give them a lift, even if we had been tempted to do so, and we pretended not to notice them.

The first thing we did on arriving at the farm-house was to 'phone Richard, to tell him that all was well and to ask him whether Harry had returned. Richard was, of course, delighted to hear from us. Since we had left, he had not dared to go out in case we tried to contact him, and the longer he had waited, the more anxious he had become. It was a great relief for him to know that, so far, we were safe and sound. As for Harry, he had turned up earlier in the afternoon, and had decided to follow us, hoping, as he had put it, to be even more useful.

(A. M. Owen)

Oxford and Cambridge Schools Examinations Board

Un pédalier sur le tour du monde

Une déception sentimentale, un 'ras-le-bol' du travail à la chaîne, et voilà Joël Lodé, vingt-quatre ans, lancé dans un tour du monde à vélo. Le 18 janvier, il s'élance d'un coup de pédale hésitant. Un vélo lesté[1] de 100 kilos est difficile à contrôler! Ses parents vont le suivre en voiture deux jours durant, escomptant le voir renoncer à sa funeste entreprise. Breton, Joël s'entête. Cinq sacoches, une valise, contiennent pièces de rechange, matériel de réparation, médicaments, bidons d'eau, vêtements été-hiver, tente, sac de couchage, appareil de photo, télé-objectif,[2] cartes routières … La popote[3] se compose de fruits secs, lait concentré, potages déshydratés, conserves …

Nantes-Strasbourg sont absorbés en neuf jours! Inutile d'entamer[4] le maigre budget: à Phalsbourg, la prison héberge[5] gratis; en Allemagne, une caserne[6] française prête gîte et couvert. L'Autriche jette un froid: moins 15 degrés, trois rayons[7] de cassés dans une descente, et la chute, douloureuse. En Yougoslavie, le chef de gare le voyant photographier une locomotive à l'arrêt fermera les barrières et la fera manœuvrer spécialement. A Belgrade, le fonctionnaire de l'ambassade l'invite à déjeuner; Joël campe dans un jardin public. A Sofia, l'ambassade lui remet son courrier et de quoi payer hôtel et restaurant: 'le vagabondage' est interdit, et le visa lui laisse quarante-huit heures pour traverser le pays, filé[8] par une voiture de police. Photographiant un village, il est sauvé par son appareil, soviétique, lui.

L'Afghanistan, c'est 80 kilomètres par jour, 52 degrés, des varans[9] sous les roues, des conférences au lycée français. Plus loin, c'est l'embuscade tendue par une tribu 'incontrôlée' et notre homme laissé pour mort sur la piste. Une autre fois, il s'en tire en menaçant un rôdeur[10] avec… sa pompe! En Inde, il croise un cycliste pédalant avec son lit sur la tête. Plus loin, c'est la tempête de sable, l'invitation à un mariage indou qui durera trois jours, et, à Calcutta, la mort présente dans la

rue, vautours et corbeaux assurant le nettoyage de la voirie.[11]

Avec son dernier sou, il achète le billet d'avion pour Tahiti. A l'arrivée, pas de collier de fleurs, mais confiscation du passeport: il n'a ni billet de retour ni caution.[12] Alors on lance un appel par Radio-Tahiti: Hachette-Pacifique lui procurera du travail pour un an. Le 9 juillet, il fait ses adieux et prend la direction de Los Angeles.

C'est la ville anonyme, l'absence de piétons, l'impossibilité de demander son chemin. La TV américaine s'intéresse à lui; on a en projet un feuilleton[13] sur le vélo. En attendant, il est invité à déjeuner par le Club des aventuriers avant de réussir – exploit unique – la traversée en solitaire du désert de la Mort. Et ce n'est pas fini! Il y a encore le grand canyon du Colorado et le Painted Desert: 12 litres d'eau par jour, des épines de cactus, des crevaisons, des réparations...

Au Mexique, ça débute mal: éclatement d'un pneu, dépannage à condition d'accorder un entretien au quotidien local. L'Alliance française lui demande dix-sept conférences en attendant des pneus neufs expédiés de Paris, il faut grimper 24 kilomètres en poussant le vélo. Plus tard, il a droit à un cyclone, des boas des deux côtés de la route, au réveil, la nuit, par des fourmis rouges sur tout le corps.

Risques politiques, douaniers et policiers soupçonneux, animaux sauvages, brigands, intempéries,[14] pistes impraticables, pannes, dysenterie, soif, nuits de veille la machette sur le ventre, insuffisance d'entraînement physique, manque d'argent... On comprend que les Français qui ont réussi le tour du monde à vélo se comptent sur les doigts de la main. Aujourd'hui notre héros est retourné à son usine, sans chercher à exploiter, avec une firme de cycles ou un magazine, un périple[15] de 67 618 kilomètres, dont 24 715 kilomètres à vélo et 1 506 kilomètres à pied.

Et dire que dans le brouhaha de l'actualité on avait failli oublier Joël!

Michel Delore, *Le Monde*

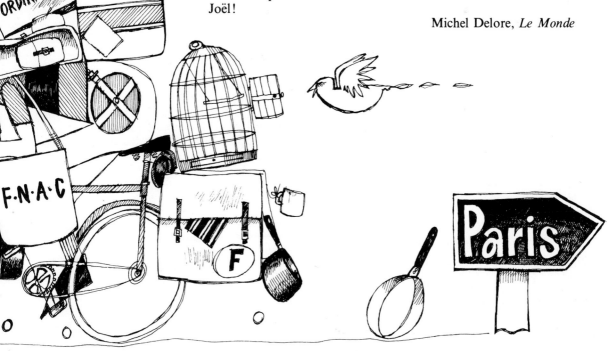

A. De quoi s'agit-il?

1. Qu'est-ce que Joël Lodé a fait de remarquable? (Voir le texte à la page 92)
2. Où travaillait-il avant son départ?
3. Dans quelle direction est-il parti?
4. L'auteur du texte admire Joël Lodé. Vrai ou faux?

B. Le sens des mots

1. Trouvez dans le texte une phrase ou expression qui veuille dire:
   a) il se met en route d'une manière incertaine
   b) espérant qu'il ne persistera pas à …
   c) fournit un endroit où il peut se loger
   d) il s'est fait mal en tombant
   e) lui donne ses lettres et paquets
   f) il rencontre une personne à bicyclette
   g) pourvu qu'il accepte de donner une interview au journal local
   h) des nuits où il n'a pas dormi
   i) sont peu nombreux
   j) on n'avait guère pensé à Joël
2. Expliquez en français le sens des expressions ci-dessous, extraites du texte:
   a) une déception sentimentale
   b) un 'ras-le bol' du travail à la chaîne
   c) Breton, il s'entête
   d) de quoi payer hôtel et restaurant
   e) jette un froid
   f) l'embuscade
   g) vautours et corbeaux assurant le nettoyage de la voirie
   h) pas de collier de fleurs
   i) la ville anonyme
   j) le brouhaha de l'actualité
3. Copiez la case ci-dessous et, à l'aide du texte ou d'un dictionnaire, complétez-la avec des mots qui conviennent.

SUBSTANTIF	VERBE	ADJECTIF
déception	----------	----------
douleur	----------	----------
i (*chose*)	photographier	----------
ii (*personne*)	----------	----------
----------	interdire	----------
----------	----------	nettoyé
crevaison	----------	----------
----------	----------	entretenu
----------	----------	soupçonneux

C. Avez-vous bien compris?

1. Pour quelles raisons Joël Lodé a-t-il décidé de faire le tour du monde?
2. Pourquoi les parents de Joël ont-ils suivi leur fils au début?
3. De quel équipement le vélo de Joël était-il chargé?
4. Quel équipement supplémentaire auriez-vous apporté à sa place?
5. Dans quels endroits divers a-t-il passé la nuit?
6. Par quels pays est-il passé?
7. Comment son appareil-photo a-t-il sauvé Joël?
8. Quelles difficultés a-t-il dû surmonter en Afghanistan et au Mexique?
9. Pourquoi Joël a-t-il dû trouver un emploi à Tahiti?
10. Comment a-t-il gagné de l'argent aux Etats-Unis?
11. Pourquoi si peu de Français ont-ils réussi le tour du monde à vélo?
12. Qu'est-ce que Joël a fait à son retour en France? Pourquoi, à votre avis, n'a-t-il pas cherché à exploiter son voyage?

D. Version

Traduisez en anglais les deux derniers paragraphes du texte, de: *Risques politiques…* jusqu'à la fin.

E. Expression dirigée

Aimeriez-vous essayer d'imiter l'exploit de Joël, en faisant le tour du monde à vélo? Ou bien, peut-être avez-vous envie d'entreprendre un autre voyage d'aventure quelconque? Développez vos idées en disant ce qui vous attirerait ou découragerait.

Le délassement

LES LOISIRS CULTURELS
la lecture
le théâtre
le cinéma
la radio
la télévision
les beaux-arts
la musique
les concerts
le ballet
le jazz
la musique pop
les activités créatrices

LES LOISIRS DE PLEIN AIR
le tourisme
le camping
la promenade
le jardinage

LE SPORT (pratiqué seul ou en groupe/équipe)
le tennis
le football
le cyclisme
l'équitation
le ski (nautique)
la natation
la pêche
les boules

LE SPORT EN SPECTATEUR
le football
le cyclisme
les courses de chevaux/d'autos

la voile (et la voile à planche)
la chasse
le vol à voile (et l'aile-volante)
l'alpinisme
la spéléo
la gymnastique
le moto-cross
le parachutisme

Pourquoi poursuivre ces activités?
Pourquoi supporter le danger, la faim, la
solitude, la fatigue, la dépense?
Quel en est le but?
— le délassement? — l'épanouissement de soi? —
    la santé?
— la camaraderie? — le relâchement de la
    tension? — ou l'expression légitime de
    l'agressivité?
— la distraction du train-train journalier?
— les satisfactions de la créativité?

F. Travail à deux (ou individuel)

1. Rédigez un questionnaire pour faire une
enquête sur les loisirs. Vous poserez des
questions sur les activités de récréation actives
ou sédentaires, les sports nouveaux, le sport en
spectateur, les motifs et buts des activités, les
heures passées à pratiquer l'activité ou
l'entraînement préalable, l'argent dépensé
pour les loisirs. Ensuite, remplissez vous-
même le questionnaire et comparez vos
résultats avec ceux de vos camarades de
classe.

2. **Au jour le jour** ⊗
Ecoutez, sur la bande magnétique, 'La leçon'.
(Voir le vocabulaire à la page 183.)
Ensuite, dites de quoi il s'agit — une leçon de
quoi?
Comment le savez-vous?
Enfin, essayez d'expliquer pourquoi le
raconteur est si heureux à la fin de l'extrait.

3. Rédigez un court dialogue entre:
a) un sportif et une personne qui n'aime pas
les sports **ou**
b) une personne qui aime regarder les sports
et une autre qui préfère participer.

4. Et vous, comment aimez-vous vous détendre?
Préférez-vous être:
    créatif ou réceptif? actif ou passif?
Préférez-vous faire du sport
    en équipe ou seul?
    avec ou sans élément de compétition?
Préférez-vous les loisirs organisés ou privés?
Quel est pour vous le but de ces activités?
Quel serait pour vous le mode de vie idéal?
Qu'est-ce qui vous intéresse et qu'est-ce qui
    vous ennuie?

5. Rédigez un paragraphe ou deux sur chacun
des sujets:
a) le pour et le contre des sports obligatoires
(à l'école, par exemple)
b) le sport apporte-t-il l'entente et la bonne
volonté entre les nations?

Le siècle des nomades

Les nomades sont des peuples qui vivent sous la tente et qui accompagnent leurs troupeaux. Leur mode d'existence les oppose aux sédentaires qui habitent des demeures fixes. La vie des nomades est gouvernée par le déplacement régulier du troupeau à la recherche des points d'eau et des pâturages. Les principaux peuples nomades sont les Touaregs dans le Sahara, les Bédouins en Arabie, les Kirghiz, les Mongols et les Tibétains en Asie...

Historiens et géographes prétendent que le nomadisme est en régression. Le pétrole fixe les nomades. Les zones industrielles et urbaines qui s'établissent en bordure des grands déserts les attirent. Mais nos savants oublient la loi de l'éternel retour. Le nomadisme perd quelques milliers d'unités ici ou là parmi ceux qui gardent les moutons, mais il renaît sous une autre forme et gagne des centaines de millions d'habitants dans les pays riches et peuplés.

Les excès de la civilisation urbaine ressuscitent le nomadisme. Les hommes, agglomérés en immenses concentrations, sont triturés par le surmenage, asphyxiés par la pollution atmosphérique, abrutis par un univers de ciment et d'acier. Ils prennent leur travail en horreur, considèrent leur lieu de résidence comme un bagne et vivent les yeux désespérément fixés sur la tache de soleil et de verdure des vacances, qui étincelle au bout de leur tunnel de longs mois d'enfer.

A chaque weekend, à chaque occasion, à Pâques, à la Pentecôte, aux grandes vacances, au 15 août, ils se précipitent sur les routes dans leurs voitures qui sont de vraies petites maisons roulantes, pareilles aux cabanes des bergers. Ils habitent le moins souvent possible les immeubles noirs des grandes villes et, dans les banlieues, les mornes termitières des grands ensembles. Ils saisissent le moindre prétexte pour s'échapper dans la vraie maison de leurs rêves: celle qui roule. Ils lui témoignent la tendresse que les nomades vouent à leur cheval ou à leur chameau. Ecoutez des jeunes louer avec passion l'élégance, la race d'une silhouette, la vivacité de ses réflexes, la souplesse. Ils ne parlent pas d'une fille mais de leur voiture, qu'ils adorent. Songez à tous les soins dont nos contemporains entourent leur voiture. Voyez comme ils sont à l'écoute de son moindre soupir, comme ils la cajolent, la bichonnent... avec des délicatesses d'amoureux.

Un nombre de plus en plus considérable de nos contemporains poussent le nomadisme encore plus loin. Ils ne se contentent pas de s'enfuir dans leur petite cabane sur pneus, pour se rendre sous d'autres cieux, chez des amis, dans des hôtels ou des pensions de famille qui les dépaysent. Pendant leurs vacances qu'ils multiplient ou allongent à loisir, ils logent dans un véhicule tiré par leur voiture et que l'on appelle 'caravane'.

Vient enfin l'immense armée des vrais nomades qui, comme les Touaregs ou les Kirghiz, couchent réellement sous la tente. On en compte plusieurs millions en France. Certaines de leurs tentes sont aussi luxueuses que celles des grands chefs du désert. Elles ont une porte en forme d'ogive, des fenêtres latérales, une salle de séjour climatisée, une cuisine avec une baie panoramique. Elles peuvent loger jusqu'à huit personnes...

Le nomadisme en régression? Laissez-moi rire! Le XXe siècle est le siècle des nomades.

Paul Guth, *Les Campeurs, ces nouveaux nomades*, Librairie Istra

G. Avez-vous bien compris?

1. Selon l'auteur du texte ci-contre, qu'est-ce qu'un peuple nomade?
2. Qu'est-ce qui tend à faire diminuer le nombre des nomades traditionnels dans le monde?
3. A quels désagréments le citadin de nos jours essaie-t-il d'échapper?
4. De quoi se réjouit-il d'avance?
5. Comment les hommes se comportent-ils avec leur voiture?
6. Pourquoi l'auteur trouve-t-il le mot 'caravane' approprié dans ce contexte?
7. Qui, selon l'auteur, sont les 'vrais' nomades du XXe siècle? Pourquoi les appelle-t-il ainsi?
8. Expliquez le sens dans le texte des expressions ci-dessous:
les longs mois d'enfer; les mornes termitières; la vraie maison de leurs rêves; leur petite cabane sur pneus.

H. Paraphrase

Pour chaque expression en italique ci-dessous, écrivez une expression équivalente, de même sens, en respectant pour certaines les consignes qui vous sont données:

Beaucoup de réquisitoires[1] ont été prononcés contre l'automobile — *d'autant*[2] moins convaincants que bien souvent leur auteur, à peine mis le point final, court vers le volant de sa voiture.

En dépit du[3] chaos où elle est présentément utilisée, on discerne les admirables possibilités que cette machine *recèle*[4] – contacts avec la nature, pénétrée dans ses secrets refuges; *échec à la solitude,*[5] aux ségrégations de la maladie et de l'âge; service de l'amitié, instrument de bonheur. 'L'automobile, c'est fait avant tout pour aller où l'on veut et quand on le veut…' *Cette formule nous rappelle*[6] aussi que l'automobile n'est qu'un moyen. Il est absurde de l'oublier *et non moins de rendre*[7] l'individu seul responsable de toutes les aberrations dont nous sommes témoins sans incriminer les mauvaises institutions qui les suscitent, les gouvernants, législateurs, administrateurs… qui les tolèrent ou les encouragent.

Routes et Autoroutes, Librairie Istra

1. On a souvent… 2. ce qui les rend… 3. Bien que… 4. … 5. … 6. … 7. il ne faut pas croire…

I. Texte enregistré 🕸

'Le stop' (voir le vocabulaire à la page 183)

J. Traduction

For some of the new nomads of the industrialised world, the car takes the place of the camel or the horse. For others, perhaps even more desperate to escape to the world of their dreams, a caravan provides the means of getting away.

However, the true heirs of the nomadic races of old are surely those who have abandoned completely the playthings of the modern world. They go where they wish and sleep where they choose. They do however need to make use of friendly drivers in order to travel around or even to go round the world without too many difficulties or risks.

Yet even hitch-hiking has succumbed to organisation. Is it really possible to flee the twentieth century, if you first have to take out a subscription and carry a membership card?

Dossier 7 On bouge Leçon 14

Rouler d'abord!

Explications
1. *faked*
2. *lungs*

Cela coûte cher, l'acquisition d'une auto, et, quand on est devenu propriétaire, il n'y a plus moyen de s'en passer. Quoi qu'il arrive, un propriétaire d'auto le veut rester. Tant pis si lui et les siens doivent se priver d'autres plaisirs! Renoncer à leur voiture serait pour lui, sa femme et ses enfants ce que serait pour un général la perte de ses étoiles: une véritable dégradation. Plus de cinéma et plus de théâtre, si c'est nécessaire! Les repas au restaurant seront remplacés par des casse-croûte au bord de la route, on réduira les frais de toilette, mais renoncer à l'auto, jamais! Plutôt mourir!

Le mouvement et le grand air passent avant tout dans le budget d'une famille d'aujourd'hui, avant le cinéma même. Rouler d'abord! Regarder des acteurs et des actrices bouger sur un écran, c'est passionnant, mais il est plus passionnant de bouger soi-même. Des photos animées, c'est intéressant, mais, si belles qu'elles soient, ce ne sont que des photos, et souvent truquées.[1] L'air qu'on respire est réel, lui: ce n'est pas du grand air photographié comme dans les films, ce n'est pas du vent artificiel, on le sent vous entrer dans le nez, la bouche et les poumons.[2] Rien ne vaut cela!

André Billy

Une course cycliste

Explications
1. *tar*
2. *gash*
3. *stitches*
4. *main body of riders, pack*
5. *fan*
6. *sail*
7. *in terms of*
8. *pace, speed*
9. *murmur*

Un gosse s'avança pour voir arriver le coureur. Une femme se précipita pour le tirer en arrière. Busard arrivait sur eux à quarante-cinq à l'heure.

Il fit un écart pour les éviter. Les roues glissèrent sur le pavé mouillé, en bordure du goudron.[1] Le vélo se coucha. Busard passa par-dessus le guidon et plongea sur le pavé, les bras en avant.

Marie-Jeanne et moi nous nous précipitâmes vers Busard. Il s'était déjà relevé. La cuisse gauche saignait abondamment. Le nez saignait aussi.

Busard se passa la main sur les lèvres et regarda le sang sur le dos de la main.

Allez en vélo – c'est plus sûr, plus pur!

98

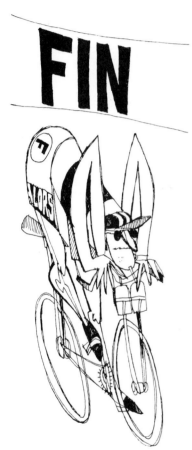

—Ce n'est rien, dit-il.

Je nettoyai la cuisse avec un mouchoir. L'entaille[2] était profonde. Il faudrait des points de suture.[3]

—Je continue, dit Busard.

—Essaie, dis-je.

—Il faut le mener à l'hôpital, dit Marie-Jeanne.

—Il sera toujours temps s'il ne peut continuer.

Busard se mit en selle. Deux jeunes gens le lancèrent. Il démarra.

Le peloton[3] n'était qu'à cinquante-cinq secondes. Les sept mêmes hommes qu'au deuxième passage du col. Le vent poussait et ils avançaient en éventail,[5] sur toute la largeur de la route, comme une voile[6] gonflée. Lenoir au centre, grand, l'air redoutable, pédalant sur son plus grand développement, ses jambes dessinant des pas de géant. Je pensai: 'Ils arrivent, ils arrivent. Ce sont toujours les plus forts qui gagnent, les plus rusés, ceux qui ont le plus d'expérience, les plus intelligents, ceux qui savent triompher de leur nature.' Je ne disais rien.

Je regardais dans le rétroviseur. L'éventail derrière nous était en train d'éclater. Une pointe se formait. Deux hommes se détachaient, roue dans la roue, un maillot vert, un maillot rouge, le Lyonnais et Lenoir.

Busard força encore. L'aiguille du compteur dépassa le quarante-cinq.

Je ne parviens pas à me rappeler son expression. Son visage n'exprimait sans doute plus rien. Au plus haut point de tension d'une bonne course, le cycliste dépasse l'état où l'on se sent en forme ou pas en forme. J'essayais d'imaginer ce que ressentait alors Busard, en fonction de[7] souvenirs de guerre ou de passion. Busard traqué par des poursuivants, fuyant en avant comme le soldat à l'attaque sous le feu convergent de l'ennemi. La conscience se réduit à l'instant. Le cœur, l'intelligence, le muscle, ne font plus qu'un; c'est un des plus hauts degrés de fusion où parviennent, l'espace d'un moment, les facultés de l'homme.

Sur le pavé, le train[8] de Busard redescendait à quarante à l'heure. Toute la ville était massée sur les trottoirs. Le tintinnabulement[9] 'Il saigne… il saigne… il saigne …' nous accompagna de nouveau. La cuisse saignait de plus en plus.

Busard tourna la tête vers Marie-Jeanne.

'C'est pour vous', cria-t-il.

Il se lança dans la descente vers la ville neuve. Le stade n'était plus qu'à deux kilomètres.

Busard tomba en prenant le tournant à angle droit du chemin qui mène au stade. La tête porta sur la chaussée. Il se releva aussitôt. Le front était ouvert et le sang coulait sur les yeux.

Il se remit en selle. Des jeunes gens s'étaient précipités et le lancèrent.

Les poursuivants n'étaient plus qu'à quelques mètres.

Busard pénétra le premier sur la piste, avec vingt mètres d'avance. La foule criait…

Au sprint, le Bressan passa tout le monde et franchit le premier la ligne d'arrivée. Lenoir et le Lyonnais suivirent à deux roues. Busard arriva quatrième, à dix mètres.

Roger Vailland, *325 000 Francs*, Editions Corréa

A. Analyse de la langue

1. Trouvez dans les textes de Billy et de Vailland (pages 98 et 99) tous les exemples:
   a) des verbes auxiliaires et 'semi-auxiliaires' (*avoir, être, faire, aller, venir, devoir, pouvoir, savoir, vouloir, être en train de,* etc.)
   b) des moyens employés par les auteurs pour renforcer le sens de certains mots (les phrases courtes, la répétition, l'ordre inhabituel des mots, les pronoms de renforcement, l'exagération, etc.)
   c) des adverbes de négation (**ne ... pas, ne ... rien,** etc.)
   d) des pronoms neutres ou indéfinis (**ce, cela, il, on**)
      exemple il n'y a plus moyen de s'en passer.
      Ensuite, traduisez en anglais les phrases où ces pronoms se trouvent.

2. Employez chacune des expressions ci-dessous (basés sur des expressions extraites des textes) au début d'une phrase:
   a) il n'y a plus moyen de ...
   b) je ne peux me passer ...
   c) si cher que ce soit ...
   d) rien ne vaut ...
   e) le cycliste a fait un écart pour ...
   f) je ne parviens pas à ...

B. Travail à deux

En vous rapportant aux textes, rédigez une série de questions que vous poserez ensuite à un camarade de classe pour voir si celui-ci a bien compris le texte.

C. Exploitation

1. Comparez les moyens de transport ci-dessous, du point de vue: vitesse, coût, sûreté, confort, flexibilité, tension nerveuse, intérêt, etc.
   exemple Quoique ce soit plus rapide en voiture, à bicyclette c'est plus pittoresque.
   la voiture – la bicyclette (à la campagne)
   le vélo – la voiture (en ville)
   le train – la voiture (pour une personne/pour une famille)
   l'avion – le train/le bateau
   le train – l'autocar
   l'autobus – la voiture (en ville)
   le car – le stop
   la voiture – la moto (par beau temps/sous la pluie)
   comparez également:
   les autoroutes – les routes secondaires

2. a) Pour moi l'aspect le plus important des loisirs c'est:

le repos	l'épuisement physique
le délassement	
le déplacement	la variété
le dépaysement	l'épanouissement de soi
le danger	
la créativité	le manque d'organisation
la compagnie	
l'isolement	l'organisation
le calme	la compétition
	la surprise

   Voilà pourquoi je m'intéresse à ...

   b) Si je faisais le tour du monde à vélo/en bateau...
      je serais certain d'emmener/d'apporter ...
      je n'aurais pas besoin de ...
      ce qui me manquerait ...
      le plus grand plaisir pour moi...
      le plus grand inconvénient ...
                    mais quand même ...

D. Dictée/Transposition

Ecoutez sur la bande enregistrée l'extrait de 'La course buissonnière'. . (Voir le vocabulaire à la page 183.)
Ecrivez-le comme dictée en français ou traduisez-le en anglais.

E. Résumé/Commentaire

1. En vous rapportant au texte de Billy:
   a) trouvez un titre alternatif
   b) dressez une liste des mots-clés de chaque paragraphe
   c) résumez en deux ou trois phrases le sujet de chaque paragraphe
   d) résumez le texte entier (de 50 à 70 mots)
   ou
2. Faites un commentaire du texte de Vailland:
   a) commentez les passages descriptifs
   b) commentez les moyens employés par l'auteur pour nous tenir en suspens
   c) expliquez en français les expressions ci-dessous:
      i) pédalant sur son plus grand développement
      ii) ceux qui savent triompher de leur nature
      iii) en forme
      iv) le tintinnabulement
   d) rédigez un paragraphe de 50 à 80 mots destiné à être inséré dans un journal local le lendemain de cette course.

F. Traduction

The pursuit of physical fitness is the new religion. The present renaissance of interest in health is reflected by several campaigns in different countries. In a survey it was found that those who take vigorous exercise of at least one hour a week are less likely to develop heart disease. Those who go in for mild exercise seem to do no better than those who take no exercise at all. This is one of the problems of the jogger: in deliberately running slowly he does nothing to increase his bodily efficiency.

Another problem is the competitive element, which is even creeping into the practice of jogging. It may seem surprising, but the close relationship between sport and competition is of fairly recent origin. Because of the prevailing win-at-all-costs philosophy, sport no longer represents the element of play in our society; nor is it any more part of the cultural process. The relationship between games and the body, between body and spirit has been celebrated for millennia. In modern times, however, most of the connection has been lost.

But a new wind is blowing. Sport is used to change one's outlook on life and to help a person learn the art of relaxed concentration, rather than simply to beat an opponent. The quest for self-expression through the body has just begun.

Maurice Yaffe, *Jogging towards a new life*
Guardian Weekly (adapted)

Sans paroles

L'Evasion

Puisque les animaux s'adaptent aux besoins de leur environnement, est-il possible que l'homme soit en danger de devenir une espèce sans jambes? Il se déplace au moyen de voiture, bus, train, avion; dans les bâtiments il se sert d'ascenseurs et d'escaliers roulants; même aux loisirs il évite d'utiliser ses jambes en se servant de funiculaires et de téléski.

Extrait d'une entrevue de M. Valéry Giscard d'Estaing.

'Concernant l'automobile, on ne peut adopter une attitude globalement négative. Les Français ont longtemps aspiré à acquérir la liberté des déplacements individuels, et beaucoup continuent à penser que la voiture est une forme de promotion sociale. Mais il faut modifier dans les crédits publics la part traditionnellement consacrée à l'automobile et celle affectée aux transports collectifs, aux pistes cyclables, aux piétons, etc. A cet égard, la charte de la qualité de la vie comprend des mesures pour mieux maîtriser la circulation, et notamment le développement d'un important réseau de pistes cyclables.'

G. Guide-discussion

Nouvelles formules de travail et de loisirs
1. Le mode de vie est en train de changer
   —influence de la technologie (micro-électronique et informatique) sur le monde du travail, les formules de loisirs et de vacances.
   Pour préparer l'ère post-industrielle, il faut considérer:
   —la formation permanente
   —mieux répartir le temps du travail et de la retraite
   —le travail à mi-temps
   —ou même la vie active comme privilège (on aurait droit à un mois de travail par an?)

2. Donc, possibilités plus grandes de loisirs
   —comment y répondre? De quoi a-t-on besoin?
   —la préparation aux loisirs – sports obligatoires? – mise en place des installations nécessaires pour répondre à tous les goûts
   —l'homme cherche un but, une raison d'être; il cherche à s'évader au train-train journalier, à la tension nerveuse et au désespoir
   —il se sent donc poussé: à explorer la terre, l'espace, sous la mer; à s'exprimer au moyen des arts et des sports – surtout ceux qui le poussent aux limites de ses capacités physiques et morales – même au risque de sa vie
   —besoin de créer la possibilité de prendre part à ces activités

3. D'autres cherchent à se retirer en eux-mêmes ou à s'évader dans:
   —la méditation, la poésie
   —les excitants artificiels, les stupéfiants
   —les jeux de hasard (le tiercé, la loterie nationale, le loto, le casino)
   —la télévision
   —la lecture des histoires d'espions, de science-fiction, de crime
   —la nostalgie (du passé ou d'un monde imaginaire, fantaisiste)
   —le culte des vedettes (cinéma, pop, sport, mode)

Le vélo maintenant c'est la fête ...
La production de bicyclettes double
en France tous les cinq ans.

Le club 'Cyclobus' est ouvert
chaque jour au cœur du Bois de
Boulogne, et compte huit mille
adhérents: facteurs, P.D.G.,
médecins, métallos, employés... La
première fois on vient seul. Après,
on entraîne femme, enfants, amis.
On loue une bicyclette pour une
heure ou pour la journée. On est
citadin, on est avide d'un peu d'air
pur respiré en faisant quelques
efforts, on ne cherche à battre
aucun record. On pédale pour le
plaisir de pédaler.

Alerte aux 'fous de la plaisance'

Par imprudence ou égoïsme, ils
risquent leur vie et celle des
autres... Il serait dommage que
l'égoïsme et l'inconscience qui
règnent sur les routes envahissent
peu à peu la mer, domaine ou, avec
la montagne, la solidarité est de
rigueur. La mer n'a que faire de
mentalités d'automobilistes.
    Aurore Molinero, *Le Figaro*

Discussion: l'accès aux loisirs
Ecoutez la discussion enregistrée
(voir le vocabulaire à la page 183).

H. Guide-dissertation

The simplest paragraph plan, as already stated,
is that of a single topic sentence which presents
the main idea, followed by a number of
supporting sentences, each of which develops or
qualifies the main idea, by additional detail, by
reason or explanation, by definition, comment,
example, contrast or comparison; this creates a
logical pattern which is simple to follow, but
which may lack impact, especially if each
paragraph in the essay follows the same pattern.

For the sake of impact and balance you might
therefore decide, particularly when presenting a
complex idea or a major jump in a sequence of
events, to strengthen the clarity and force of
your argument by leading up to your key
proposition as the climax of the paragraph. In
this case, the supporting sentences will precede
the key sentence. The principle of the single
master idea supported by others remains, and in
your planning you must keep this in mind,
however you decide to shape the final paragraph.

In the essay subjects in this Dossier, you will
need to present speculations, doubts or queries,
for example about the future. You will be
planning along the lines: What if ...? Let's

imagine ..., Suppose that ..., etc. Such ideas are
well suited to the type of paragraph structure
suggested above. A series of examples, a
sequence of suggested events, or of queries or
doubts might lead towards the statement of your
controlling idea. You may also find that it
strengthens the essay as a whole to balance one
paragraph planned in the straightforward basic
style (key idea followed by supporting sentences)
by constructing the following one the other way
round (speculations, examples or suggestions
leading to a contrasting key idea).

I. Sujets de dissertation

1. Pourquoi le nomadisme de nos jours?
2. Quel est l'attrait des sports dangereux ou
   solitaires?
3. Comment se préparer pour un avenir dans
   l'âge des loisirs?
4. Est-ce que vous éprouvez le besoin d'exceller
   dans vos études ou dans vos divertissements?
   Essayez d'expliquer ce besoin.
5. Quel est le meilleur moyen d'évasion pour
   l'homme moderne?

Test 7

A. Le futur antérieur (*future perfect*)

Qu'est-ce qu'on va faire? Rédigez des phrases, en employant le futur antérieur d'un verbe approprié.

exemple Joël Lodé devrait se mettre en route, mais son pneu est crevé.
Il se mettra en route quand il aura réparé la crevaison.

1. M. Lodé voudrait se coucher, mais sa tente est toujours dans sa sacoche.
2. Les campeurs ont faim, mais ils n'ont pas ramassé assez de bois pour faire un feu.
3. Vous voudriez lire votre livre? Mais allumez donc la lampe!
4. Mme Martin va venir nous voir, mais elle veut d'abord s'installer dans sa caravane.
5. Les enfants ont envie de se baigner, mais ils sont toujours au lit.
6. Le gérant devrait distribuer le courrier, mais il n'est pas encore arrivé. (employez **aussitôt que**)
7. Il n'y a pas assez de place pour votre tente, mais ces caravanes-là vont bientôt partir.
8. Je suis en train de faire des commissions – je ne peux pas téléphoner en ce moment.

B. Le conditionnel passé (*conditional perfect*)

Traduisez les phrases ci-dessous en français, en employant le conditionnel passé là où c'est nécessaire.

1. Lodé would never have set out on his world tour if he had known it would take nearly two years.
2. He would have liked to be back within a year.
3. He should never have agreed to give lectures in the United States.
4. Who would have thought that he would go back to his job in the factory?
5. The other riders would not have caught up with Busard if he hadn't fallen.
6. If I hadn't been short of money, I'd never have gone on a package holiday.

C. Verbes

Complétez les phrases ci-dessous, en employant une forme correcte du verbe. Ensuite, traduisez les phrases en anglais.

plaire

1. Je n'ai pas le droit de faire ce qui me —. Je suis obligé d'y aller, que cela me — ou non!
2. L'exposition nous — beaucoup —.
3. Si nous allions à la réunion, vous — -il de nous accompagner?
4. Les deux jeunes gens se —.

pleuvoir

5. Il — à verse. Mais non, ce n'est qu'une averse.
6. Il — — cinq jours de suite.
7. Tout à l'heure, il — sur la ville. Maintenant, on y voit un arc-en-ciel.
8. Des projectiles — sur les policiers, lancés par les manifestants.

pouvoir

9. J'ai longtemps supporté ces conditions, mais je n'en — plus!
10. '— -je vous accompagner à la caserne?' supplia le Breton.
11. Je doute fort que les plaisanciers — nous aider.
12. Ils nous auraient aidés, s'ils — —.
13. Anne Michaïlof réparera la barre quand elle —.
14. On a vu une petite fille. Elle — avoir tout au plus huit ans.

prendre

15. Lodé — — des vêtements légers et des vêtements chauds.
16. S'ils — le bus, ils n'arriveraient pas avant la conférence.
17. Il faut que tu — la première à gauche. C'est un raccourci.
18. — garde! Ces chaussures — l'eau.

Examen 2

⚙ A. The position of working women in the Soviet Union

The following questions, which are to be answered in English, are designed to test your comprehension of a passage of French which will be read aloud. (The passage is printed in the Tape Booklet.) You will have three minutes to read the questions below, then the whole passage will be read at normal speed. Then the first section will be read, after which you will have five minutes to formulate your answers. The second and third sections will be treated in the same manner. Then you will hear the whole passage again, after which you will have five minutes for a final revision of your answers.

Your answers should be full but concise, and must be based on the information and opinions contained in the passage.

You are permitted to take notes during readings.

SECTION 1
1. What part do women play in the Soviet work force? (2 marks)
2. How did this situation come about? (5)
3. What did women do during the war, and for what purpose? (4)
4. What pattern of female employment emerged in the post-war period? (2)

SECTION 2
5. What new factor ensures the maintenance of this pattern of employment? (3)
6. What proportion of Soviet women go out to work and for how many hours a day? (2)
7. What tasks constitute their second 'job'? (3)
8. What problems does shopping entail? (3)
9. What aspects of living conditions contribute to the housewife's difficulties? (4)

SECTION 3
10. What factors make ordinary household tasks more difficult than in the West? (5)
11. How have economists re-assessed the role of the housewife in the West? (5)
12. What speculation does the writer make about the working week of Soviet women? (2)

Oxford Local Examinations, Advanced Level French 1977

B. Essay

Write an essay in French on one of the following topics:
a) 'Vive le vélo! A bas l'auto!' Discutez.
b) 'Les sociétés se jugent par leurs amusements encore plus que par leurs travaux.' Discutez à l'aide d'exemples.

L'organisation politique de la France

A partir de 18 ans, les Français disposent du droit de vote. Pour l'exercer, il faut être inscrit sur les listes électorales de la mairie de son domicile. Cette inscription est théoriquement obligatoire; en fait, aucune sanction n'est prévue pour ceux qui ne s'inscrivent pas sur les listes, et près de 30% des Français de 18 à 21 ans ne se sont pas fait inscrire, contre 9% des plus de 21 ans.

Pour s'inscrire aux listes électorales, il faut présenter une pièce d'identité et une justification[1] de domicile. Il vous sera envoyé ensuite votre carte d'électeur.

Voter pour qui?

Explications
1. *proof*
2. *poll*
3. *division, constituency*
4. *voting for one name*
5. *ballots*

L'inscription sur les listes électorales vous permet de participer à un certain nombre d'élections:

MUNICIPALES: tous les six ans ou lorsque le conseil municipal doit être complété pour l'élection d'un nouveau maire. Le mode de scrutin[2] diffère selon l'importance de la commune.

La *commune* est administrée par le conseil municipal, présidé par le maire. Il y a, selon le nombre d'habitants, entre 9 et 49 conseillers municipaux par commune. (Paris en a 109.) Les conseillers municipaux élisent le maire lors de la première réunion du conseil municipal.

CANTONALES: le *canton* est la circonscription[3] électorale où on élit le conseil général. Les conseillers généraux sont élus par les habitants du département au scrutin uninominal[4] à deux tours,[5] à raison d'un conseiller par canton. (Il faut avoir la majorité absolue au premier tour, ou relative au second tour pour être élu.) Le conseil général est renouvelé tous les trois ans par moitié.

Les *départements* sont administrés par le préfet. En tant que représentant de l'Etat, (étant nommé par décret du Président de la République) il est chargé de faire exécuter les lois et les décisions du gouvernement et il a autorité sur les services des ministères dans le département. En tant que représentant du département, il prépare et exécute les décisions des conseils généraux.

Il y a aussi en France 22 conseils régionaux, composés des parlementaires de la région et des représentants des collectivités locales, mais leurs pouvoirs sont très limités, surtout aux yeux de ceux qui souhaitent une décentralisation plus grande.

LEGISLATIVES: les députés sont élus tous les cinq ans. Des élections générales ont lieu en cas de dissolution de l'*Assemblée Nationale*; des élections partielles interviennent en cas de vacances de sièges. C'est un scrutin uninominal majoritaire à deux tours. Le Sénat, cependant, est élu dans le cadre de chaque département par un collège électoral.

REFERENDUM: lorsqu'une décision d'importance nationale est soumise à un referendum elle doit, pour être acceptée, recueillir la majorité absolue des votants.

On vote, Librairie Istra

Les écologistes

Explications
1. *embarrass*
2. *an important factor*
3. *driving*
4. *self-governing*
5. *breakthrough*
6. *tries to appease*
7. *kill-joys, spectre at the feast*
8. *is disadvantageous*
9. *realisation*

Trente et un pour cent des étudiants pensent voter pour un candidat écologiste aux prochaines élections. Proportion énorme si on la compare aux résultats de sondage sur l'ensemble de la population et qui donnent de 5 à 6% d'intentions de vote pour les écologistes. Quand on sait que ces 5 à 6% perturbent déjà la vie politique traditionnelle au point de faire perdre les pédales[1] aux responsables des partis, cette information sur les étudiants est une donnée capitale[2] sur les aspirations et les envies des jeunes et sur leurs insatisfactions, quant aux propositions d'avenir qui leur sont faites, à gauche comme à droite. Car ils viennent de tous les horizons politiques, les écologistes étudiants. D'après notre enquête, deux tiers sont à gauche, un tiers plus près de la majorité.

Quand, où, commence l'écologie, c'est difficile à préciser. L'association 'les amis de la terre' a souvent joué un rôle moteur[3] et de coordination. 'Le mouvement écologique', né en 1974, s'est doté d'une structure très décentralisée, regroupant groupes locaux et associations locales qui restent libres de leurs organisations et de leurs actions. Son programme : socialisme auto-gestionnaire[4] et refus du productivisme. Sa stratégie : la non-violence. Aux élections municipales du printemps 1977, les écologistes faisaient une percée[5] electorale inattendue. Et depuis, c'est à qui les courtise,[6] les insulte. Ils sont les trouble-fête,[7] l'échec aux ordinateurs. Ils sont globalement de gauche, lorsque gauche signifie changement et libération. Mais ils ne se privent pas de dire que ces socialistes et ces communistes partiaux du nucléaire, ce n'est pas la gauche. Et ils considèrent que le programme commun fait une impasse[8] sur l'écologie. Ils refusent le choix droite-gauche, justifié par une quelconque situation historique. Ils partent du 'partiel' et en arrivent à des conclusions d'ordre général ; ce faisant, ils sont, de fait, inassimilables dans le discours de la gauche qui part du sommet.

D'où leur place à part dans la vie politique du pays. Pas en dehors, mais à côté, comme une force de pression et de propos, de refus s'il le faut. Une force avec laquelle les partis traditionnels devront compter ; bonne occasion pour eux d'enrichir un peu le contenu de leurs programmes respectifs.

Le mouvement écologique se transformera-t-il un jour en parti politique ? C'est concevable mais pas évident. Car il n'en a ni l'envie, ni la possibilité. Sa base sociologique est trop diffuse, trop 'classes moyennes', c'est-à-dire objectivement non dominantes. Ce n'est pas un hasard non plus si l'écologie démarre et se développe là où la gauche traditionnelle n'est pas très forte. Pour l'instant, le mouvement écologique paraît avoir surtout vocation à la formidable prise de conscience[9] qu'il y a un champ d'intervention possible sur ce qui dépend de nous, qu'on peut et qu'on doit intervenir directement sur son mode de vie, son travail, son environnement. A ce titre, il est un élargissement considérable du projet auto-gestionnaire qui, tel qu'il apparaît défendu par les partis et le syndicalisme, reste fondé sur l'entreprise et le travail.

Dossiers de l'Etudiant

A. De quoi s'agit-il?

1. Selon le premier texte, qui a le droit de vote en France?
2. Quelles sont les différentes sortes d'élections en France?
3. Quel y est le mode de scrutin le plus utilisé?
4. En vous rapportant au deuxième texte, qu'entendez-vous par les 'écologistes'?
5. Quel rôle les écologistes jouent-ils dans la vie politique de la France?

B. Le sens des mots

Les questions 1 à 3 se rapportent au premier texte (page 106).
1. Trouvez dans le texte une expression ou une phrase qui veuille dire:
   a) l'endroit où ils demeurent
   b) en théorie, on est obligé de s'inscrire
   c) on n'impose aucun peine
   d) quand ils se réunissent pour la première fois
2. Expliquez en français les expressions ci-dessous, extraites du texte:
   a) la liste électorale
   b) une pièce d'identité
   c) en cas de vacances de sièges
   d) une décentralisation plus grande
   e) la majorité absolue des voix
3. Dressez une liste de tous les mots et expressions du texte qui se rapportent aux élections et à la vie politique. Donnez-en l'équivalent anglais.

Les questions 4 à 7 se rapportent au deuxième texte (page 107).
4. Trouvez dans le texte une phrase ou une expression qui veuille dire:
   a) parmi tous les habitants du pays
   b) troublent le calme de la vie politique habituelle
   c) des renseignements fondamentaux sur ce que souhaitent les jeunes
   d) selon le sondage que nous avons fait
   e) il est possible de prendre part
5. Expliquez en français les expressions ci-dessous, extraites du texte:
   a) faire perdre les pédales aux responsables des partis
   b) (faire) une percée électorale inattendue
   c) c'est à qui les courtise, les insulte
   d) une force de pression

6. Qu'entendez-vous par les mots et les expressions ci-dessous?
   a) inassimilable
   b) le syndicalisme
   c) les partis de gauche
   d) les classes moyennes
7. Retrouvez dans le texte les substantifs qui se rattachent aux verbes ci-dessous. Classez-les selon leur genre (*m.* ou *f.*):
   donner, proposer, ne pas satisfaire, sonder, étudier, agir, gérer, refuser, choisir, contenir, élir, mouvoir, prendre, intervenir.

C. Avez-vous bien compris?

Les questions 1 à 8 se rapportent au premier texte.
1. Que faut-il faire exactement, avant de pouvoir participer aux élections en France?
2. Pourquoi, à votre avis, les Français de 18 à 21 ans s'inscrivent-ils aux listes électorales en pourcentages moins importants que ceux de plus de 21 ans?
3. Le maire d'une commune est élu au suffrage universel indirect. Qu'est-ce que cela veut dire?
4. Un conseiller général est élu pour combien d'années?
5. Qui est le préfet?
6. Comment accroître la décentralisation?
7. Pour quelles raisons y aurait-il des élections générales plus souvent que tous les cinq ans?
8. Comment les membres du sénat sont-ils élus?

Les questions 9 à 13 se rapportent au deuxième texte.
9. Comment peut-on savoir que tel ou tel pourcentage des électeurs a l'intention de voter d'une certaine façon?
10. A votre avis, pourquoi les écologistes sont-ils plus populaires chez les étudiants que parmi l'ensemble de la population?
11. Comment les écologistes influencent-ils les partis traditionnels?
12. Qu'est-ce qui pourrait empêcher les écologistes de devenir un parti politique?
13. Grâce au mouvement écologique, le peuple français se rend compte d'un fait important. Lequel?

D. Version

Traduisez en anglais le texte ci-dessous:
On a fini par savoir, administrés et
fonctionnaires du département, que, si j'étais le
matin à la mairie, j'entendais réserver mes après-
midi pour mes affaires personnelles. J'ai en
effet vite compris que, si un maire ne se fixe pas
d'horaire, il risque d'être dévoré par mille
sollicitations quotidiennes... Cependant il
m'arrive d'être dérangé dans mon travail
personnel (à moins que ce ne soit pendant les
repas). C'est le préfet ou le sous-préfet que je
dois rappeler au téléphone. C'est l'ingénieur TPE
(travaux publics de l'Etat) qui est en tournée
dans le secteur avec son conducteur de travaux,
et qui en profite pour pousser jusqu'à mon
domicile. C'est parfois un représentant de
commerce tenace qui me débusque jusque dans
mes vignes pour me vendre de la peinture routière,
des fournitures de bureau, un désherbant pour le
cimetière ou des bactéricides pour les égouts, ou
encore du matériel de signalisation pour les voies
publiques.
Jacques Kryn, *Lettres d'un maire de village*,
Editions du Seuil

E. Au jour le jour 🎧

'Tous des charlots' (voir le vocabulaire à la
page 183).
Les élections approchent. Que pensent les jeunes
Français de la campagne électorale et des
candidats? Nous avons posé cette question à
un groupe d'élèves dans la banlieue parisienne.
Leur jugement est impitoyable. Faites-en le
résumé.

F. Expression dirigée

1. En quoi les modes de scrutin utilisés en
   France diffèrent-t-ils de ceux de votre pays?
   Quels avantages et inconvénients voyez-vous
   dans les deux systèmes?
2. Quels sont, d'après vous, le pour et le contre
   du référendum?
3. Quelles questions voudriez-vous poser à un
   candidat:
   a) aux élections générales?
   b) aux élections locales dans votre commune?
   c) aux élections européennes?

Sans paroles

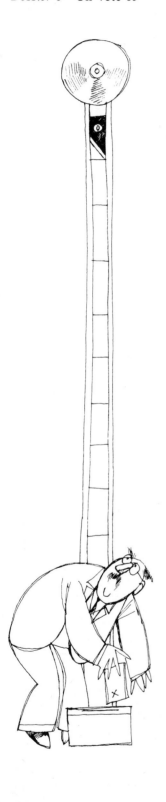

En France, il est interdit de publier des sondages une semaine avant le scrutin. Interdiction inutile; les rumeurs courent.

Le public est en droit de savoir cependant qui a commandé un sondage, à quelles dates et sur un échantillon de quelle importance et de quelle composition il a été pratiqué, quelles étaient exactement les questions posées et si le sondage est publié integralement.

La querelle des sondages d'opinion

En France, plus de cinquante cabinets d'études de marketing sont réputés pour leur sérieux et permettent aux entreprises de lancer des produits propres à satisfaire les besoins des consommateurs. Parmi eux, une bonne dizaine réalisent des études à des fins électorales en politique.

Or une aberration simplificatrice a fait que la presse, la radio et la télévision ont accordé, à ce jour, un crédit quasi exclusif aux deux organismes de sondage qui produisent des enquêtes à la chaîne en utilisant des techniques dépassées depuis vingt ans et complètement abandonnées par ceux qui veulent vraiment prévoir les comportements du public.

La presse va peut-être comprendre (et le public est désormais informé) qu'elle devrait cesser de faire sa publicité sur tel ou tel sondage. Certes, le sondage fait 'vendre du papier', mais est-ce une raison suffisante?

Ce n'est pas le lieu d'entrer dans le détail des insuffisances techniques que tous les spécialistes peuvent relever dans ces sondages. Les sondages dont il s'agit doivent avoir le même crédit que les horoscopes: certains journaux en publient et des gens y croient, mais il est abusif de les présenter comme des instruments propres à permettre le pronostic. Il est inadmissible de les présenter comme une '*photographie à un moment donné*', si on ne précise pas qu'il s'agit de la photographie de *l'opinion que les gens croient qu'il est séant de déclarer avoir* à un moment donné.

Ce qui serait injuste, c'est que le discrédit – à la mesure du chiffre d'affaires traité avec les journaux – qui les frappe aujourd'hui éclabousse les organismes d'études qui utilisent des techniques dignes de foi, lesquelles ont permis à leurs clients de savoir réellement à quoi s'en tenir.

Il est certain que les sondages publiés ont joué un rôle important dans cette consultation, car l'information qu'ils ont introduite a agi – nous l'avons mesuré – sur l'électorat de la majorité comme sur celui de l'opposition.

Le législateur n'a plus besoin d'intervenir, le public est informé.

Bernard Krief, *Le Monde*

G. Avez-vous bien compris?

1. Quelles informations nous sont essentielles pour que nous puissions évaluer les résultats d'un sondage?
2. Quel est le but de la plupart des enquêtes?
3. Quel avantage y a-t-il pour la presse à publier des sondages?
4. Si les gens ne donnent pas leur vraie opinion à l'enquêteur, quelle opinion donnent-ils?
5. Certains organismes d'études sont plus dignes de foi. Pourquoi?

H. Paraphrase

Pour chaque phrase ou chaque expression en italique ci-dessous, écrivez une phrase équivalente, de même sens, en respectant pour certaines les consignes qui vous sont données:

A la condition qu[1]'elle ne soit ni filtrée, ni manipulée, ni sollicitée, l'information est l'instrument de la liberté. Mais les sondages, *dans la mesure où*[2] ils n'expriment qu'une information sommaire, partielle et cependant péremptoire, contribuent hypocritement à étouffer cette liberté de penser. En période électorale (et pas seulement, comme le suppose la loi, durant la dernière semaine), c'est le peu de démocratie politique que nous possédons qu'ils *amenuisent*[3] encore. A quoi bon voter? *A en croire les sondages,*[4] à suivre leurs 'simulations', *tout est joué d'avance.*[5] *Cette Bourse*[6] aux partis politiques, cette cotation des hommes d'Etat, qui perdent ou gagnent des 'points' suivant l'humeur des mille, les autres Français les suivent *du même œil faraud mais docile*[7] que le tiercé ou la Coupe d'Europe de Football: 'Allez, les rouges!' Une mentalité de spectateurs – ou de supporters, *violence comprise*![8]

   Mais s'informer,[9] réfléchir, choisir en toute liberté, avoir le courage de nager à contre-courant, parfois même de faire cavalier seul, bref, être un homme, à quoi bon puisque *les sondages ont raison d'avance?*[10] Salut, les robots!

Gilbert Cesbron, *Le Monde*

1. Si l'on ne ...   2. ...   3. ...   4. Si ...   5. ...   6. ...   7. ...
8. ...   9. Il ne vaut pas la peine ...   10. ...

I. Texte enregistré 🜨

'Une information nécessaire' (voir le vocabulaire à la page 183)

J. Traduction

When it comes to elections, opinion polls have been granted enormous credit by the press. The public believes in them as instruments for forecasting people's behaviour, whether it is a matter of launching a new consumer product or of political ends.

   Unless it is made clear, however, what methods have been used in the poll, how the sample has been made up and what questions have been asked, the results cannot be trustworthy.

   The fear that voters will be manipulated by the publication of opinion polls is often expressed. Such fears may well be justified if the polls are based on outdated and unsatisfactory methods. Moreover they may also create the danger that the electorate will come to believe that everything has been decided in advance, and that voting is a waste of time.

Dossier 8 On vote Leçon 16

Les régimes sont bons ou mauvais selon ce que sont les hommes

Mouraille, Samothrace et Tafardel (et parfois Armand Jolibois), importants sur le plan local, étaient invités aux banquets donnés par le Sénateur Piéchut, qui leur fournissaient la matière d'interminables discussions. Les deux premiers douchaient l'enthousiasme du secrétaire de la mairie, toujours sensible aux périodes oratoires[1] et à la terminologie sublime des campagnes électorales.

Explications
1. *rolling rhetoric*
2. *going one better*
3. *smallpox*
4. *avoid*
5. *harmful*
6. *legislative*
7. *blow up*
8. *define*
9. *fond of*
10. *decadence*
11. *stand each other (put up with)*

—La politique, enchérissait[2] Samothrace, est la vérole[3] des sociétés.

—Il y a quand même, protestait Tafardel, des hommes qui font de la politique en tout désintéressement.

—Je ne vois, disait Mouraille, qu'une catégorie de citoyens désintéressés, celle des abstentionnistes. Ils ne demandent rien au pouvoir et ne pensent qu'à se protéger des exactions de l'Etat. Votez-vous, Samothrace?

—Je n'y pense même pas, répondait le vieux poète, considérant que la politique est métier et que ce n'est pas le mien. Ceux qui font de la politique en vivent ou en attendent quelque chose. Et vous, docteur, vous votez?

—Je ne prends plus cette peine. L'usage du bulletin de vote correspond à un diagnostic que je serais bien embarrassé de formuler. D'ailleurs, à mon avis, les régimes sont bons ou mauvais selon ce que sont les hommes. Je ne vois pas de régime, si excellent soit-il d'intentions, qui ne deviendrait fatalement détestable aux mains des tricheurs.

Tafardel lui reprochait la forme négative de sa sagesse.

—Alors, demandait-il, qu'est-ce que vous êtes dans la société?

—Un homme gouverné, répondait placidement Mouraille. Il en faut pour contrebalancer le nombre toujours croissant de ceux qui veulent gouverner les autres.

—Mettez-vous en doute la bonne foi du législateur?

—Je m'en garde, mon cher Tafardel, et j'y perdrais mon temps. Je m'applique simplement à contourner[4] toute bonne foi qui me serait nocive.[5] La vertu légiférante[6] n'est point si assurée de son infaillibilité que je n'aie le devoir de m'en méfier beaucoup.

—Seriez-vous anarchiste, docteur?

—Je ne milite pas dans les rangs du désordre, si c'est là ce que vous voulez dire, et je ne veux rien faire sauter.[7] J'ai bien assez à faire de passer au travers de ce qui existe et chercher à me cerner.[8]

Ici intervenait Samothrace, très féru[9] d'études historiques, qui le délassaient de ses propres travaux.

—Le gouvernement des hommes, disait-il, n'est qu'une longue alternance de deux systèmes, toujours les mêmes, les régimes de force et les régimes de liberté. Les premiers finissent dans le sang, et les seconds dans la déliquescence.[10] C'est pourquoi on passe éternellement de l'un à l'autre. Les hommes ne peuvent supporter longtemps ni la liberté ni la tyrannie. Et pour ce qui est de la France, comment voulez-vous gouverner un peuple d'anarchistes-conservateurs, d'antimilitaristes-chauvins et d'individualistes-collectivistes?

—Sans compter, complétait Mouraille, que bien souvent les hommes d'un même parti ne peuvent pas se sentir.[11] On connaît d'illustres exemples de cette détestation. Comment ces drogués du pouvoir auraient-ils des vues larges et désintéressés? Leur égocentrisme pèse sur les décisions qui se prennent à l'échelon national.

Gabriel Chevallier, *Clochemerle-Babylone*,
Presses Universitaires de France

112

Le bonheur à la portée de tous

(Un homme politique, entouré de trois personnages, s'adresse à la foule.)

Explications
1. *undertakers*
2. *epidemic (of plague)*

Le royaume des cieux doit être réalisé sur terre. Ici même, nous pouvons faire, sinon un grand, un parfait paradis, au moins un petit paradis avec un nombre d'imperfections le moins grand possible. Je vous promets la justice sociale, dans la liberté. Nous ne voulons pas bouleverser les institutions en place car nous connaissons les désastres que les révolutions peuvent entraîner. Mais nous changerons tout. Sinon tout, au moins une grande partie des choses. Nous allons alléger les charges fiscales. Cela n'est pas juste. Où va l'argent? Aux fonctionnaires municipaux dont les plus nombreux sont les croque-morts et les mieux rémunérés. S'il y a des croque-morts parmi vous, ceux-là continueront d'être payés s'ils votent pour moi. Non seulement nous paierons beaucoup moins d'impôts mais nous relèverons les salaires des ouvriers et nous allégerons les charges qui pèsent sur les petits commerçants. Les grand patrons ne peuvent plus conserver en bon état de marché leurs entreprises, à cause d'une fiscalité excessive. Ceux-là aussi, au même titre que les ouvriers, petits, grands et moyens commerçants, ainsi que les croque-morts, seront déchargés d'une partie de leur charge. Dès la cessation de l'épidémie, nous devrons tous courir aux urnes, car nous voulons agir dans la légalité.

...Car, je vous promets le bonheur dans la prospérité, dans une société de consommation améliorée et qui aura les avantages de la pauvreté sans en avoir les inconvénients. Le bonheur à la portée de tous.

Eugène Ionesco, *Jeux de massacre*, Gallimard

A. Analyse de la langue

1. Trouvez dans les textes de Chevallier et d'Ionesco (pages 112 et 113) tous les exemples:

   a) de l'usage des temps du verbe, sauf le présent de l'indicatif. Commentez le choix du temps, et traduisez en anglais:
   exemple qui leur fournissait *which provided* (*used to provide*) *them* – l'imparfait, action habituelle au passé.

   b) de discours direct. Transposez-les en discours indirect, en y apportant les modifications nécessaires:
   exemple 'Votez-vous, Samothrace?'
   Mouraille a demandé à Samothrace s'il votait.

   c) de l'usage du mot *en*. Classez les exemples suivant que c'est pronom ou préposition, et donnez-en l'équivalent anglais.

   d) des pronoms et adjectifs démonstratifs. Dans un cas comme dans l'autre identifiez le nom qui les gouverne:
   exemple celle des abstentionnistes (la catégorie).

   e) des pronoms personnels compléments d'objet direct ou indirect (*direct or indirect object pronouns*). Classez-les suivant qu'ils sont objet direct ou indirect, et ensuite, remplacez le pronom par le substantif qu'il représente:
   exemple ces banquets qui *leur* fournissait la matière...
   (objet indirect) qui fournissait *à Mouraille, Samothrace* et *Tafardel* la matière...

2. Rédigez six phrases contenant les constructions ci-dessous:

   a) Je ne vois pas ..., si excellent soit-il ...
   b) ... les premiers ..., les seconds ...
   c) Si vous acceptiez ...
   d) Plus on ..., plus on ...
   e) Non seulement ..., mais (aussi) ...
   f) Dès le début ...

B. Travail à deux

Après avoir lu les textes (aux pages 112 et 113), rédigez une série de questions, que vous poserez ensuite à un camarade de classe, pour voir si celui-ci a bien compris les textes.

C. Exploitation

1. Si vous aviez le pouvoir de changer la société selon votre gré, quels changements apporteriez-vous sur le plan:
   enseignement: universités? lycées? âge de la fin de scolarité? éducation privée? choix accordé aux parents? (école confessionnelle) programmes d'études? droits des élèves/ étudiants?
   subventions accordées par l'Etat?
   services sociaux: hygiène? santé? aide sociale? retraite?
   sécurité: police? ordre? crime?
   travail et loisirs: congés? conditions de travail? formation?
   exemple Si j'étais responsable de l'enseignement, je rendrais possible pour tous ceux qui souhaitaient entrer à l'université de le faire. Quant aux lycées et collèges, je ...

2. Quels sont les devoirs de tout citoyen sérieux?
   exemple Quant aux affaires municipales, on devrait s'informer, prendre un vif intérêt, afin d'empêcher les extrémistes (de gauche ou de droite) d'exercer trop d'influence.

Sur le plan	affaires municipales
Quant à ...	vie politique
Du point de vue ...	vote/scrutin/consultation
	travail (syndicats)
	famille
	soin des autres (infirmes, vieux, pauvres)

on doit ...	... afin de ...
on (ne) devrait (pas) ...	... pour que ...
il faut que ...	... parce que ...
il vaudrait mieux ...	
on ferait mieux ...	

3. Imaginez que vous êtes candidat aux prochaines élections municipales. Dites ce que vous ferez si vous êtes élu (quand vous serez élu).

A présent:

il n'y a pas de jardin public ni d'espaces verts

les jeunes n'ont rien à faire le soir

on a l'intention de faire construire une centrale nucléaire près de la ville

il y a une pénurie de logements

le centre-ville est trop encombré

il est impossible de stationner en ville

le chômage de la ville est affreux

l'école primaire est en mauvais état

le collège est bondé

les retraités n'ont pas de logements adaptés à leurs besoins

l'équipement de l'hôpital est insuffisant et démodé

la rivière est polluée par les déchets industriels

exemple Si je suis élu (Quand je serai élu) conseiller, je ferai construire un jardin public pour que les jeunes et les autres citoyens puissent se détendre.

D. Dictée/Transposition ▼

Ecoutez, sur la bande magnétique, un second extrait de *Clochemerle-Babylone*, 'Une réunion politique'. Ecrivez-le comme dictée en français ou traduisez-le en anglais.

E. Résumé/Commentaire

1. Résumez le texte de Chevallier (page 112).
   a) Trouvez un titre alternatif.
   b) Dressez une liste des mots-clés du texte.
   c) Résumez chaque discours (paragraphe) en une seule phrase.
   d) Transposez ces phrases en style indirect.
   e) Résumez le texte entier (de 150 à 200 mots) en discours indirect.

ou

2. Faites le commentaire du texte d'Ionesco (page 113).
   a) Quels moyens l'orateur emploie-t-il pour faire appel aux auditeurs?
   b) En quel sens l'orateur est-il malhonnête?
   c) En quoi consiste l'humeur de l'extrait?
   d) Qui est la cible (*target*) d'Ionesco? Trouvez-vous qu'une pièce de théâtre soit plus efficace qu'aurait été un article sur le même sujet? Justifiez votre réponse.
   e) Imaginez que vous êtes journaliste. Rédigez deux articles, chacun de quelques lignes, destinés à être insérés dans le journal, rapportant le discours du second orateur (en style indirect). L'un des articles soutiendra l'orateur, l'autre l'opposera.

F. Traduction

There is a whole school of thought which holds that France will never properly be able to modernise its structures and its habits unless it develops a more genuine regional democracy. On the other hand, there are plenty of civil servants in other countries who admire the strength and lucidity of the prefectoral system, and envy the projects that a powerful central administration has been able to carry out in its regions.

Prefects and mayors are in fact frequently victims of the same common enemy: a centralised State machine that despite some earlier reforms is still too slow and bureaucratic for modern needs. This is one of today's two main problems of local government. The other is much more fundamental: a century and a half of State tutelage over local affairs has sapped the spirit of civic initiative.

John Ardagh, *The New France* (abridged), Penguin

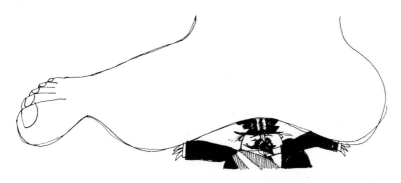

La vie politique

Les professionnels de la politique sont coupés des réalités de la vie. Ils considèrent comme questions subsidiaires les nouvelles grandes interrogations, la lutte des femmes, l'écologie, l'action culturelle, l'action non violente ...

La première idée de la nouvelle politique, c'est d'éviter la concentration des pouvoirs au sein de la classe politique pour mieux les diffuser dans toute la société civile.

Dominique Tadder, *Le Monde*

LA DÉMOCRATIE DOIT ÊTRE ÉTROITEMENT CONTRÔLÉE SINON C'EST L'ANARCHIE!

Liberté Égalité Fraternité

Déclaration des droits de l'homme et du citoyen:

'Les hommes naissent et demeurent libres et égaux en droits. Le principe de toute souveraineté réside dans la nation. La loi est l'expression de la volonté générale; tous les citoyens ont le droit de concourir, personnellement ou par leurs représentants, à sa formation.

Nul homme ne peut être accusé, arrêté, ni détenu que dans les cas déterminés par la loi et selon les formes qu'elle prescrit. Nul ne doit être inquiété pour ses opinions, même religieuses. La libre communication des pensées et des opinions est un droit de l'homme; tout citoyen peut parler, écrire, imprimer librement. La Constitution garantit l'inviolabilité des propriétés'.
Issue de l'Assemblée Constituante 1789

Tout individu a droit à la liberté d'opinion et d'expression, ce qui implique le droit de ne pas être inquiété pour ses opinions et celui de chercher, de recevoir et de répandre, sans considération de frontières, les informations et les idées par quelque moyen d'expression que ce soit.
Article 19, La Déclaration universelle des droits de l'homme, l'ONU 1948

Ce qui distingue la police et la justice d'un Etat démocratique de celle d'un Etat totalitaire est ceci: en démocratie, on arrête les gens, on les juge, parfois on les condamne, mais on ne cesse pas de les respecter. Les régimes d'oppression, eux, ne se contentent pas d'enfermer leurs adversaires: il leur faut aussi les avilir. L'arme suprême du totalitarisme est l'humiliation.

Le Monde

G. Guide-discussion

1. Quel est le but de la démocratie?
   de préserver la liberté, l'égalité, les droits de l'homme? Quels sont ces droits? de combattre la tyrannie, l'oppression, la pauvreté? Est-il possible pour la démocratie d'atteindre son but? Ou sera-t-elle toujours vaincue par la faiblesse humaine?
2. Qu'est-ce qui menace la démocratie?
   le centralisme? la bureaucratie (le pouvoir derrière les représentants élus)? la hiérarchie? l'indifférence? l'ignorance? le refus de partager le pouvoir et les privilèges? l'incompétence? la tendance à se diviser en groupes qui se disputent entre eux?
3. Qu'est-ce qui inspire les professionnels de la politique? l'idéalisme? le désir de servir, d'améliorer la vie? le pouvoir? l'ambition? l'égocentrisme? l'avarice? l'influence? la corruption?
4. Comment se montrer bon citoyen?
   Est-il possible d'enseigner la politique? L'école devrait-elle préparer les jeunes pour la vie adulte en leur expliquant les faits de la vie politique?
5. Quels sont les responsabilités du citoyen?
   de pénétrer la propagande, de participer, de prendre un intérêt vif, de s'informer, d'être vigilant, de ne pas tout laisser aux autres – aux militants, aux extrémistes, aux professionnels?
6. Est-ce que le vote devrait être obligatoire? Devrait-on décider de tout au moyen du référendum électronique instantané?
7. Quel est le meilleur système?
   une coalition de tous les partis? un seul parti? Est-ce que les partis sont tous les mêmes? Alors, pourquoi ne pas avoir deux partis qui gouvernent à tour de rôle? Est-ce que la démocratie est forcément le meilleur système? Quels sont les avantages d'un despotisme bienveillant? A quel âge devrait-on avoir le droit de vote? Est-ce que tous les votes devraient avoir la même valeur?

Le bon citoyen

Il est mécontent de tout: de son travail, de plus en plus contraignant et de moins en moins intéressant; des vacances au bord d'une mer de plus en plus polluée; des impôts, de plus en plus lourds à mesure qu'il gagne davantage; de la circulation, de plus en plus difficile; de l'école, qui rebute ses enfants et ne leur apprend rien d'utile, de vivant; de la télévision, qui l'endort; de son énervement chronique, qui l'empêche de dormir; des dirigeants, dont on n'obtient quelque chose que par des grèves et des manifestations violentes; enfin, de sa femme, qui n'est contente de rien.

Ce qui ne l'empêche pas – et c'est ce qui le distingue du mauvais citoyen – de voter pour le gouvernement.

Pierre Mathias, *Le Monde*

Discussion: A quoi bon la politique?
Ecoutez la discussion enregistrée (voir le vocabulaire à la page 184).

L'État, c'est chacun de nous!
A BAS LE CENTRALISME

H. Guide-dissertation

The essential element of any connected discourse is the sentence, the basic complete unit of language. We may take for granted the need for grammatical accuracy and correct vocabulary. In addition, a well-constructed sentence has to function as the clear expression of a single item of thought or narrative or description. The items expressed differ in importance, some being key steps in your argument, some supporting material of greater or less importance. As you develop your command of style you will seek to reflect the levels of importance by the emphasis you place on each sentence.

Sentences may consist of a single word or an interwoven mesh of clauses and phrases as long as a paragraph. We suggest that you should keep the majority of sentences as short and crisp as possible. In order to express logical or narrative links, to give necessary details, to emphasise important points, etc., you will of course have to make use of conjunctions, relative pronouns and other linking devices, which create complexity in your sentences. Indeed, if you did not do this, your language would appear very infantile and would be incapable of expressing your ideas. But never let your sentences become unwieldy or tangled. It is better to start a new sentence or, if necessary, to start afresh by replanning what you are trying to say. If you cannot express your thoughts in a reasonably straightforward way, they are likely to be muddled anyway.

When making your paragraph plan – or analysing paragraphs from printed texts – use the following simple categories to identify the function of each sentence:

introductory: establishes the topic for the paragraph
developing: adds detail, provides examples, definitions, etc. to clarify the basic idea
modifying: modifies or qualifies the main idea, e.g. by change of viewpoint, statement of contrast or comparison, query or criticism
concluding: summarises or restates the main idea and the supporting sentences and often provides a link to the succeeding notion.

I. Sujets de dissertation

1. L'honnêteté et la politique sont-elles compatibles?
2. 'Le gouvernement des hommes n'est qu'une longue alternance de deux systèmes, toujours les mêmes, les régimes de force et les régimes de liberté.'
3. 'Les hommes ne peuvent supporter longtemps ni la liberté ni la tyrannie.'
4. 'En finir une bonne fois avec les oppositions, c'est peut-être bien tout le secret de gouverner'.
5. 'La politique est cannibale. Dans l'histoire, les maigres finissent toujours par dévorer les gras. Pour devenir ceux qui seront à dévorer dans un siècle ou deux.'
   (G. Chevallier, *Clochemerle-Babylone*)
6. La politique, c'est l'art du possible.

Test 8

A. Faire/se faire/rendre

En vous servant des expressions dans la case,
  traduisez en français les phrases ci-dessous:

se faire remarquer	faire monter/entrer
se faire photographier	faire entretenir
se faire couper les cheveux	faire construire
se faire faire	faire taper à la machine
se faire entendre	rendre malade
faire comprendre	rendre heureux
faire venir	rendre furieux
faire penser	

1. The President has all his letters typed by his personal secretary.
2. In order to make himself heard, the Prefect used a microphone.
3. The deputy said it made him angry when politicians promised to have flats built, and then did nothing/nothing got done.
4. Is that the researcher for the opinion poll? Please show him up to my office.
5. At their first meeting the members of the council had their photographs taken. The mayor had remembered to have his hair cut!
6. The ecologists made themselves stand out by their refusal to accept the nuclear power station.
7. If you don't make the vote compulsory, how do you get people to the ballot boxes?
8. The fumes from the car are making me sick. We really must have it serviced.
9. We made them understand what we wanted.
10. She had a dress made. It made her very happy, because it suited her perfectly.

B. Verbes

Complétez les phrases ci-dessous, en employant une forme correcte du verbe. Ensuite, traduisez les phrases en anglais.

recevoir

1. Si vous — des conseils de ce conseiller municipal, vous feriez mieux de les suivre.
2. Il faut que le Maire — avec patience des représentants de commerce.
3. Le préfet — trois fois par semaine. C'est très pénible.
4. Elle a été — au bachot. Elle veut faire de la politique.

rire

5. Nous — bien — à la réunion. Tout le monde se moquait des candidats.
6. Soyez plus sensibles! Je n'attends pas à ce que vous — aux dépens d'autres.
7. C'est un ingrat! Il — de toutes les remontrances qu'on lui fait.
8. 'J'ai envie de — !' fit-il, puis il — — aux éclats.

servir

9. Le ministre déclara qu'il — sa patrie, sans penser à son intérêt personnel.
10. A quoi lui ont — tous ses diplômes? Il n'a pas été élu.
11. Cela ne — à rien de se présenter aux élections sans entreprendre une campagne électorale.
12 Je suis content que tu te — de mon bureau pour imprimer tes brochures.

sortir

13. C'est un grand homme, qui n'oublie jamais qu'il — — du peuple.
14. Ce jeune homme — de Polytechnique. Il ira loin.
15. Tout le monde veut qu'il — sain et sauf de l'accident.
16. Devant les caméras il — son carnet de chèques et fit semblant de signer.

Examen 3

⏺ **Marriage in modern society**

The following questions, which are to be answered in English, are designed to test your comprehension of a passage of French which will be read aloud. (The passage is printed in the Tape Booklet.) You will have three minutes to read the questions below, then the whole passage will be read at normal speed. Then the first section will be read, after which you will have five minutes to formulate your answers. The second and third sections will be treated in the same manner. Then you will hear the whole passage again, after which you will have fifteen minutes for a final revision of your answers.

Your answers should be full but concise, and must be based specifically on the information and opinions contained in the passage.

You may take notes during all readings.

SECTION 1

1. What question has the television programme raised? (1 mark)
2. What do the sociologists say about marriage? (2)
3. What types of people were interviewed? (3)
4. What did they say about marriage? (5)
5. What aspects did the aristocratic couple mention? (2)

SECTION 2

6. Who is the only person to say anything touching? What details are given about him? (2)
7. What reasons does he give for marrying? (2)
8. What general reason is given by the writer of the passage for the survival of marriage as an institution? (3)
9. What prompts young people to marry? (2)
10. Apart from religious convictions, what other reason for marrying is given? (3)

SECTION 3

11. What point is made about country districts? (4)
12. What ritual aspects of marriage were presented by the television film, and how were they treated? (3)
13. What point is made about tradition, and what examples of it are given? (2)
14. What attitudes to the problems of marriage did the television programme avoid? (2)
15. What approach to its subject did the programme use instead? (4)

Oxford Local Examinations, Advanced Level French 1979

L'agression, c'est toujours ce que l'autre commet!

Agression et violence dans le monde moderne. C'est le titre d'un livre impressionnant de Friedrich Hacker. Psychiatre américain, l'auteur est considéré comme l'un des grands spécialistes mondiaux de la criminalité.

Explications
1. *to insult*
2. *mass-produced*
3. *false label*

Personne ne reconnaît être agressif, mais chacun pense que les autres le sont. L'agression, c'est toujours ce que l'autre commet.

Le père rentre à la maison, et apprend que son fils a battu son plus jeune frère. Que fait-il? Il donne une correction à son fils pour lui apprendre qu'il ne faut jamais battre quelqu'un de plus faible que soi, en corrigeant lui-même quelqu'un qui est plus faible que lui. Cette contradiction entre le message de l'éducation et les méthodes de l'éducation est fondamentale.

Il s'agit d'une contradiction qui ne peut être résolue. Comment comprendre et admettre qu'un même acte, s'il est commis par l'un, est autorisé et légitime, et que, commis par l'autre, il est interdit et répréhensible? Le résultat de ces méthodes, c'est que, la plupart du temps, ceux qui font l'objet de cette éducation n'attendent pas d'être adultes pour 'éduquer' les autres à leur tour. C'est-à-dire les battre, les injurier,[1] faire leur 'devoir'. Cela devient un processus absolument naturel.

Car, si vous demandez au père pourquoi il se montre si agressif, il vous répond, en toute bonne foi: 'Je ne suis pas agressif. Je fais mon devoir de père, j'éduque.' C'est là l'un des mécanismes essentiels de l'agression: tout ce qui est ressenti comme un devoir, une nécessité, tout ce qui peut être mis au service d'une cause supérieure, n'est plus considéré comme de la violence. Grâce à la production de bonne conscience en série,[2] l'agression est vécue sous une étiquette truquée,[3] elle n'est plus ressentie comme agression.

Les tendances agressives qui sont en chacun de nous sont contrôlées par deux sortes de contrepoids: les uns externes, les autres internes. A l'intérieur, par les mécanismes de la conscience; à l'extérieur, par certaines institutions, certaines règles de comportement – les enfants eux-mêmes inventent et appliquent une règle du jeu – des règles auxquelles tout simplement on obéit. Auxquelles on finit par obéir de manière rituelle, automatique. Etre au bureau, tous les jours, à 9 heures du matin, n'est pas ressenti consciemment comme une loi barbare. C'est ainsi que l'agression – libre et sans frein – devient une agression contenue.

Mais, dans certaines conditions, elle peut et doit être libérée. L'individu est autorisé, même invité, à libérer son agressivité, dans la mesure où l'unité, le groupe auquel il appartient est menacé, attaqué. Dans votre métier, vous devez faire preuve d'une certaine agressivité; en tant que citoyen d'un Etat, on vous invite à le défendre. Si bien que, d'un côté, on vous demande le sacrifice d'une agression individuelle, à des fins personnelles, et, de l'autre, on vous donne la permission d'exercer votre agressivité, à des fins collectives, dans un intérêt plus général. A l'intérieur d'un certain cadre, vous devez maintenir votre agressivité à un niveau assez bas. Vous pouvez vous montrer compétitif, mais pas trop. Tandis qu'à l'égard d'un concurrent extérieur, vous pouvez, vous devez vous montrer extrêmement agressif. Vous serez même blâmé si vous êtes trop docile ou trop peu combatif. C'est ce mécanisme qui explique comment l'agression se refrène, puis se libère pour se refréner de nouveau et se libérer de nouveau.

Si vous souhaitez que les individus, dans le cadre professionnel ou

familial, fassent preuve d'une certaine agressivité, alors vous lâchez un peu la bride. Si vous voulez un monde sans agressivité, d'abord vous ne saurez pas quoi en faire, et ensuite vous serez obligé de faire peser sur les individus une contrainte extrêmement sévère, de les attacher, très serrés, dans les liens familiaux, sociaux, professionnels, et cette rigidité n'aura pas du tout nécessairement d'heureux résultats.

Friedrich Hacker (entrevue), *L'Express*

A. De quoi s'agit-il?

1. Selon l'auteur du texte ci-contre, quelle contradiction y a-t-il entre les méthodes et le message de l'éducation?
2. Quand la société encourage-t-elle l'agression?
3. Qu'est-ce qui fait libérer et refréner notre agression?

B. Le sens des mots

1. Trouvez dans le texte une expression ou une phrase qui veuille dire:
   a) il est question d'une incompatibilité irrésoluble
   b) avec l'intention d'être honnête
   c) deux poids qui équilibrent la balance
   d) les normes de conduite
   e) alors que, en ce qui concerne un adversaire, ...
   f) si vous voulez que les personnes se montrent assez agressives.

2. Expliquez en français (à l'aide d'un dictionnaire, si besoin est) les mots et les expressions ci-dessous, extraits du texte:
   a) injurier
   b) vécue sous une étiquette truquée
   c) une agression continue
   d) dans le cadre professionnel.
3. Trouvez dans le texte un mot ou une expression qui ait le sens contraire de:
   a) interdit
   b) interne
   c) se refréner
   d) docile
   e) des fins personnelles
   f) une liberté.
4. Rédigez des paires de phrases pour illustrer la différence entre: l'éducation/l'enseignement; le devoir/les devoirs; les règles/les lois
5. Recopiez la case ci-dessous et complétez-la.

SUBSTANTIF	VERBE	ADJECTIF
----------	----------	correctionnel
i) ----------	agresser	----------
ii) ----------		
----------	----------	éducateur
contradiction	----------	----------
----------	souhaiter	----------
----------	prouver	----------
----------	----------	contraint

C. Avez-vous bien compris?

1. Qui ne veut pas admettre son agressivité?
2. Quand est-il considéré comme légitime de battre quelqu'un qui est plus faible que soi?
3. Quel est le résultat de l'agression des adultes?
4. Selon l'auteur du texte, quel est le 'devoir' d'un père?
5. Pourquoi le père de famille n'est-il pas troublé par son agressivité?
6. Qu'est-ce qui contrôle notre agressivité?
7. De quelle façon peut-on considérer le train-train journalier comme l'agression?
8. Que faut-il faire pour être bon citoyen?
9. Que faut-il faire pour décourager l'agression?
10. Quels seraient les problèmes d'un monde sans agressivité?

D. Version

Traduisez en anglais le texte ci-dessous:

Toute violence est agression, mais toute agression n'est pas violence. La violence n'est qu'une des formes de l'expression agressive: c'est la plus simple, la plus primitive. C'est une régression par rapport à la forme la plus primitive même de l'agression – une manifestation, dans certaines limites, d'une autorité, d'une volonté. Que le but visé soit bon ou mauvais, l'agression a, dans cette fonction, un rôle constructif, parce qu'elle soutient une structure. Les bonnes lois, les bonnes institutions, comme les mauvaises lois et les mauvaises institutions, contiennent une part d'agressivité.

Notre discussion par exemple. Nous discutons avec vigueur, avec véhémence, agressivement. Ce n'est, en aucune manière, un comportement violent. La violence, elle, est plate, monotone. C'est la marque d'une paresse d'esprit, d'un manque d'imagination. Parce qu'elle est la forme la plus primitive, la plus régressive de l'agression, elle est aussi la plus uniforme, la plus unidimensionnelle.

Ce qui fait précisément le succès de la violence, c'est qu'elle est simple. Il n'est pas nécessaire d'être intelligent ou imaginatif, ou d'avoir des diplômes pour être violent. C'est à la portée de tout le monde.

F. Hacker, *L'Express*

E. Expression dirigée

1. La punition corporelle – êtes-vous pour ou contre? Dans la famille? A l'école? Pour les crimes de violence? Quelles punitions alternatives proposez-vous? Ou peut-être pensez-vous que toute punition est inutile?
2. Essayez d'imaginer un monde sans agressivité, sans concurrence, sans règles. Comment seraient les écoles? les sports et loisirs? le monde commercial (par exemple, les supermarchés)? les routes? En somme, toutes les structures de la société?
3. Imaginez que vous êtes le parent d'un élève qui ira bientôt à une nouvelle école. Quelles questions voudriez-vous poser au directeur de cette école?

Le fric-frac du siècle

Ecoutez l'histoire enregistrée et regardez la carte
et les images pour vous mettre au courant du
plus grand coup du vingtième siècle.

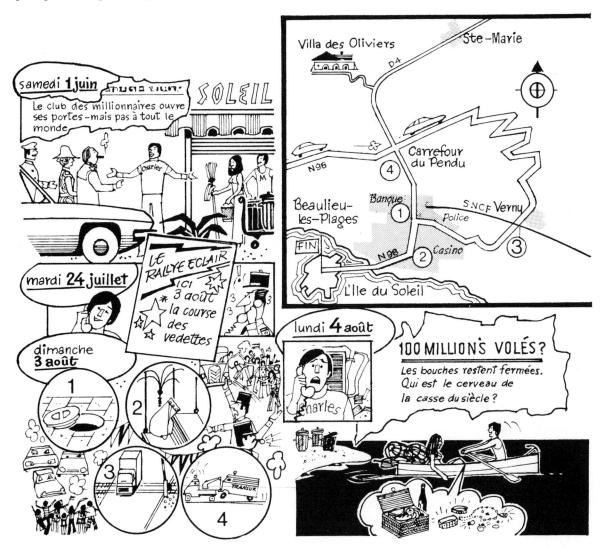

Activités

1. Jouez les rôles des personnages de cette
   histoire en imaginant les conversations entre
   les escrocs (l'idée, la proposition faite à Didi
   et ses amis, les préparatifs), les policiers et les
   témoins, etc.
2. Faites le reportage du crime pour Radio
   Midi. Il faudra interviewer les témoins, les
   victimes, les détectives, même les criminels
   dupés ... et le cerveau lui-même (ou elle-
   même?).
3. Ecrivez l'histoire de ce gros coup pour un
   journal. Il faudra donner vos idées sur la
   méthode exacte employée par les escrocs.
4. Racontez d'autres crimes célèbres qui ont été
   commis récemment.
5. Seriez-vous capable de préparer et de
   commettre le crime parfait? Quels préparatifs
   faudrait-il faire? Et comment les policiers
   pourraient-ils empêcher un tel coup?

TEL
PÈRE -
TEL
FILS

La délinquance juvénile

Les cambriolages, les meurtres crapuleux contre les vieillards se multiplient, les chantages à la bombe et les hold-ups dans les banques avec prises d'otages se succèdent. Dans ce climat, les bonnes gens admettent mal de voir des gamins chaparder dans les étalages, des adolescents se livrer à des déprédations dans les locaux scolaires ou frapper un professeur. L'opinion publique s'émeut.

Certains sociologues affirment que les romans policiers, les films de série noir, les westerns sanglants et 'super-violents' recherchés et applaudis par certains jeunes, risquent de prédisposer à la délinquance.

La télévision dont l'impact est particulièrement important a été dénoncée à maintes reprises avec encore plus de vigueur. Le rôle du petit écran est-il aussi pernicieux que le prétendent ses accusateurs? Dès qu'un fait divers met en vedette au journal télévisé des enfants ou de très jeunes gens, on rend responsable la télévision du climat de violence qui fait désormais partie de l'environnement des jeunes générations.

Des études sérieuses ont été faites, il y a quelques ans, par les services de l'ex O.R.T.F. *Il n'y a pas de relation directe entre les scènes de violence et le comportement des enfants*, affirme-t-on dans le rapport remis à la Direction Générale. *La plupart des enfants normaux ne paraissent pas être incités à la violence par les émissions diffusées.* Mais un psychiatre, le docteur Freedmann affirme *'que les enfants psychopathes toujours prêts à la révolte, peuvent trouver des modèles de révoltés à la télévision dont les actes de rébellion seront l'étincelle qui provoquera chez eux une explosion de violence.'*

Le médecin précise que l'importance, l'intensité de cette réaction est inversement proportionnelle à la satisfaction que les enfants obtiennent de leur travail scolaire, de leur rapport avec leur famille, leurs camarades. *'Ce sont les moins intelligents qui seront les plus troublés et ceux qui ont les relations les moins bonnes avec leurs parents et leurs copains de leur âge qui se plongeront davantage dans le monde de la télévision où ils trouveront à la fois un stimulant et un moyen d'évasion'*, conclut M. Freedmann.

Le fameux 'carré blanc' qui met en garde les parents des jeunes téléspectateurs contre l'effet occasionné par la violence ou l'érotisme de certaines séquences n'est évidemment pas efficace. Remède spécifique et personnalisé, il dépend malheureusement de la qualité de la personne.

Il nous paraît difficile de nier que la projection à domicile des séquences de guerre, de manifestations violentes, de prises d'otages, de séries policières, de mauvais feuilletons, fait de la télévision la propagatrice d'idées qui, sur des sujets faibles, peuvent déboucher sur la délinquance.

Vivre en sécurité

G. Avez-vous bien compris?

1. Selon l'auteur du texte ci-contre, pourquoi le grand public devient-il intolérant de la délinquance juvénile?
2. A l'avis de certains sociologues, qu'est-ce qui risque de mener les jeunes à la délinquance?
3. Quelles ont été les conclusions des études faites par l'o.r.t.f?
4. Le docteur Freedmann n'est pas d'accord. Qu'affirme-t-il?
5. Quels jeunes sont les moins troublés par la violence à l'écran?
6. Quel est le but du 'carré blanc'? Pourquoi n'est-il pas efficace?

H. Paraphrase

Pour chaque phrase ou chaque expression en italique ci-dessous, écrivez une phrase équivalente, de même sens, en respectant pour certains les consignes qui vous sont données:

Comment expliquer que des enfants de plus en plus jeunes puissent devenir[1] des délinquants? Quatre facteurs complexes sont avancés: Des tensions familiales: foyer désuni, divorce, parents alcooliques, *décès du conjoint,*[2] enfant livré à lui-même et *à des fréquentations douteuses*[3] après la classe, car la mère exerce une profession, risquent de perturber le développement psychologique de l'enfant.
L'environnement: il est établi qu'il y a *des correlations entre l'entassement, l'encombrement, le bruit des grandes villes et l'agressivité des jeunes.*[4]
Les conditions de logement: les taudis, *le surpeuplement dans les grands ensembles*[5] sont la source de nombreuses disputes familiales. *L'impossibilité de s'isoler dans une pièce bien à soi pour lire, travailler, bricoler, amène l'adolescent à fuir au-dehors.*[6]
Le chômage: *le nombre des chômeurs est en augmentation constante chez les jeunes.*[7] Voilà pourquoi certains d'entre eux ont le sentiment d'être inutiles, de ne pas exister. *Entraînés par d'autres déjà contaminés,*[8] *ils basculent dans la délinquance,*[9] où ils trouvent une 'identité sociale'.

Vivre en sécurité

1. Pourquoi ...   2. ...   3. ...   4. les jeunes risquent ... quand ...
5. ...   6. Si l'adolescent trouve impossible ...   7. ...
8. D'autres ...   9. ...

I. Texte enregistré

'Les mitraillettes du Père Noël (voir le vocabulaire à la page 184)

J. Traduction

Can it be true that plastic rifles or revolvers given to celebrate the festival of peace and love are liable to set off explosions of aggression? Is it really detective series or violent westerns on television which incite some youngsters to imitate their bloodthirsty heroes, at first in play, but later perhaps more seriously? Or is the behaviour of young people more likely to be affected by the sight of the images of real violence on television and in the Press?

The succession of hold-ups and skyjackings, of acts of terrorism and violent demonstrations are a far greater danger to the young than make-believe guns and simulated scenes of violence, where the dead come to life again at the end of the play or of the game. The victims of violence in the real world don't rise again to play another part.

Dossier 9 Agression et violence Leçon 18

L'attaque

Explications
1. *firing at sounds (without seeing)*
2. *to match*
3. *at our throats*
4. *volunteer*
5. *to take cover*
6. *hammer-like*
7. *storm-troopers*
8. *(light) machine gun*
9. *moved at the double*
10. *armoured*
11. *olive grove*
12. *had made it*
13. *limp*
14. *edge*
15. *poachers*
16. *scythed*

Derrière le camion, les hommes tiraient sur des sons.[1] Ils commençaient à comprendre qu'à la guerre, approcher est plus important, plus difficile que combattre; qu'il ne s'agit pas de se mesurer,[2] mais de s'assassiner.

Aujourd'hui, c'était eux qu'on assassinait.

— Ne tirez pas, tant que vous ne voyez rien! cria Barca. Ou alors on n'aura plus de munitions quand ils nous arriveront sur la gueule![3]

Comme tous eussent voulu voir les fascistes attaquer! Combattre, au lieu de cette attente de malades! Un milicien[4] courut en avant, vers les batteries; au septième pas, il fut abattu, comme ceux qui essayaient de se planquer[5] dans les oliviers.

Les perspectives des rangs d'oliviers étaient très claires. Dans une de ces grandes avenues immobiles, Barca vit avancer un des miliciens, puis une dizaine, puis une longue file. Il ne voyait pas à plus de cinq cents mètres; la file emplit le champ de son regard, occupa tout le bois visible, avançant au rythme martelé[6] des canons. Sur la pente voisine, que Barca ne voyait plus depuis qu'il était sous les arbres, les gardes d'assaut[7] tiraient. Sans doute possédaient-ils un fusil-mitrailleur,[8] car un bruit de tir mécanique montait au-dessus des coups de fusil, vers celui des mitrailleuses fascistes, immobile. La ligne des miliciens avançait. Les fusils des fascistes tiraient sur eux, sans grande efficacité. Manuel prit le pas de course,[9] toute la file suivit, avec une courbe de câble dans l'eau. Barca courait aussi, transporté, plongé dans une confusion fervente qu'il appelait le peuple — faite du village bombardé, d'un désordre infini, des camions renversés, du canon du train blindé[10] — et qui maintenant montait, en un seul corps, à l'attaque des canons fascistes.

Ils allaient avoir à traverser vingt mètres de terrain découvert. Au moment où ils quittaient l'oliveraie,[11] les fascistes tournèrent une de leurs mitrailleuses. Les balles piquaient l'air autour de Barca avec leur bruit de guêpes; il courait vers les fusils, entouré de bourdonnements pointus, invulnérable. Il roula, les deux jambes coupées. Malgré la douleur, il continua à regarder devant lui: la moitié des miliciens étaient tombés et ne se relevaient pas; l'autre avait passé.[12]

Les fascistes avançaient, mécaniques après le désordre des miliciens. Les mitrailleuses du train entrèrent en jeu.

De gauche à droite, les fascistes commencèrent à tomber, mous,[13] bras en l'air ou poings au ventre.

Leur seconde vague, hésitante à la lisière[14] des derniers arbres, se décida, prit le pas de course, et ses hommes tombèrent, de droite à gauche cette fois: les mitrailleurs du train étaient mauvais soldats, mais bons braconniers.[15] Pour la première fois de la journée, Ramos voyait se multiplier devant lui le geste étrange de l'ennemi tué dans sa course, un bras en l'air et les jambes fauchées[16] comme s'il tentait de saisir la mort en sautant.

André Malraux, *L'Espoir*, Gallimard

Le dormeur du val

C'est un trou de verdure où chante une rivière
Accrochant follement aux herbes des haillons[1]
D'argent; où le soleil, de la montagne fière,
Luit: c'est un petit val qui mousse[2] de rayons.

Un soldat jeune, bouche ouverte, tête nue
Et la nuque[3] baignant dans le frais cresson[4] bleu,
Dort; il est étendu dans l'herbe, sous la nue,[5]
Pâle dans son lit vert où la lumière pleut.

Les pieds dans les glaïeuls,[6] il dort. Souriant comme
Sourirait un enfant malade, il fait un somme[7]:
Nature, berce-le chaudement: il a froid.

Les parfums ne font pas frissonner sa narine,[8]
Il dort dans le soleil, la main sur sa poitrine
Tranquille. Il a deux trous rouges au côté droit.

Arthur Rimbaud, *octobre 1870*

A. Analyse de la langue

1. En vous rapportant au texte de Malraux (pages 126 et 127), trouvez tous les exemples:
   a) de l'emploi du passé simple (passé historique). Classez-les suivant la terminaison de la troisième personne du singulier (**-a**; **-it**; **-ut**):
   exemple les fascistes tournèrent (**-a**).
   b) des verbes pronominaux. Classez-les en trois groupes:
      —verbes réfléchis (se laver)
      —verbes réciproques (se voir – Ils se sont vus (l'un l'autre) ce matin).
      —autres verbes pronominaux (se décider; se voir – Ça se voit partout en France)
   c) des expressions indiquant une comparaison: *exemple* approcher est plus important ... que combattre
   d) des prépositions (autre que **de** et **à**) et des locutions prépositives: *exemples* derrière le camion; au lieu de cette attente. Ensuite, traduisez-les en anglais.
   e) des conjonctions (**comme, quand,** etc) et des locutions conjonctives (**aussitôt que,** etc). Ensuite, traduisez en anglais les phrases où elles se trouvent.
   f) des pronoms (sauf les pronoms personnels sujets du verbe). Identifiez les différentes classes de pronoms et déterminez les substantifs qu'ils représentent.
   exemple comme ceux qui essayaient: pronom démonstratif + pronom relatif = les miliciens

2. Rédigez des phrases contenant les constructions ci-dessous:
   a) il ne s'agit pas de ... mais de ...
   b) tant que je suis ...
   c) depuis que je suis ...
   d) j'allais avoir à ...
   e) au moment où ...
   f) malgré ...
   g) la moitié ...

B. Travail à deux

Après avoir lu les textes de Malraux et de Rimbaud (pages 126 et 127), rédigez une série de questions, que vous poserez ensuite à un camarade de classe, pour voir si celui-ci a bien compris les textes.

C. Exploitation

1. Comment expliquer l'augmentation du nombre de crimes?

Certains blâment	l'insuffisance de policiers	terrorisme, crimes politiques
D'autres pensent	les tensions familiales	vol de force, enlèvement
Il y en a qui affirment	le coût de la vie	trafic illicite (stupéfiants, etc.)
Moi, je doute	le surpeuplement des villes	vandalisme, crimes sexuels
Moi, je suis de l'opinion	le système capitaliste	incendie criminel
A votre avis, comment ...	la société de consommation	fraudes, chantages
	le chômage	délits et infractions commis par des jeunes
	les inégalités sociales	contraventions routières etc.
	la suppression de la peine de mort	
	l'influence de la télévision	
	les conditions du logement	
	le manque de distractions	
	la menace de la guerre nucléaire	

2. Les champs de lutte

a) Quels sont les moyens les plus efficaces de

| protester contre les maux de la société |
| lutter contre les injustices |
| influencer l'opinion publique |
| réformer la société |
| détruire les structures |
| favoriser une société plus humaine |

b) Dans quelles circonstances seriez-vous prêt trouveriez-vous approprié/ nécessaire vous décideriez-vous refuseriez-vous protesteriez-vous contre	manifestation pacifique/ violente occupation d'un bâtiment obstruction de la circulation grève grève du zèle (*work-to-rule*) grève perlée (*go-slow*) piquets de grève	ou	lettres à la presse à son représentant élu au gouvernement faire les couloirs du conseil du parlement pétition campagne publicitaire intenter un procès

D. Dicteé/Transposition 🚳

Ecoutez sur la bande magnétique, 'La religion du terroriste', extrait de *La Condition Humaine* de Malraux. Ecrivez-le comme dictée en français ou traduisez-le en anglais.

E. Résumé/Commentaire

1. Résumez le texte d'André Malraux (page 126)
   a) Trouvez un titre alternatif
   b) Dressez une liste des mots-clés du texte.
   c) Résumez l'essentiel de chaque paragraphe en une seule phrase.
   d) Résumez le texte entier (150 à 200 mots.)
   ou
2. Faites le commentaire du poème d'Arthur Rimbaud (page 127).
   a) Commentez sur le fond du poème (*subject matter*)
   b) Commentez sur la forme et le style employés par le poète, en relevant
      (i) l'atmosphère qu'il a évoquée
      (ii) les connotations sensorielles (couleurs, odeurs, sons)
   c) Expliquez pourquoi la dernière ligne du poème est si réussie.

F. Traduction

This method of non-violence is not a weak method, for it's the strong man who can stand up amid opposition, who can stand up amid violence being inflicted on him and not retaliate with violence. You see, this method has a way of disarming the opponent. It exposes his moral defences, it weakens his morale and at the same time it works on his conscience, and he just doesn't know what to do. If he doesn't beat you – wonderful. If he beats you, you develop the quiet courage of accepting blows without retaliation. If he doesn't put you in jail – wonderful. Nobody with any sense likes to go to jail, but if he puts you in jail you transform that jail from a dungeon of shame into a haven of human freedom and dignity. And even if he tries to kill you, you develop the inner conviction that there are some things so dear, some things so precious, some things so eternally true that they are worth dying for. And I submit to you, that if a man hasn't discovered something he will die for, he isn't fit to live.

Martin Luther King

Aspects de la violence

L'agresseur n'est pas celui qui se révolte mais celui qui affirme!

'Les casseurs il y en a de plusieurs sortes. C'est pas les mêmes gens. Il y a les anars qui détruisent tout parce que c'est leur idée. Et puis t'as les "zonards" qui viennent de la banlieue exprès pour ça. Ça les change de leur H.L.M. et de leurs fauches dans les supermarchés. Et puis t'as les durs comme nous … Moi, je préfère taper sur des flics. Ça m'amuse.'

Manifestant interviewé par
Paris-Match

La lutte contre le terrorisme ou contre ses applications criminelles pose un problème grave: celui de l'escalade … Du couteau et du pistolet, le despérado passe aujourd'hui au lance-roquette, et même au missile.

Le terrorisme politique est trop souvent un signal d'alarme, l'expression de la misère, de l'injustice, de la brutalité et de l'inégalité d'un système politico-social donné. Bombes et prises d'otages sont souvent l'ultime recours pour exprimer un état de fait lorsque toutes les formes d'action constitutionnelles et pacifiques ont été épuisées.

Vivre en sécurité.

Le vandalisme? Les coupables sont parfois arrêtés, parfois condamnés; mais la plupart du temps, ils sont insolvables, alors qui paie? La collectivité, c'est-à-dire nous tous.

Lettre du Maire de Dijon

G. Guide-discussion

1. A quel niveau peut-on justifier la violence?
   —un Etat libéral et juste permet la protestation et l'opposition; un Etat répressif ne les permet pas.
   —mais il y en a qui sont trop impatients et trop arrogants. Ils prétendent croire à la démocratie, à la volonté du peuple – mais en fait ils cherchent à imposer leur propre volonté. Ceux qui affirment être opposés à la tyrannie peuvent devenir eux-mêmes des tyrans.

2. Comment pouvons-nous juger de la justice d'une cause?
   comparez: l'action directe (en 1968 par exemple) et la grève,
   la Résistance française pendant l'occupation allemande et l'I.R.A.,
   des piquets de grève pacifiques et des piquets massifs.

3. La violence officielle peut être employée pour combattre la violence, donc – la police armée – l'escalade de la brutalité – un cercle vicieux.
   —Certains s'opposeront à tout emploi de violence – les pacifistes, les objecteurs de conscience. Serait-il possible de mettre fin à la violence si tout le monde refusait de faire son service militaire ou de porter des armes?
   —Ceux qui sont pour la non-violence affirment que la violence ne résoud rien, qu'au contraire elle aggrave la situation.

4. Est-il inévitable que tout emploi de violence entraîne par imitation l'escalade?
   —Les fanatiques et les patriotes sont copiés par les criminels, les impétueux, les esprits déséquilibrés, qui prennent des otages, enlèvent les personnages riches ou célèbres, détournent les avions.
   —A son tour la police devient plus intolérante – le peuple commence à se faire justice à lui-même.
   —Et alors, les terroristes et les gangsters emploient plus de violence et emploient des armes toujours plus puissantes et dangereuses.

5. La tendance à passer à l'action directe entraîne souvent la violence et même la mort – la violence contre les biens (le vandalisme) et contre les personnes. Est-ce inévitable?

Ce que veut l'individu, c'est s'accomplir, se développer le plus librement possible. Ce que veut la société, c'est s'organiser, constituer un corps sain, à l'harmonie duquel devront se subordonner tous les éléments qui le composent. Ces deux volontés sont trop différentes pour s'accorder d'elles-mêmes.

Spectrum

La torture utilisée sous certains régimes est pratiquée par des médecins, psychiatres et psychologues, tant pour atteindre une plus grande efficacité que pour laisser moins de trace.

Le Monde

La non-violence n'est pas le refus de l'action. Bien au contraire. Riche en tendances diverses, elle possède ses militants, ses communautés, ses chanteurs, sa presse parallèle.

La violence est parfois légitime pour maintenir l'ordre public contre les agresseurs et les criminels.

Refusons le dialogue avec nos matraqueurs

Discussion: le règne de la violence
Ecoutez la discussion enregistrée (voir le vocabulaire à la page 184).

Le Pouvoir est au bout du fusil. Est-ce que le fusil est au bout du Pouvoir?

H. Guide-dissertation

The simple classification given in the previous Guide was designed to clarify the function of each sentence in a paragraph and to establish the logical and sequential links between the sentences.

Most sentences take the grammatical form of affirmative or negative statements, although they are often fulfilling other functions. Statements themselves are of widely different types, both grammatically and functionally. The following examples are some of the most important for essay-type discourse:

report, summary, narrative, description, comment, explanation, declaration, contradiction, criticism.

Other functions conveyed by statement-type sentences (as well as by sentences which have the grammatical form of questions) include:

expressions of doubt, speculation, enquiry, suggestion or intention.

Sentences may vary in the degree of emphasis, of certainty or possibility, of agreement or disapproval, etc. and may be expressed impersonally or personally, objectively or emotively.

A sentence may refer directly to the essay subject or to a point which you have made within the essay. When you plan a paragraph, pay particular attention to the function of each sentence. Does it refer directly to the essay subject, for example by introducing new facts or ideas, or does it refer back to a previous proposition within the essay, for example by comment on the opinions expressed? Is it one of a series of points drawn from the preceding major notion or does it contribute towards the expression of a new step in the argument? Try to establish a) the relationships between the sentences b) the appropriate function and grammatical form, both for the development of the argument or narrative and for the creation of clarity, interest and balance in your language. As always, study paragraphs from the texts in this book and collect useful examples.

I. Sujets de dissertation

1. 'La violence prétend être la solution d'un problème. C'est elle le problème.' Que pensez-vous de cet avis de Friedrich Hacker?
2. C'est une grande erreur d'armer la police. Qu'en pensez-vous?
3. Quand trouvez-vous que la violence est légitime? Justifiez votre réponse.
4. L'ultime violence officielle c'est la peine de mort. Comment la justifier dans une société civilisée?
5. 'Les hommes sont la vermine de la terre.' Est-ce que les guerres et les révolutions sont inévitables et nécessaires – des remèdes contre cette peste humaine?

Test 9

A. Le passif

Imaginez que vous êtes speaker à la radio,
chargé de donner les informations. D'abord,
dites comment vous rapporterez chacun des faits
divers, dont vous voyez ci-dessous les titres de
rubriques, relevés dans les journaux:

exemple Cambrioleur arrête grâce à une
lycéenne
Un cambrioleur a été arrêté cette nuit,
grâce à l'action d'une lycéenne.

Ensuite, choisissez trois ou quatre des titres et
écrivez un paragraphe ou deux destiné à être
inséré dans le journal, inventant les détails qui
vous manquent.

1. Vieillard dépouillé en plein jour – 3ème
victime en une semaine.
2. Piquets de grève massifs – 3 policiers blessés.
3. Manifestation contre centrale nucléaire – 80
étudiants arrêtés.
4. Avion détourné au-dessus de la France – 250
otages pris.
5. 4 lettres piégées reçues simultanément –
secrétaire légèrement blessée.
6. Dégâts d'un million de francs – incendie
criminel soupçonné.
7. Habitants terrorisés par supporters de
football londoniens – vitres cassées, portes
barbouillées de peinture.
8. Assassin de sa belle-mère arrêté deux ans
après son crime.
9. Sept tableaux hors de prix dérobés au musée
des Beaux-Arts.
10. Bébé de 6 mois enlevé à Bainville – saisi dans
sa voiture d'enfant devant un supermarché.
11. Le directeur d'une banque assassiné – fusillé
de sang-froid par des terroristes.
12. Petit-fils du maire enlevé – rançon de 10
millions de francs exigée.

B. Verbes

Complétez les phrases ci-dessous, en employant
une forme correcte du verbe. Ensuite, traduisez
les phrases en anglais.

suivre

1. Le policier —— le suspect pendant trois jours.
Enfin, il l'a pris en flagrant délit.
2. Vous pouvez manifester si vous voulez, mais
personne ne vous — dans cette décision.
3. 'Est-ce que je parle trop vite?' 'Non, non, je
vous —.'
4. Pour que tout le monde — l'ordre de grève, il
vaudrait mieux installer des piquets de grève.

tenir

5. Maintenant les terroristes — les otages dans
une vieille usine.
6. 'Serrez-vous un peu, je vous en prie. Vous —
moins de place.'
7. '—! Voilà cinq francs pour toi!'
8. J'ai été — par ce travail beaucoup plus
longtemps que je ne l'avais pensé.
9. Le cambrioleur s'est échappé? Qu'à cela ne
—, on le ratrappera!
10. L'agent se — sous l'arbre pendant dix
minutes, puis il s'approcha de la porte.

vaincre/convaincre

11. Les armées du gouvernement n'— pas — les
insurgés, si leurs alliés ne leur étaient pas
venus en aide.
12. Malgré les armes, le caissier — sa peur et
sonna l'alerte.
13. En me — de la justesse de sa cause, il a fini
par se — lui-même.
14. L'accusé a été — de participation au vol.

valoir

15. La bande lui a dérobé des tableaux — plus
d'un million de francs.
16. Contre les pirates de l'air le premier coup en
— deux.
17. Si vous ne voulez pas qu'un enfant soit
agressif, il — mieux ne pas le battre.
18. L'inspecteur disait que cela — toujours la
peine de fermer sa voiture à clé.

Examen 4

A. Traduisez en français

(approximately 1½ hours)

Milly said, 'You've only had a cup of coffee. Is that all you want? Not even a slice of toast?'

'I don't want anything to eat,' her father replied.

'You know very well that you'll over-eat at lunch-time if you don't have something now. You don't want to upset your stomach.'

'I'm sorry, but I've too much on my mind at the moment.'

'Haven't you prepared your speech?'

'Yes, but I still don't have the faintest idea why they invited me to address them.'

Some hours after this conversation, making his way across the lounge of the best hotel in town, he was gripped by fear once more. The dining-room in which the European businessmen always had their meetings was just beyond the stairs where he noticed the doctor waiting for him. It was the first time that they had met for several weeks and he knew that neither of them would want to appear too unfriendly. When they had shaken hands, they went along the corridor together, chatting like old friends.

The dining-room had been decorated with a huge portrait of the President of the United States; little paper flags indicated the place where the representative of each nation was supposed to sit. As they were entering the room, a waiter came up to them straight away. Was it imagination or did the waiter shift the tray at the last moment so that the only remaining glass of whisky was nearest his outstretched hand? He wondered who could have betrayed him. Perhaps it was the doctor at his side who had supplied the poison.

Joint Matriculation Board

B. Traduisez en anglais

(approximately 1 hour)

Les soldats comme moi étaient favorisés; un reste de discipline nous assura l'essence et la nourriture indispensables. Je n'en étais pas moins décidé à m'évader, mais il me faudrait attendre d'être démobilisé; déserter eût réduit dès l'abord mes chances, et je voulais avant tout réussir.

Dans les bourgs perdus où notre armée s'était repliée régnait un semblant fallacieux de paix; on ne savait plus guère à quoi s'attendre. Mais nous autres pour qui il s'agissait de la vie, les nerfs tendus, nous vivions une sorte de rêve atroce dont nous nous efforcions de nous éveiller, courant à tous moments au poste de radio pour assouvir notre soif de nouvelles. Quant à moi, je suivais avec une inquiétude épuisante le récit de la résistance britannique, me demandant à chaque instant si elle allait s'écrouler avant que j'aie pu réaliser mon dessein.

Pendant ce temps, à quelques centaines de kilomètres, un vieil ami à moi se remettait d'une blessure reçue au cours d'une de ces actions héroïques comme il y en a eu tant en cette heure angoissante. Nous ne savions rien l'un de l'autre, et toute reprise de contact semblait se heurter à des obstacles infranchissables. A la mi-août, toutefois, Pierre arriva à me faire parvenir un mot où il laissait entendre qu'il était résolu à me tenir compagnie dans ma tentative d'évasion.

Oxford Local Examinations Board

C. Essay

Ecrivez une rédaction en français de 350 mots environ sur UN des sujets ci-dessous.

(approximately 1½ hours)

1. L'avion dans lequel vous voyagiez a été saisi par des pirates de l'air. Racontez ce qui s'est passé ensuite et comment vous avez réagi.
2. La démocratie et la police.
3. L'influence de la télévision sur les jeunes.

L'art moderne

Au cours des dernières années, l'art moderne a considérablement élargi son public et vu croître son prestige.

S'il y a eu une époque – et elle n'est pas tellement éloignée – où toute audace provoquait un scandale, aujourd'hui même les extravagances se font commenter non seulement avec indulgence, mais avec admiration.

La première chose qui peut frapper quand on considère l'art moderne, c'est la rapidité, pour ne pas dire la précipitation avec laquelle il a évolué: en moins de quarante ans il a passé des impressionnistes aux abstraits. Mais le monde que cet art exprime ne s'est-il pas transformé lui aussi à un rythme jusqu'alors inconnu? S'il est naturel que les artistes se montrent peu révolutionnaires dans une société conservatrice et où ils doivent répondre à de strictes exigences, le contraire est naturel dans une civilisation comme la nôtre. Il est normal aussi que les œuvres y soient diverses, que nous assistions à des ruptures, à des tentatives aventureuses, à des recherches qui se font, sinon dans tous les sens, du moins sur un terrain assez large: n'en va-t-il pas de même aujourd'hui sur les autres plans de l'activité humaine?

Cependant, que les expériences qui se succèdent depuis la fin du dernier siècle soient multiples et sur certains points opposées, ne les empêche pas d'aboutir à un développement dont il est facile de montrer la logique. En remplaçant l'image 'objective' de la réalité visible par la sensation momentanée que l'objet produit sur la rétine, en substituant à la représentation de choses connues la fixation d'aspects inédits, les impressionnistes ont orienté la peinture vers l'interprétation subjective du motif et donc vers la dépréciation du sujet. Ils ont préparé l'émancipation de la couleur et de la forme en analysant les phénomènes lumineux et en traduisant la lumière blanche par ses composants colorés. Certes, la sensation, chez eux, n'affectait que l'œil et restait dans un rapport étroit avec la nature qui l'avait suscitée. Mais chez Van Gogh déjà, elle pénétrait tout l'être, et l'artiste (je le cite), 'au lieu de chercher à rendre ce [qu'il avait] devant les yeux, [se servait] de la couleur plus arbitrairement pour [s]'exprimer fortement.' Chez Gauguin aussi, chez Cézanne, chez Seurat, le tableau apparaît davantage comme une création de l'esprit que comme la représentation du monde extérieur. L'artiste dorénavant se soucie moins de ce qu'il peut observer que de ce qu'il ressent, conçoit, imagine. Il commence par user avec liberté les données de la nature; il a recours aux déformations, aux transpositions, et il les pousse au point où les objets deviennent méconnaissables. De plus en plus, l'image (naturaliste) se dévalorise au profit des significations dont

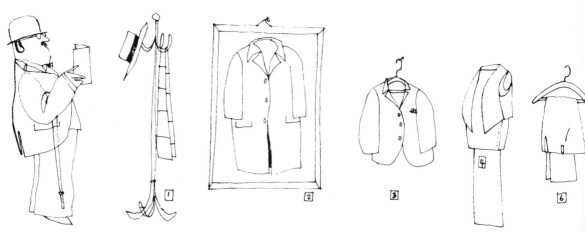

peuvent être chargées la seule forme et la seule couleur. En fin de compte, elle disparaît, les moyens s'étant totalement émancipés ou plutôt ayant totalement assumé les pouvoirs expressifs que, dans des proportions variables, ils partageaient jusque-là avec le sujet.

L'artiste s'est désintéressé de la représentation réaliste avec d'autant plus d'empressement qu'au dernier siècle il a vu surgir à ses côtés un personnage que ses prédécesseurs n'avaient pas connu: le photographe. Rapidement, celui-ci s'est montré prêt à assumer certaines des tâches qui auparavant avaient été réservées aux peintres, et qui leur avaient été réservées précisément parce que personne d'autre n'eût été capable de les accomplir. Le photographe s'empare non seulement du portrait: de tout ce qui appartient à la réalité visible, il fait l'objet de sa curiosité et il s'applique à en fixer, à en multiplier l'image. Sans doute est-il possible que cette image ne soit pas moins subjective que celle du peintre, et il arrive que la photographie à son tour nous propose aujourd'hui des œuvres abstraites. N'empêche que d'ordinaire elle se voue à l'exploration du monde extérieur et qu'elle est en mesure de le reproduire en témoignant d'une objectivité que la peinture n'a jamais atteinte, à supposer qu'elle l'ait jamais cherchée.

Ce n'est pas tout: du photographe naît le cinéaste qui, lui, sait reproduire aussi le mouvement et qui donne ainsi la représentation la plus directe de la vie. Ce que le tableau ne pouvait que suggérer, le cinéma le montre. Au lieu d'une seule scène, il nous fait voir une action longue et complexe. Maître de mouvement, maître du temps et aussi maître de l'espace à un tout autre degré que la peinture, le cinéma est donc plus à l'aise que cette dernière quand il s'agit de raconter des histoires et de représenter, dans la manière naturaliste, des sujets dramatiques et historiques. Il est capable de le faire avec une force évocatrice beaucoup plus saisissante.

Est-ce à dire que l'existence de la photographie et du cinéma explique à elle seule que les artistes ne traitent plus certains des sujets que leurs prédécesseurs avaient coutume de traiter? Non, d'autres facteurs sont intervenus pour agir dans le même sens. Parmi eux, il en est un qu'il importe de ne pas sous-estimer: l'hostilité que l'art moderne a rencontrée auprès du public.

Joseph-Emile Muller, *L'Art Moderne*, Livre de Poche
Encyclopédique

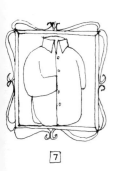   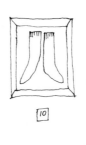  

A. De quoi s'agit-il?

1. Pourquoi, selon l'auteur du texte (pages 134 et 135), est-il naturel que l'art moderne ait évolué si rapidement?
2. Par quoi les impressionnistes voulaient-ils remplacer l'image 'objective'?
3. Quelles sont les trois influences citées par l'auteur qui ont accéléré l'évolution de l'art abstrait?

B. Le sens des mots

1. Trouvez dans le texte (pages 134 et 135) un seul mot qui veuille dire:
   a) être présent comme spectateur ou témoin
   b) avoir pour résultat
   c) à partir de ce moment
   d) difficile à reconnaître
   e) perdre de sa valeur (*verbe pronominal*)
   f) qui varie avec les jugements et les désirs de chacun
2. Trouvez dans le texte une phrase ou une expression qui veuille dire:
   a) toute action hardie suscitait l'indignation ou le blâme
   b) une allure qu'on n'avait jamais vue auparavant
   c) il faut qu'ils respectent des conditions rigoureuses
   d) gardait une proche affinité avec la nature
   e) il a vu apparaître brusquement auprès de lui ...
   f) du travail que l'artiste avait l'habitude de faire
   g) c'était la seule personne en mesure de remplir (ces tâches)
   h) pourtant, d'habitude elle se consacre exclusivement ...
   i) elle est capable d'en donner l'image
   j) il y a (un facteur) dont il ne faut pas minimiser l'importance
3. Expliquez en français les expressions ci-dessous, relevées dans le texte:
   a) n'en va-t-il pas de même ...?
   b) l'image 'objective' de la réalité
   c) l'émancipation de la couleur et de la forme
   d) de plus en plus l'image se dévalorise
   e) du photographe naît le cinéaste
4. Recopiez la case ci-dessous et complétez-la.

SUBSTANTIF	VERBE	ADJECTIF
————————	————————	large
————————	————————	précipité
expression	————————	————————
————————	exiger	————————
expérience	————————	————————
i) ————————	ressentir	i) ————————
ii) ————————	sentir	ii) ————————
————————	————————	soucieux
————————	————————	témoin
privation	————————	————————

Sans paroles

C. Avez-vous bien compris?

1. De l'avis de l'auteur du texte (pages 134 et 135), pourquoi l'art moderne n'est-il plus considéré comme audacieux?
2. Comment étaient les artistes à la fin du dernier siècle? Et aujourd'hui?
3. Comment Van Gogh différait-il déjà des premiers impressionnistes?
4. Transposez la citation de Van Gogh en discours direct.
5. Pourquoi 'l'image des naturalistes' a-t-elle fini par disparaître?
6. Comment l'arrivée de la photographie a-t-elle influencé l'art moderne?
7. De l'avis de l'auteur, qu'est-ce que le cinéma peut faire mieux que le tableau?
8. Quel rôle l'hostilité du public a-t-elle joué dans l'évolution de l'art abstrait?

D. Version

Traduisez en anglais le texte ci-dessous:

En effet, sans la farouche résistance à laquelle l'art moderne s'est heurté, notamment à ses débuts, il ne se serait sûrement pas dirigé avec tant de rapidité vers les solutions 'extrêmes'. Il ne l'a fait, il n'a pu le faire que parce qu'il a évolué dans une liberté absolue, dans cette 'indépendance' à laquelle la société condamnait les artistes en les réprouvant et en refusant les services qu'ils étaient tout prêts à lui rendre. Privé de commandes, l'artiste ne cesse pas de travailler, mais il ne travaille plus que pour lui-même et pour ceux que Flaubert appelait les 'amis inconnus'. Et puisque dans ces conditions il est seul à concevoir l'idée de son œuvre, et seul à en déterminer la forme, les problèmes qu'il se pose sont fatalement des problèmes de spécialiste, et les solutions qu'il leur donne répondent en premier lieu aux exigences de son propre génie. Il cherche donc moins à être compréhensible qu'à être sincère, et son principal souci est de se dépasser sans cesse, afin de traduire de la manière la plus originale ce qu'il y a en lui de plus personnel et de plus rare.
Joseph-Emile Muller, *L'Art Moderne*, Livre de Poche Encyclopédique

E. Au jour le jour 🔰

'La vedette, un produit artificiel' (voir le vocabulaire à la page 184).

Après avoir écouté les avis des trois chanteurs, précisez:
1. Quelles sont les contraintes imposées aux chanteurs?
2. Quelles sont les différences qu'ils établissent entre 'la vedette' et 'l'artiste'?
3. Tous les trois cherchent la même chose. Qu'est-ce que c'est?

F. Expression dirigée

1. A votre avis, quel devrait être le premier souci de l'artiste peintre – la compréhensibilité ou la sincérité? – l'expression de ses sensations ou la représentation de la nature? Justifiez votre réponse.
2. Qu'est-ce que vous cherchez en examinant le portrait (photo ou peinture) d'un ami ou d'une personne célèbre?
3. En vous servant de l'article de Muller, essayez de donner quelques raisons pour les liens qui existaient autrefois entre les artistes et la société. Qu'est-ce que l'artiste (le peintre, le sculpteur, le compositeur) accomplit pour son patron?

Un salut à l'avenir

Le Centre national d'art et de culture Georges-Pompidou, élevé sur le plateau de Beaubourg, comprend quatre grands centres d'activité : le musée d'art moderne, la bibliothèque publique d'information, l'institut de recherche et de coordination acoustique-musique, et le centre de création industrielle.

C'est atroce. On dirait une usine, un paquebot, une raffinerie. Une espèce d'écorché monstrueux et multicolore, avec ses tripes à l'air. C'est cher : un milliard pour la construction, cent vingt millions pour le fonctionnement, trois millions pour laver les vitres. Un septième à peu près du budget total du secrétariat d'Etat à la Culture. C'est fragile : dans dix ans, dans vingt ans, sous la rouille, sous la poussière, que restera-t-il de ce King-Kong culturel, de ce mammouth parisien ? Et puis, enfin, c'est inutile. Parce que la culture, c'est très joli, mais on peut très bien s'en passer. Surtout en ces temps de crise. Et surtout quand c'est si laid.

Toutes ces critiques, et bien d'autres, comment ne pas les comprendre ? Pour nos yeux, cajolés par tous les anges de Reims, par Versailles et Mansart, par Gabriel et Louis XV, le Centre Georges-Pompidou constitue d'abord un choc. Pourquoi ? Parce que c'est le premier monument de la révolution culturelle que nous sommes en train de vivre.

Cette révolution ne consiste plus, comme jadis, à passer, avec modération, d'un style à un autre. Elle consiste à mettre en question la notion même de beauté. Non, à côté de la Sainte-Chapelle, de la Cour carrée du Louvre, du petit Trianon, l'usine de Beaubourg ne peut pas prétendre à la même forme de beauté. Mais c'est que l'art et la beauté se sont mis à diverger.

Il est naturellement permis de préférer la place des Vosges, la place de la Concorde, ou la place Vendôme au Frankenstein de Beaubourg. Parce qu'il est toujours permis de préférer le passé au présent. Mais à ceux qui ont choisi d'accepter leur époque et de tâcher de la comprendre et de l'aimer, le Centre Georges-Pompidou offre une superbe aventure.

C'est une aventure collective. Qu'on le veuille ou non, nous sommes entrés dans l'ère des masses. Le cabinet de travail, la bibliothèque privée et même publique, la salle de concert, le théâtre, le musée sont des endroits délicieux, mais secrets, préservés, fermés. Ce sont des lieux clos. Avec ses glaces et ses verres, avec ses intestins tournés vers le dehors, le Centre Georges-Pompidou est l'essai d'un lieu ouvert. Avec ses airs d'usine, de machine, d'outil, c'est une formidable tentative pour mettre enfin la culture, jadis réservée à l'élite, à la portée de tous. C'est la fin de la chapelle, de la retraite silencieuse, de la bonbonnière, de l'artisanat culturel. C'est le supermarché du savoir et de l'art modernes.

Jean d'Ormesson, *Le Figaro*

G. Avez-vous bien compris?

1. Dressez une liste des critiques faites sur le Centre Georges-Pompidou et citées au cours du texte ci-contre. Lesquelles trouvez-vous les plus appropriées et les plus amusantes?
2. A part la laideur du Centre, l'auteur cite trois autres critiques au premier paragraphe; donnez-les.
3. Pourquoi l'auteur trouve-t-il facile de comprendre toutes ces critiques?
4. Quelle révolution culturelle se déroule à présent?
5. Comment l'attitude au nouveau Centre prétend-il être différent de l'attitude traditionnel vis-à-vis de la culture?
6. Quels aspects de la culture est-il possible de trouver à Beaubourg?

H. Paraphrase

Pour chaque phrase ou chaque expression en italique ci-dessous, écrivez une phrase équivalente, du même sens, en respectant pour certaines les consignes qui vous sont données:

En novembre 1645, Jean-Baptiste Poquelin (Molière), accompagné de sept ou huit comédiens, quitte Paris pour aller jouer sur les tréteaux de province.

Pour Molière va commencer une grande aventure *qui aura une influence décisive sur sa carrière.*[1] *Son talent va mûrir*[2] *sur les tréteaux des villages,*[3] *devant ce public à qui il ne faut pas en promettre.*[4] Durant dix années *les mauvaises routes verront passer la troupe errante*[5] *dont le jeune Poquelin a vite pris le commandement.*[6]

Mais ces dix années feront du jeune Jean-Baptiste Poquelin notre Molière.[7] Il deviendra le plus grand écrivain de notre théâtre, *tout en apprenant le rude métier de comédien ambulant,*[8] 'ce métier de feu, dira-t-il, dont les brûlures durent toute la vie'.

André Castelot, *Le Figaro*

1. … 2. Il … 3. … 4. … 5. … 6. que … 7. Grâce à … 8. pendant …

I. Texte enregistré   'La pratique de la musique' (voir le vocabulaire à la page 184)

J. Traduction

Nowadays art and beauty seem to be diverging, so that our very idea of beauty in works of art is called into question. This is a great shock for those who prefer the monuments of the past.

The Beaubourg Centre is an example of an attempt to open up the walls which cut off the masses from the world of culture. Ours is the age of the factory and the supermarket; we no longer live in the era of the enclosed private chapel and the cell of the solitary artist-craftsman.

Just as strolling players like Molière learned to create great works of art while presenting popular farces in village barns, so may those who are prepared to offer their art to all help to bring to life a new synthesis of culture – a form of art which everyone can enjoy and share, not just as spectators, but often as performers and participants.

La naissance d'une vedette

Christian essaya de s'imaginer qu'il était chez le dentiste, qu'il attendait son tour ...

Le seuil franchi, le studio apparaissait, obscur, vaste, haut, encombré de grands pans de décors[1] ...

Explications
1. *scenery panels*, *sections*
2. *stroke*, *brush*
3. *silky threads*
4. *rough cap*

'Lumière!' cria Despagnat.

'Va te placer dans le champ ... Tu es dans ta chambre, bien seul, bien tranquille ...'

Et, tout à coup, c'était vrai qu'il était dans sa chambre, bien seul, bien tranquille.

'Tu lis ... Ton livre est amusant ... Ne fais pas semblant de lire, lis ...'

Il lut une phrase du regard. Il n'avait plus peur. Il avait une perception dédoublée des gestes qu'il accomplissait. Et cela était drôle, comme lorsqu'on rêve avec la conscience déliée de rêver.

...

'Halte!' ... dit Despagnat. 'Coupez les lumières.'

'Eh bien! mais ce n'est pas mal du tout, mon petit. Nous allons tourner ça et je t'indiquerai deux ou trois répliques pour le son.'

...

'Dégagez!'

Un machiniste surgit dans le champ, portant une planchette noire où le nom du film s'inscrivait en lettres blanches. Il rabattit la claquette, annonça:

'*Jack*, numéro douze. Deuxième fois', et s'esquiva courbé en deux.

'—Ambiance!'

Christian avait appuyé sa joue contre la joue de Monica, et Jeanne [la mère de Christian] éprouvait un bizarre malaise à voir cette étrangère à figure de fille toucher les cheveux de l'enfant, l'attirer contre elle, lui effleurer[2] les yeux d'un baiser volant de sa grasse bouche fardée.

'—Le nom?' dit l'abbé.

'—Jack! mais par un k, monsieur le supérieur. Le nom s'écrit et se prononce à l'anglaise...'

'Coupez!' cria Despagnat.

...

Plus tard, Christian vint retrouver ses parents pendant une pause. Jeanne le saisit par le bras, l'attira près d'elle, lui demanda s'il n'était pas fatigué, s'il n'avait pas faim.

D'une main souple, elle voulut lui caresser les cheveux, mais sentit, sous les fils soyeux[3] la calotte rugueuse[4] de la perruque et reporta instinctivement sa paume sur le front de l'enfant. Il s'écarta:

'Mon maquillage, maman...'

Henri Troyat, *Grandeur Nature*, Librairie Plon

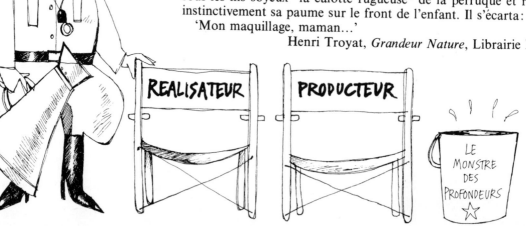

REALISATEUR   PRODUCTEUR

LE MONSTRE DES PROFONDEURS ☆

Zazie dans le Métro

Avertissement – le découpage qu'on va lire est un instrument de travail. Ni plus, ni moins.

Cependant, si le lecteur y cherche autre chose, il doit savoir que le comique (espéré) de ce film joue sur une mise en cause systématique du réel. L'apparence des personnages varie constamment; ils croient connaître leurs désirs, mais ils ignorent souvent jusqu'à leur identité. Les lieux, les décors, les objets, les couleurs apparaissent, disparaissent et se mélangent sans cesse.

A ce monde en perpétuelle variation, une petite fille de onze ans, implacable et sereine, va rendre une visite de trente-six heures exactement...

---

31. *P.R. Gabriel et Zazie*
(idem 29).
Même jeu que pour la soupe.
Zazie mange ses côtelettes à la main. Ils parlent.

Nota: Construction possible du plan: D'abord Gabriel et, *à sa gauche*, Zazie normalement. Puis recadrage sur Gabriel seul. Puis recul pour découvrir Zazie *à la droite* de son oncle. Personne ne s'étonne.

32. *P.R. Albertine.* TRAV. LAT.
(idem 28).
Elle amène les asperges et sert Gabriel qui lui fait un sourire de connivence, comme à chaque fois.

33. *G.P. Zazie.*
Toujours féroce, elle attaque ses asperges, à la main, à une cadence stupéfiante. Elle place sa tirade comme elle peut.

Nota: Il se peut que Zazie soit prise *de dos*, ou encore que la caméra s'écarte d'elle, comme *choquée*, et panoramique dans la pièce.
Elle s'arrête, épuisée.
Elle a fini ses asperges.

34. *G.P. Gabriel.*
Il est en retard sur Zazie; ses asperges sont plus grosses.

35. *P.R. Albertine.* TRAV. LAT.
(idem 28).
Elle apporte le raisin. Gabriel se sert.

Elle sert Zazie.

36. *P.R. Zazie et Gabriel.*
Ils mangent le raisin.

Explications
1. *give hell to*
2. *kids*
3. *pester*
4. *rotten, a beast*
5. *backside*

ZAZIE —Moi, j'irai à l'école jusqu'à soixante-cinq ans.
GABRIEL —Jusqu'à soixante-cinq ans?
ZAZIE —Oui, institutrice.
GABRIEL —Ce n'est pas un mauvais métier... Y a la retraite.
ZAZIE —Retraite mon cul... moi, c'est pas pour la retraite.
GABRIEL —Alors, pourquoi que tu veux l'être, institutrice?
ZAZIE —Pour faire chier[1] les mômes[2]... Ceux qu'auront mon âge dans dix ans, dans vingt ans, dans cent ans, dans mille ans, toujours des gosses à emmerder[3]... Je serai vache[4] comme tout avec elles... Je leur ferai lécher le parquet... Je leur ferai manger l'éponge du tableau noir... Je leur enfoncerai des compas dans le derrière... Je leur botterai les fesses... Parce que je porterai des bottes... en hiver. Avec de grands éperons pour leur larder la peau du derche.[5]
GABRIEL—Tu sais, d'après ce que disent les journaux, c'est pas du tout ça l'éducation moderne. On va vers la douceur, la gentillesse, la compréhension...
GABRIEL —N'est-ce pas, Albertine, qu'on dit ça dans le journal?
ALBERTINE —Oui... Toi, Zazie, on t'a brutalisée à l'école?
ZAZIE —Il aurait pas fallu voir.
GABRIEL —D'ailleurs, dans vingt ans, y aura plus d'institutrices: elles seront remplacées par le cinéma, la tévé, l'électronique, des trucs comme ça. C'était aussi écrit dans le journal l'autre jour. N'est-ce pas, Albertine?
ALBERTINE —Oui, c'est vrai.
ZAZIE —Alors, je serai astronaute.
GABRIEL —Voilà. Faut être de son temps.
ZAZIE —Je serai astronaute pour aller faire chier les Martiens.
Louis Malle, *Zazie dans le Métro*, Ed. Seghers

Deux scènes du film 'Zazie dans le Métro'

A. Analyse de la langue

1. Trouvez dans les extraits de *Grandeur Nature* et de *Zazie dans le Métro* (pages 140 et 141) tous les exemples:

   a) de participes présents ou passés. Classez les participes présents suivant qu'ils sont employés avec **en** (gérondifs) ou non, et les participes passés selon qu'ils font partie d'un temps composé ou non:
   exemples en attendant; coulant; il était allé; couverte.

   b) du discours direct. Ensuite transposez-les en discours indirect, y apportant les changements qui vous semblent nécessaires.
   exemple 'Je te demanderai d'être très naturel.'
   Despagnat a expliqué à Christian qu'il lui demanderait d'être très naturel.

   c) de la préposition **de**, employée après un verbe ou un adjectif:
   exemples essaya de s'imaginer; encombré de grands pans.

   d) des pronoms personnels dits disjonctifs et de renforcement (*disjunctive/emphatic pronouns*). Indiquez si chacun dépend d'une préposition ou de l'impératif, ou s'il s'emploie comme renforcement.
   exemple Ecoute-moi bien. (objet de l'impératif)

2. Rédigez des phrases qui contiennent les expressions ci-dessous (basées sur des expressions extraites des textes):
   a) le seuil franchi, …
   b) tout à l'heure, je vais …
   c) … fait semblant de …

B. Travail à deux

Après avoir lu les textes (pages 140 et 141), rédigez une série de questions, que vous poserez ensuite à un camarade de classe, pour voir si celui-ci a bien compris le texte.

C. Exploitation

1. Les activités culturelles
   a) l'appréciation
   Qu'est-ce que vous aimez comme sortie?
   Préférez-vous aller
   —au cinéma (film d'art, film populaire, etc.)
   —au théâtre (pièce classique, avant-garde; farce, etc.)
   —au concert (musique classique, moderne, jazz, etc.)
   —aux expositions (de peinture, de sculpture, etc.)

   Qu'est-ce qu'une telle sortie vous offre?
   (l'épanouissement de soi; la détente; le plaisir de vivre une expérience partagée ... ?)
   b) la pratique
   Peut-être préférez-vous prendre part, tenir un rôle vous-même?
   Quelles satisfactions peut-on trouver à participer à des activités de groupe: théâtre, chœur, orchestre, club de cinéma, de photographie, de peinture, de chasseurs de sons, etc?
   Appréciez-vous les activités culturelles solitaires?
   Les occupations créatrices – la poésie, la peinture, la pratique d'un instrument, etc. ou les activités d'appréciation – la lecture, la musique à la radio ou enregistrée?

2. La vie de bohème
Imaginez une journée typique de la vie d'une des personnes nommées ci-dessous. N'oubliez pas la réalité qui existe derrière le faux éclat et les attraits de ces métiers: le travail acharné – les difficultés de logement – les déplacements constants – les ennuis d'argent – les déceptions, etc.
—un acteur ou une actrice (télévision, théâtre, cinéma), un chef d'orchestre, une vedette du ballet, un chanteur populaire, un metteur en scène de cinéma, un écrivain, un présentateur des informations.
Comparez la vie d'une vedette à celle d'une jeune artiste qui commence sa carrière.

D. Dictée/Transposition ⊘
Ecoutez la description du tournage du film de *L'Espoir*. Ecrivez-la comme dictée en français ou traduisez-la directement en anglais.

E. Résumé/Commentaire

1. Résumez le texte d'Henri Troyat (page 140):
   a) Trouvez un titre alternatif pour l'extrait.
   b) Dressez une liste des mots-clés du texte.
   c) Résumez chaque paragraphe en une ou deux phrases en style indirect.
   d) Faites le résumé du texte entier (de 100 à 150 mots).
   ou
2. Faites le commentaire de l'extrait de *Zazie dans le Métro* (page 141).
   a) Commentez le choix de langage   (i) de la mise en scène (ii) des personnages
   b) Analysez l'humour de cette scène. Comment l'action et le langage aident-ils à créer l'effet comique?
   c) Pourquoi la mise en scène du scénario d'un film est-elle beaucoup plus détaillée que les indications scéniques d'une pièce de théâtre?
   d) Si vous étiez chargé de la distribution des rôles pour le film *Zazie dans le Métro*, quelle sorte de fille chercheriez-vous pour jouer le rôle de Zazie? Dressez une liste de cinq ou six traits caractéristiques.

F. Traduction

The British cinema has taken a few steps away from realism towards its own brand of leaden fantasy. In France, the young directors' gaze at the world around them is often so oblique that it seems they're not noticing it at all. And for this they have been criticised. Why so very few films on the housing shortage, the new working class, the farmers' revolt, the effects of the Algerian war? Why so many films set in the past, or abroad, or inside the director's dreamworld?

There are reasons for this neglect, among them (at least under de Gaulle) being censorship and self-censorship; or sheer frivolity and fear of involvement. But in fairness it needs to be said that the French cinema has other preoccupations too, which the British cinema rarely shares. Some of the new directors are, in a sense, poets, who in earlier times might have expressed themselves through lyric poetry – and it might be as irrelevant to rebuke them for ignoring social themes as to complain that Keats never wrote about the Napoleonic wars or that Matisse painted no Guernica.

John Ardagh, *The New France*, Penguin

L'art pour l'art ou l'art pour tous?

Oui, l'œuvre sort plus belle
D'une forme au travail
Rebelle.

    Théophile Gautier

De la musique avant toute chose,
Et pour cela préfère l'Impair.

    Paul Verlaine

Quant à la censure… lorsque la Russie dit non, c'est non. Tandis que lorsque la France dit non, c'est pour finir par dire oui. Il y a quelque chose d'absolument indéfensable aujourd'hui: c'est de concevoir une censure qui soit au nom d'autre chose que de l'ordre public.

    André Malraux

J'ai très vite pensé que le théâtre doit être un service public, aussi accessible qu'un paquet de cigarettes, le gaz, l'électricité ou l'école.

  Jean Vilar, Fondateur du Théâtre National Français, *Passe-Partout*

L'essentiel des Maisons de la Culture c'est la décentralisation, la fin du privilège parisien et le développement en province de foyers de diffusion, mais aussi de création artistique, c'est la conquête d'un public qui ne serait allé ni au théâtre, ni au concert, ni au musée, parce qu'il n'en avait pas la possibilité matérielle ou parce qu'il pensait que cela ne le concernait pas.

    André Malraux

G. Guide-discussion

1. Quels sont les buts de l'art?
   —communiquer la vision personnelle de l'artiste – ses émotions, ses sensations, son monde imaginaire, ses espoirs, ses projets pour un meilleur monde?
   —l'expérience de la beauté, une purification de l'esprit, le dépassement du monde matériel?
   —l'éducation à travers l'humour, l'esprit, la satire, la tragédie?
   —ou simplement un divertissement ou de la décoration, pour le plaisir, pour l'évasion?
2. C'est pour qui, l'art?
   —Une élite? l'artiste et ses amis et admirateurs? tout le monde?
3. L'accès à l'art:
   a) L'art officiel? Ou serait-il mieux de consacrer l'argent dépensé en faveur de l'art à la construction d'hôpitaux ou de réduire les impôts? L'artiste court le danger de devenir un fonctionnaire dès qu'il est aidé par l'Etat. L'art au service des structures établies peut devenir un instrument de propagande.
   b) L'artiste devrait-il donc être libre de se rebeller?
   Mais une telle liberté peut mener à une certaine complaisance. (Les grands artistes du passé avaient leurs patrons, leur public, dont ils dépendaient pour gagner leur vie.) En fin de compte, l'art a-t-il besoin de règles et de discipline?
4. Les chefs d'œuvre
   L'idée du grand art, du chef d'œuvre qui dure est-elle démodée?
   L'art d'aujourd'hui est-il un aspect de la mode éphémère, sans valeur permanente?
   Est-ce que tout le monde pourrait (devrait) participer à la création des œuvres d'art de nos jours?
5. Un art pour nos jours
   Quelles formes d'art sont les plus appropriées à nos jours – le théâtre improvisé, les bandes dessinées, les poèmes affichés…?

Un film n'existe pas sur le papier… un film n'existe que sur l'écran. Or, entre le cerveau qui conçoit et l'écran qui reflète, il y a toute l'organisation industrielle et ses besoins d'argent. C'est pourquoi la principale tâche du réalisateur actuel consiste à introduire par une sorte de ruse, le plus grand nombre de thèmes purement visuels dans un scénario fait pour contenter tout le monde. Aussi la valeur littéraire d'un scénario est-elle tout à fait négligeable.

Barthélemy Amengual, *René Clair Editions Seghers*

Les chefs d'œuvre du passé sont bons pour le passé ; ils ne sont pas bons pour nous… Shakespeare et ses imitateurs nous ont insinué à la longue une idée de l'art pour l'art, avec l'art d'un côté et la vie de l'autre… On doit en finir avec cette superstition des textes et de la poésie *écrite*. La poésie écrite vaut une fois et ensuite qu'on la détruise.

Que les poètes morts laissent la place aux autres.

Antonin Artaud, *Le théâtre et son double*, Gallimard

Discussion: Rôle et but de l'art
Ecoutez la discussion enregistrée (voir le vocabulaire à la page 184).

H. Guide-dissertation

In this series of guides we have concentrated on a single aspect of essay planning at a time. You must of course keep in mind all three levels (essay, paragraph and sentence) both as you plan and as you write and revise your essay. Nevertheless there is logic in the sequence we have followed. The essay has a main theme, the key to which is given by the subject on which you are to write. From this subject you must derive several major steps which form a logical sequence and each of which forms the basis of a paragraph. Within each paragraph the individual sentences develop and expand the key ideas and lead from one to the next in such a way that the reader can follow the train of thought.

These processes of planning apply to all essays. Most essays you are required to write take the form of discussions of current issues. Some require you to trace the development of a process or sequence of events, or to describe a situation and its origins and consequences. You may also be faced with a straightforward narrative. The requirement for strong and balanced structure and for clear expression of each individual step in the essay holds true for all types.

With regard to style, only by reading good French texts and by analysing the authors' use of language can you hope to appreciate its essence. For your own purposes, the basis of good style lies in simple, clear and correct expression, in appropriate choice of linguistic devices to link your words together, in balancing the parts of your essay and the types of sentence you use. Also essential is consistency of tone. Once you have chosen your viewpoint and the mood of your essay, stay with it; don't change from earnest to flippant, from no-nonsense to flowery language in a short essay. If you move on, as you may need to, from the objective appraisal of a situation to the statement of personal opinion, make sure that the transition is well prepared by the steps of your preceding sentences.

I. Sujets de dissertation

1. 'Tout art officiel est condamné à la médiocrité.' Georges Pompidou
2. 'La culture est très jolie, mais on peut très bien s'en passer.'
3. 'Les chefs d'œuvre du passé sont bons pour le passé ; ils ne sont pas bons pour nous.' (Antonin Artaud).
4. Le cinéma n'a que des rapports très lointains avec le théâtre.
5. Est-ce que l'artiste devrait nous faire des leçons de morale ?
6. On ne discute pas des goûts.

Test 10

A. Le discours indirect

Un enquêteur vous interviewe au sujet de vos goûts; que répondez-vous?

exemple 'Vous allez au théâtre? Tous les combien?'
On m'a demandé si j'allais au théâtre et avec quelle fréquence.
J'ai répondu que je n'y allais pas très souvent – deux fois par an peut-être.

1. 'Préférez-vous le théâtre ou le cinéma? Donnez vos raisons.'
2. 'A votre avis, est-ce qu'on devrait abolir toute censure? Pourquoi êtes-vous de cet avis?'
3. 'Avez-vous jamais joué un rôle dans une pièce de théâtre? Développez votre réponse, s'il vous plaît.'
4. 'A quelles activités culturelles participerez-vous pendant le mois prochain?'
5. 'Quel est votre opinion sur l'art moderne? Et sur la poésie moderne?'
6. 'Quelles émissions de télévision aimez-vous? Lesquelles n'aimez-vous pas? Donnez vos raisons.'

B. Traduisez en anglais:

1. Anne doute de votre sincérité. Je m'en doutais bien.
2. Elle me manque souvent. Je ne manquerai pas de lui écrire ce soir.
3. D'ailleurs, il habite ici, mais il travaille ailleurs.
4. Il est très sensible aux misères d'autrui, mais il n'a pas beaucoup de bon sens.
5. C'est un physicien expérimenté. Il vient de faire des expériences d'électricité.
6. On a assisté à son procès. Son avocat l'a assisté dans son procès.
7. J'ai toujours méprisé cet homme, mais il faut dire que je me suis mépris.
8. Tu te sens mal? Ça ne m'étonne pas: ça sent mauvais ici.

C. Verbes

Complétez les phrases ci-dessous, en employant une forme correcte du verbe. Ensuite, traduisez les phrases en anglais.

venir

1. L'auteur va nous parler de son roman qui — de paraître.
2. Il a dit qu'il — nous voir après la séance, mais il n' — pas —.
3. Je doute qu'il — beaucoup de monde à la Maison de la Culture.
4. Il hésita longtemps, mais enfin il en — à la conclusion qu'il vaudrait mieux déménager.
5. Ils — — en Angleterre à Pâques, s'ils avaient pu loger chez nous.

vivre

6. Les étudiants crièrent: 'A bas la fac! — les vacances!'
7. Y aura-t-il un jour une Europe unie? Qui — verra!
8. Il se fait tant de souci pour ses examens qu'il n'en — plus.
9. Du temps de la crise d'énergie les pays riches — — un bon moment de panique.

voir

10. Il faut que j'aille chez l'oculiste. Je n'y — plus clair.
11. C'est la plus belle pièce que j'— jamais —!
12. Eux, ils — toujours les choses en noir. N'y faites pas attention!
13. Le proviseur a dit qu'il nous — avant la fin du trimestre.

vouloir

14. Mes adjoints — bien vous aider. Vous n'avez qu'à leur écrire.
15. — me faire connaître vos prix pour le mois d'août?
16. Mais que — dire ce déchaînement de colère?
17. C'est dommage qu'on ne donne plus ce film; j'— — le voir.
18. J'espère que tu ne m'en — pas si je ne t'accompagne pas à l'exposition?

Examen 5

A. Listening comprehension
(approximately 30 minutes)

The passage will be read aloud to you at normal speed. During this first reading you may NOT take notes and you may NOT look at the questions below. You will then have five minutes to read through the questions and to think about your answers. The passage will then be read a second time, again at normal speed, and you may look at the questions and take notes during the reading if you wish. After the second reading you can begin writing your answers IN ENGLISH.

(Answers should be brief and to the point.)

1. What fear about the future of the cinema was voiced when talkies first appeared?
2. What kind of problems have always faced the cinema?
3. How does the passage describe the pleasure which films have always given to millions?
4. What fraction of the film-going public was lost to the French cinema between 1957 and 1970?
5. What does the passage claim to be *above all* the cause of dwindling cinema audiences?
6. What two things does the passage cite as having disappeared despite their beauty and charm?
7. During what period was the cinema *the* great popular entertainment?
8. When, according to the passage, did the theatre have great popular appeal?
9. What does the passage cite as the essential of art?
10. What are the TWO threats to cinematographic art?

Oxford and Cambridge Schools Examination Board

B. Translate the following passage into French
(approximately 1½ hours)

All that day she roamed about the empty school, unable to do anything. She made herself a sandwich, poured a glass of wine, then put it back into the bottle. The skies greyed over. She played the piano in the music-room for a few minutes, then began to prepare supper, something that would keep in the oven. He wouldn't be home for at least an hour.

When the telephone rang, she started up in fright.

'Darling? I'm on my way home. All the photographs are O.K. I didn't want to keep you waiting.'

'Oh, thank God! Where are you?'

'A mile or so out of Eastbourne. I was driving along when I spotted a phone box and decided to give you a call. I should be back in about half an hour, if the traffic's not too heavy. Be seeing you.'

When she heard the car, she ran out.

'And you pretended you weren't worrying,' he said to her.

Next morning brought a letter from Peter, from Paris.

Dear Mr. and Mrs. Annick,

I hope you're enjoying the holidays. It must be wonderful to have a bit of peace. Paris is wonderful, and I am eating like mad. Did you ever eat snails?

Yesterday we sat in the Luxembourg Gardens and my mother helped me with my Greek. She was afraid her methods would be different from yours, but actually they're much the same.

I do hope you're both well and having a good rest.

Love Peter.

Associated Examining Board, June 1978

Grammar summary

This summary is a very basic collection of some common difficulties. It is designed to act as a checklist of what every student needs to know and should be used in conjunction with a more complete reference grammar.

Your own collection of examples of usage, made up from the texts you have read and from the exercises and essays you have completed, is by far the most useful way of building up your understanding of French grammar. Samples of language in use are better than learning rules which appear to have endless exceptions. We suggest therefore that you keep a looseleaf folder divided into sections (which might correspond to the sections of this summary or to your reference grammar) in which you record all the examples of usage you meet which help to illustrate and clarify constructions.

In addition to the formal grammatical classification followed in this summary, you might find it helpful to collect examples which refer to linguistic functions, such as 'making suggestions', 'explaining', or to important notions or concepts, such as 'time', 'causal relationships' etc. Such a list would be as much a vocabulary as a grammar, but would help you to add to your stock of expressions.

In this summary the symbol ⚠ is intended to draw your attention to a particular point of difficulty.

Sections of the Grammar summary

(*see also Index of Grammar and Practice p. 191*)

A. Articles and determinatives
B. Adjectives
C. Expressions of quantity
D. Negative expressions
E. Pronouns
F. Asking questions
G. Nouns
H. Prepositions
I. Adverbials
J. Conjunctions and links

Verb Sections

K. Talking about the future
L. Talking about the present
M. Talking about the past
N. The present participle
O. Reflexive verbs
P. The passive voice
Q. Using the conditional
R. The infinitive
S. Giving instructions
T. Reporting what was said
U. Auxiliaries
V. Using the subjunctive
W. Verb constructions

A. Articles and determinatives

1. Article agrees with its noun, indicating its number (singular or plural) and, in the singular, its gender (masc. or fem.)

un garçon, une fille, des hommes
le livre, la table, les tasses

2. Definite article **le, la, l', les** used with:
▶ particular persons or objects

C'est le livre que j'ai acheté ce matin.
Les enfants du village sont malades.

▶ a class of things (all the things of a kind) or an abstract noun, when English usually has no article

Les lions sont dangereux.
J'aime la musique.

▶ titles
▶ adjectives with proper nouns
▶ languages

le roi Louis Quatorze
le vieux Jacques
J'apprends le français.
[*But* Il parle français en ce moment.]

▶ days of the week (to mean *every Saturday* etc.)

Je vais au cinéma le samedi.
[*But* Je suis allé au théâtre jeudi (passé).
[Je viendrai samedi.]

▶ seasons

Je déteste l'automne.
[*But* un jour d'automne]

▶ parts of the body

Il a ouvert la bouche.
Elle a les yeux gris.
Il se lavait les mains.
Je lui ai coupé les cheveux.
Elle leur a serré la main.

(Note also the use of the indirect object pronoun)

▶ some expressions of manner

Il marchait les mains dans la poche et la pipe à la bouche.

▶ some expressions of time

le soir (*in the evening*), le lendemain, le jour de Noël
Venez la semaine prochaine.

▶ titles (when addressing people)
▶ ranks + proper name
▶ expressions of speed, price, rate
▶ bodily attributes, ailments

Bonjour, monsieur le maire.
le capitaine Dupont
cinq francs le kilo
J'ai la grippe.
J'ai mal à la tête.

▶ festivals and Saints' Days except **Pâques** and (usually) **Noël**

à la Toussaint, à Noël

▶ continents, countries, provinces, etc., and some islands

J'adore la France.
la Grande Bretagne, la Corse

Usually omitted:
▶ with names of towns, except when part of name

Le Havre (je vais au Havre)

▶ with most islands
▶ after **en** (e.g. with feminine names of countries, etc.)

(Ile de) Jersey
en Suisse

Note also:

sans argent
avec plaisir
[*but* avec un vif plaisir]

▶ after **de**, e.g. in adjectival phrases with proper nouns

les vins d'Italie

3. à + le = au
à + les = aux

Nous allons au cinéma ce soir.
J'ai donné du chocolat aux enfants.

4. de + le = du
de + les = des

Je suis sorti du magasin.
J'ai rencontré la mère des enfants.

5. Indefinite article **un, une, des** used when no particular person or thing is indicated

Je voudrais une tasse de café.
Je vais en vacances avec des amis.

6. Indefinite article usually omitted:
▸ with nationalities, religions
▸ with professions
  But not after **c'est** and not with an adjective or adjectival phrase or clause
▸ with nouns in apposition
▸ after **sans** or **ni... ni...** (unless noun is particularized)

▸ with expressions of frequency
▸ after **quel**
▸ after **comme**
▸ after **en** and **par**

Elle est française. Il est catholique.
M. Lebrun est professeur.
[C'est un professeur.]
[M. Lebrun est un professeur stricte.]
Louis Lumière, chimiste de Lyon
Il est sans amis.
Je n'ai ni frère ni sœur.
[*But* Il est arrivé sans l'argent qu'il avait trouvé.]
cinq fois par semaine
Quel dommage! Quelle femme!
Il travaille comme boucher.
en pension, par avion

7. Omit the article also:
▸ in adverbial phrases
▸ in verbal phrases

▸ before a noun to form an adjectival expression

avec patience
Tu as raison. J'ai faim.
Elle a perdu connaissance.
les fromages de France (*French cheese*)
une leçon de français (*a French lesson*)
un jour d'automne (*an autumn day*)

8. Partitive article **du, de la, de l', des** (*some, any*), often used when English uses no article. Used in the singular with nouns referring to substances.

Il a des abeilles dans son jardin.
J'ai du vin dans mon verre.

9. de or **d'** used alone:
▸ after negative expression, only when the whole statement is negative
▸ with an adjective before a plural noun
  But **des** is also found, when noun and adjective form a single idea
▸ with **avoir besoin** unless noun is particularized
▸ with expressions of quantity
⚠ *But* **bien des encore des la plupart des la plus grande partie des**
▸ with **autre**

Tu as des frères? Je n'ai pas de frères.
Je ne veux pas de vin.
J'ai acheté de nouveaux disques.
[Je voudrais des petits pains.]

J'ai besoin d'argent tout de suite.
J'ai besoin de l'argent que tu me dois.
un kilo de beurre, beaucoup de pommes
[Tu veux encore du café?]
[La plupart des invités sont arrivés.]
J'en ai d'autres.

10. The demonstrative adjective **ce (cet), cette, ces** used for both *this* and *that*. When particularly important to distinguish between *this/these* and *that/those* add **-ci** or **-là** to noun.

Ce livre est bon.
Cette fille est anglaise.
Ces pommes sont délicieuses.
Je n'aime pas cette robe-ci.
Je préfère celle-là.

△ Use **cet** with masculine singular nouns (or preceding adjectives) which begin with a vowel sound.

Je ne connais pas cet homme.
Je voudrais un peu de cet excellent fromage.

11. The **possessive** adjective agrees with the thing possessed, not with the possessor:

mon père	ma mère	mes parents	*my*
ton frère	ta sœur	tes oncles	*your*
son ami(e)	sa tante	ses ami(e)s	*his/her/its*
notre	notre	nos	*our*
votre	votre	vos	*your*
leur	leur	leurs	*their*

Alain a perdu sa pipe.
Monique promène son chien.
André n'est pas allé voir ses parents, parce que leur télévision est en panne.
M. et Mme Durand sont partis sans leurs enfants.

△ Possessive adjective is repeated before each noun in a series.
△ Use **mon, ton, son,** before feminine singular nouns (or preceding adjectives) which begin with a vowel sound.
△ **Son chapeau** means *his hat* or *her hat*. If necessary add **à lui** or **à elle** to make the meaning clear.

Ma mère et mon père sont en vacances.

Tu connais mon amie Françoise?
Voilà mon ancienne voiture.

As-tu trouvé le chapeau de Monique ou celui d'André?
J'ai trouvé son chapeau à lui. (*his hat*)

Note these expressions which use the possessive adjective:

Ce garçon est de mes amis.
Allons à sa rencontre.
J'espère avoir de leurs nouvelles.

B. Adjectives

12. Adjectives usually agree in number and gender with the nouns they qualify.

un grand livre, une grande table
de grands livres, de grandes tables
Cette école est très petite.

13. Adjectives ending in **-e** do not change in the feminine

un drapeau rouge, une fleur rouge

14. Adjectives ending in **-s** or **-x** do not change in the masculine plural

un stylo gris, des stylos gris
un enfant heureux, des enfants heureux

15. Note these adjectives:
(further examples in the right hand column)
heureux, heureuse
menteur, menteuse
doux, douce
faux, fausse
gros, grosse
naturel, naturelle
sot, sotte
frais, fraîche
blanc, blanche
sec, sèche
cher, chère
secret, secrète
bref, brève
actif, active
public, publique
long, longue
favori, favorite
*fou, folle
*vieux, vieille
royal, royale, royaux, royales
*beau, belle, beaux, belles
(*see also note 16 below)

affreux, courageux, dangereux, malheureux, jaloux
flatteur, rieur, trompeur

bas, épais, gras, las
cruel, individuel, mortel, nul, pareil, gentil

franc

amer, dernier, entier, étranger, fier, léger, premier
complet, incomplet, inquiet

neuf, sauf, veuf, vif
grec (grecque), turc, laïc
oblong
*mou

amical, central, loyal
jumeau, *nouveau

16. Adjectives with a second form of the masculine singular, used before a noun beginning with a vowel sound: **bel, fol, mol, nouvel, vieil**

le bel âge, un fol espoir, un mol oreiller, le nouvel an, un vieil homme

17. Invariable adjectives:
▶ adjectives of colour, which are really nouns: **marron, argent, chocolat, orange**

des chaussures chocolat

▶ compound adjectives of colour: **gris-bleu, vert foncé, bleu clair**

des yeux bleu foncé

18. **demi** and **nu** agree only when they follow the noun

une heure et demie, la tête nue
[*But* une demi-heure, aller nu-tête]

19. Most adjectives follow the noun
But the following precede the noun:
▸ ordinal numbers
▸ possessive and demonstrative adjectives
▸ certain common adjectives

C'est un livre intéressant.

le premier garçon, la deuxième fille
mon livre, ce garçon

autre	excellent	joli	plusieurs
beau	gentil	long	quelque
bon	gros	mauvais	tel
chaque	haut	méchant	vieux
court	jeune	petit	vilain

20. Certain adjectives change their meaning according to their position

Note particularly the meanings of:

son propre carnet (*own*)
les mains propres (*clean*)

ancien	cher	mauvais
brave	dernier	même
certain	grand	pauvre

⚠ Since French word order often places emphasis on the final word, the position of many adjectives may be varied to strengthen or modify their meaning.

21. Adjectives in pairs after the noun are usually joined by **et.**

C'est un homme riche et célèbre.

22. Adjectives may be followed by various prepositions.

Il est impossible d'entrer.
Partir? C'est impossible à faire.
Il est très fort en informatique.

23. A noun with an adjective may be omitted if the meaning is clear. Some adjectives are often used in this way as nouns.

Voulez-vous essayer le pantalon gris?
   Non, je préfère le bleu.
Qui est le grand blond avec Suzy?
Les pauvres veulent devenir les riches.
Les jeunes seront les vieux.

24. The comparative of adjectives

plus | intelligent(e)(s) que...
moins |
aussi |
pas si |

Tu (n')es (pas) plus intelligent que ton frère.
Nous (ne) sommes (pas) moins intelligents qu'eux.
Elle est aussi intelligente que lui.
Je ne suis pas si intelligent que vous.

25. The **superlative** of adjectives
le (la, les) | plus | intelligent(e)(s)... de...
             | moins |

Voici le plus grand de tous les livres.
Ce sont les livres les plus remarquables.

26. Note the use of **de** in comparisons

Il est le plus âgé de 3 mois.
Elle a la plus belle moto de la classe.
Mon frère a mangé plus de vingt bonbons.

27. Note these irregular comparatives

bon → meilleur
mauvais → pire (*but also* plus mauvais)
petit → moindre (*but usually* plus petit)

28. Note these phrases of comparison

de plus en plus, de moins en moins
Plus on a d'argent, moins on a d'amis.
Il est fort comme un géant.

C. Expressions of quantity

29. Expressions of quantity include
- ▶ cardinal and ordinal numbers
- ▶ some adjectives
- ▶ some pronouns
- ▶ expressions usually used with **de**

un, une; premier, centième
chaque, tout, quelques, plusieurs
chacun, quelqu'un, etc.

beaucoup	tant	un paquet
trop	peu	un litre
assez	un peu	une dizaine
plus	pas mal	un million
moins	un kilo	pas (point)

30. Both ordinal and cardinal numbers are adjectives, but cardinals (except **un, une**, etc.) do not agree.

31. Demi is an adjective.

une demi-heure
une heure et demie

32. Fractions, like the approximate numbers (**un million, une dizaine,** etc.) are followed by **de.**

Note that **cent, mille** act like other cardinal numbers (without **de**).

trois millions de francs
une quinzaine de jours

trois cents francs
mille livres

33. Note particularly these expressions:

bien des amis
la moitié du fromage
la plupart des invités
la plus grande partie de la foule
J'ai besoin d'argent.
but J'ai besoin de l'argent que je t'ai prêté.

D. Negative expressions

(note word order)

34. ne... pas *(not)*
ne... plus *(no longer, no more)*
ne... rien *(nothing)*
ne... jamais *(never)*
ne... personne *(nobody)*
ne... ni... ni *(neither . . . nor . . .)*

ne... que *(only)*

Je n'ai pas entendu. Il n'a pas de frère.
Je ne fume plus. Tu n'as plus de cigarettes?
Elle n'a rien vu. Elle ne voit rien.
Il n'a jamais compris. Il ne comprend jamais.
Je n'ai vu personne. Tu ne vois personne?
Je n'ai vu ni lui ni sa sœur.
Je n'ai ni frère ni sœur.
Il n'est rentré qu'après minuit.
Tu n'as que cinq francs.
[*But* Je n'ai pas qu'une voiture. (*I've more than one car.*)]

ne... guère *(scarcely)*
    (limiting, not negative)
ne... aucun *(not any/anyone)*
ne... nul *(not any)* (literary form)
(**nul** may not stand alone)
ne... nulle part *(nowhere)*
ne... point *(not)* (literary form)

Je n'ai guère fini.

Je n'en ai vu aucun.
Nul étudiant n'est parti.

Je ne l'ai vu nulle part.
Il n'a point de pitié.

35. rien, personne, jamais and **pas un** may be the subject of a sentence

Rien ne s'est passé.
Personne n'est arrivé.
Pas un ami n'est venu vous aider.

36. si used for *yes* in answer to a negative question

Tu ne dois pas travailler ce soir?
Mais si, je travaille tous les soirs.

37. pas often omitted with pouvoir, savoir, cesser, oser + infinitive

Je ne saurais vous le dire.
Tu n'oserais nous le dire!

38. ne often used in subordinate clauses with expressions of fearing and with comparisons

J'ai peur qu'elle ne fasse quelque chose de bête.
Il est plus âgé que je n'aurais cru.

But not possible when negative

[Je n'ai pas peur qu'elle fasse quelque chose de bête.]
Il n'est pas plus riche qu'il était.

39. Negative + infinitive
ne... pas or **ne... rien** usually stand together before the infinitive

Je lui ai dit de ne pas venir.
Il préfère ne rien faire.

But not when a modal auxiliary precedes the infinitive

[Il ne veut rien boire.]
[Elle n'a pas pu nous aider.]

⚠ Combinations of negatives
ne... plus... rien
ne... plus... jamais
ne... jamais... rien
ne... jamais... personne

Je ne veux plus rien, merci.
Il ne va plus jamais au théâtre.
Ils ne font jamais rien.
Il ne parle jamais à personne.

Note that when two or more negative adverbs are used together, the meaning is not cancelled as in English. The usual word order is for **jamais** to precede all others; **plus** precedes the rest.

40. To emphasise the negative meaning, use:

certainement pas, pas du tout, nullement

41. The English *couldn't help but, could not but (do)* is rendered in French by a double negative with **pouvoir.**

Je ne pouvais (pas) ne pas rire.

E. Pronouns

42.

Subject	Direct object	Indirect object	Reflexive
je	me	me	me
tu	te	te	te
il/elle/on	le/la	lui	se
nous	nous	nous	nous
vous	vous	vous	vous
ils/elles	les	leur	se

Tu vois Henri? Oui, je le vois.
Tu as vu Hélène? Oui, je l'ai vue.
Tu parles à Guy? Oui, je lui parle.
Tu as parlé à Anne? Oui, je lui ai parlé.
Les enfants? Je les ai vus au café.
Je ne leur ai pas parlé.
Ils se sont arrêtés aux feux.

43. On (*one, someone, they, we*)
▶ often used instead of passive

Où allez-vous? On va à la gare.
On nous a dit de venir ce soir.
On m'a volé tout mon argent.

Note agreement

On est partis. (=nous)

44. Y replaces **à** + **noun**
  ▸ to refer to a place
  ▸ as the indirect object (not a person)

Tu vas en France? Oui, j'y vais en août.
J'y pense souvent. Je m'y suis habitué.

45. En replaces **de** + **noun**
  ▸ to refer to a place

Elle est sortie du magasin?
Oui, elle en est sortie il y a 5 minutes.

  ▸ meaning *some* (*of it*/*of them*), (even where English does not use a pronoun) particularly with numerals and expressions of quantity.

Vous avez des frères? Oui, j'en ai deux.
Il y en a beaucoup/trop/assez.

46. Order of object pronouns
  With all verb forms except the imperative affirmative, pronoun objects are placed directly before the verb in this order:

me	le		lui			
te	la		leur	y		en
se	les					
nous						
vous						

On ne le lui a pas donné.
Vous les leur avez offerts.
Tu m'en offres?
On nous les donne souvent.
Il y en a deux.
Je m'y suis arrêté.

⚠ Note position of pronouns with simple **infinitive**

Jacques vient nous voir ce matin.
Où sont tes gants? Je viens de les trouver.
Voulez-vous m'en acheter un?

⚠ Note pronouns precede **faire, entendre, voir, laisser** + infinitive

Va chercher Guy. Il nous fera entrer.
Je le lui ai entendu dire.
Je ne l'ai pas vu sortir.
Il ne m'a pas laissé passer.

⚠ Note position of pronouns with **imperative**
  ▸ before negative commands

Ne le laisse pas tomber.
Ne les lui donnez pas.
Ne m'en parle pas.

  ▸ after affirmative commands (note use of hyphens)
  (**moi** and **toi** replace **me** and **te** *but* not with **en**)

Dites-nous la vérité. Envoyez-les-leur.
Va-t'en. Vas-y. Donnez-le-lui.
Assieds-toi. Donnez-les-moi.
[J'aime ce gâteau. Donne-m'en.]

47. Reflexive pronouns act in the same way as other object pronouns. They must be in the same person as the subject, even with an infinitive.

Je dois me reposer.
Tu devrais te coucher de bonne heure.

48. Emphatic (disjunctive) pronouns
  moi toi lui elle soi
  nous vous eux elles
  used:
  ▸ standing alone
  ▸ with **c'est, ce sont, il y a, il reste**

Qui a fait ça? — Moi.
c'est moi, ce sont eux, il y a toujours eux, il ne reste que lui

  ▸ after prepositions
  ▸ to emphasise subject or object (direct or indirect)

entre toi et moi, l'un d'eux
Moi, je veux rester à la maison.
On te cherche, toi.
On le lui donne, à lui.

▶ to clarify the use of **son, leur**, etc.
▶ in comparisons
▶ in compound subjects and objects
▶ as antecedent to a relative (note agreement)

▶ with **même, aussi, seul**

▶ **soi** (*oneself*) is usually associated with **on, chacun, personne, quiconque** or impersonal expressions

C'est leur voiture à elles.
Pierre est plus jeune que moi.
Maman et moi, nous y allons.
C'est moi qui suis le premier.
Ce sont nous qui devons payer.
Il devrait le faire lui-même.
Moi aussi, je veux aller au cinéma.
Lui seul sait le faire.
On doit rarement parler de soi.
Chacun pour soi!

49. Note the agreement of the verb with the real subject:

C'est moi qui dois payer le loyer.

50. c'est or **il est?**
These notes will act as a guide, but you will meet expressions which do not fit 'the rules'. We suggest you note all such expressions.
Use **ce**
▶ to sum up a preceding subject noun, pronoun, infinitive

▶ when logical subject is noun, pronoun or adjective in the superlative

▶ with adjective when listener already knows to what you are referring
But use **il** with adjective in other cases

▶ **il** is used in impersonal expressions.

La piscine, c'est par ici?
Eux, ce sont des amis.
Parler russe? C'est difficile, non?
C'est un homme intelligent.
C'est moi.
C'est le plus grand garçon.
C'est vrai.
Patiner? C'est facile à faire.
[Il est intelligent, ce garçon.]
[Il est facile de patiner.]
Il reste une place.
Il arrive des accidents.

51. ceci, cela or **ça** (colloquially) are used:
▶ to refer to unnamed objects
▶ to refer to facts, ideas, impressions

▶ sometimes to replace **le** or **la**
▶ to mean *it* in certain expressions (**cela** or **ça** only)

Donne-moi cela.
Ça, c'est difficile.
Ceci n'a aucune importance.
Ne dites pas cela.
Cela (ça) m'intéresserait de le voir.
cela m'agace/amuse/ennuie de...
ça nous plaît/ferait plaisir de...
cela m'étonne/me surprend que...

52. le sometimes used where English uses no pronoun

Tu me l'as déjà dit.
Comme vous le savez...
Je le crois. (*I think so.*)
Il était nécessaire. Il ne l'est plus.

53. Object pronoun omitted when verb is followed by predicative adjective

Je trouve nécessaire de partir.
Je crois utile de...

157

54. Possessive pronouns
le mien, la mienne
les miens, les miennes (*mine*)
le tien, etc. (*yours*)
le sien, etc. (*his/hers*)
le/la nôtre, les nôtres (*ours*)
le/la vôtre, les vôtres (*yours*)
le/la leur, les leurs (*theirs*)
But often better to avoid their use

Tu préfères ton livre au mien?
Tu as bu ta bière, mais Alain n'a pas bu la sienne.
Votre maison est plus grande que la nôtre.
J'aime ta voiture mais je n'aime pas la leur.

[C'est celui de Pierre...]
[C'est mon livre à moi...]

55. Demonstrative pronouns **celui, celle, ceux, celles** replace demonstrative adjective + noun
▶ with **-ci** or **-là**
▶ with **de**
▶ with **qui, que, dont**
▶ **celui-ci**, etc, also means *the latter*, **celui-là** etc, means *the former*

Celui-ci est plus grand que celui-là.
Voici mes livres. Voilà ceux d'Hélène.
Celles que j'ai perdues...
Un homme et son fils sont entrés. Celui-là portait une cravate bleue, mais celui-ci n'avait pas de cravate.

56. Relative pronouns
▶ **qui** used as subject to refer to persons or things
▶ **que** used as direct object to refer to persons or things.
▶ **qui** used after prepositions referring to persons
▶ **lequel, laquelle, lesquels, lesquelles** used after prepositions referring to things
▶ **de + lequel = duquel,** etc.
▶ **à + lequel = auquel,** etc.
▶ **dont** replaces **de qui, duquel** except when antecedent is followed by a prepositional phrase

J'ai vu l'homme qui a volé ta moto.
Passe-moi les tasses qui sont sur la table.
Tu vois la fille que Jean a amenée?
J'ai perdu le stylo que maman m'a offert.
C'est l'homme à qui tu as parlé?

Voilà le parc dans lequel elle se promène.
Ce sont les crayons avec lesquels j'aime écrire.
le fleuve au bord duquel elle se promène...
les magasins auxquels ils sont allés...
J'ai vu l'homme dont vous m'avez parlé.
Voici le livre dont tu as besoin.
[*But* Vous connaissez le garçon à l'avenir *de qui* je m'intéresse.]
[Voici le livre *sur* la première page *duquel* j'ai vu l'image.]

▶ **lequel,** etc. used for persons with **parmi, entre**

Voilà les garçons parmi lesquels Michel s'est caché.

▶ **où** may replace **à** or **dans** or **sur** + **lequel**
▶ **d'où** may replace **de** + **lequel**
▶ **quoi** refers to an indefinite antecedent
▶ **ce** + relative (meaning *what/that which*) used when relative would otherwise have no antecedent

le restaurant où nous avons dîné
le pays d'où il vient
C'est de quoi je me plains.
Ce qui me frappe, c'est le silence.
Je ne sais pas ce que je veux.
ce dont j'ai besoin...
ce à quoi je m'intéresse...

57. Celui qui, celui que, celui dont, etc. used
▶ in place of **ce** etc. + noun (e.g. *the one which*)
▶ as an indefinite antecedent (e.g. *those who*)

Quel pullover préférez-vous?
Celui que je viens d'essayer.
Ceux qui veulent être riches doivent travailler jour et nuit.

58. Tout as an antecedent is followed by **ce qui,** etc.

C'est tout ce que j'en sais.

F. Asking questions

59. Expecting the answer **oui/non** etc.
There are three main question patterns:
  a) Intonation only (very common in speech)

  b) **Est-ce que** at the start of the sentence
  c) Inversion of subject and verb (more formal)

Tu veux de la soupe?
Tu ne l'aimes pas?
Est-ce que tu veux du pain?
Voulez-vous du vin?
Ne l'aimes-tu pas?

60. Using a question word or question phrase
combien où quand depuis quand
comment pourquoi qui à quell heure
followed by inversion.
These words and **quoi** and **lequel** may be used alone.
Note use of **ça?**:

Quand arriveront-ils?
Combien d'argent avons-nous?
Qui avez-vous vu?
Je vais en ville. Quoi? Pourquoi?

J'ai vu André ce matin. Où ça?
Mon frère est allé en France. Quand ça?

what/which?
▶ **Qu'est-ce que** (no inversion)
▶ **Que** (with inversion)
▶ **Quel(le)(s)** with noun (with inversion)
▶ **Quoi** most often with prepositions (with inversion)
▶ **Lequel, laquelle,** etc. (with inversion)

Qu'est-ce que tu fais?
Que veux-tu?
Quel temps fait-il?
Avec quoi l'as-tu fait?

Laquelle (des motos) préférez-vous?

61. Inversion
▶ extra **-t-** may be required with third person singular to avoid juxtaposition of two vowels
▶ when noun is subject, use of pronoun may also be required

Comment viendra-t-il demain?
Va-t-elle au travail?

M. Petit, ne va-t-il pas en ville?
Pourquoi le docteur est-il parti?

62. No inversion
▶ in speech there is often no inversion after question words.
▶ no inversion after **est-ce que**

Où tu vas?
Comment tu t'appelles?
Pourquoi est-ce que tu es parti si tôt?

63. Question word + infinitive

Où aller? Comment payer l'addition?
Que faire? Pourquoi rentrer si tôt?
Pourquoi pas prendre un taxi?

G. Nouns

64. All French nouns, whether referring to persons or things, have either masculine or feminine gender. This affects the form of adjectives, pronouns and verbs used with them.

▸ some nouns have both masculine and feminine forms — un ami, une amie

le fermier, la fermière

▸ some may be masculine or feminine — un/une élève, un/une concierge

▸ some have only one gender, whether they refer to male or female — une personne (*male or female person*)

une victime (*male or female victim*)

un professeur (*male or female teacher*)

65. To form the plural of nouns, **s** is usually added to the singular form — une femme → des femmes

un enfant → des enfants

Note these exceptions:

▸ nouns ending in **s**, **x** or **z** do not change — bras, fils, gaz, noix

▸ some nouns ending in **-ou** add **x** — bijou, caillou, chou, genou

▸ most nouns ending in **-au**, **-eau** or **-eu** add **x** — joyau, château, chapeau, feu, lieu, gâteau

▸ most nouns ending in **-al** change to **-aux** — cheval, journal, animal

▸ some nouns ending in **-il** or **-el** change to **-aux** or **-eux** — travail (travaux), ciel (cieux), œil (yeux)

△ Note these exceptions which all add **s** — trou(s), pneu(s), bal(s), festival(s)

66. There are very complex rules for establishing the gender of French nouns. The following guidelines might prove helpful:

Feminine

▸ most nouns referring to female persons — la sœur, la mère

▸ most 'sciences' or fields of knowledge — l'histoire(f), la grammaire

▸ most nouns ending in **-esse**, **-euse** or **-elle** — la gentillesse, la chanteuse, la poubelle

▸ most nouns ending in **-ée** — une entrée, une idée,

[*But* le musée]

▸ abstract nouns ending in **-é** — la beauté, la clarté

[*But* le député, etc.]

▸ most nouns ending in **-tion** or **-sion** — une action, la collision

Masculine

▸ most nouns referring to male persons — le capitaine, le frère

[*But* la sentinelle, la recrue]

▸ most metals — le fer, l'acier(m)

▸ most trees and shrubs — le chêne, le peuplier

▸ most nouns ending in **-ès** or **-isme** — le procès, l'accès(m)

le communisme, le mécanisme

▸ most nouns ending in **-ment** or **-eau** — le gouvernement, le château

[*But* la jument, l'eau(f), la peau]

▸ most nouns with the suffix **-age** — le langage, le ménage

[*But* not when **-age** is not a suffix] — [la page, la rage, la nage, la plage, la cage, une image]

67. Note the following:
- ▶ sometimes French uses the plural where English uses the singular
- ▶ plural family names do not add **s**
- ▶ plurals of adjectival nouns add **s**
- ▶ plurals of other parts of speech do not add **s**
- ▶ in compound feminine nouns beginning with **grand-**, adjective does not change in plural

- ▶ in some compound nouns both adjective and noun become plural
- ▶ sometimes adjective retains its singular meaning
- ▶ **gens** is usually masculine
  But a preceding adjective is usually feminine plural

des forces, vos affaires, des progrès, mes bagages

les Dupont, les Renou
les arrivées, les nouveaux mariés
les pour et contre
les va-et-vient
la grand-mère, les grand-mères
la grand-rue, les grand-rues
[*But* le grand-père, les grands-pères]
le beau-frère, les beaux-frères
la belle-mère, les belles-mères
les chemins de fer
les timbres-poste
Ces gens sont intelligents.
[Ces vieilles gens sont intelligents.]

68. Collective nouns (e.g. **une foule, une troupe, une bande, une quantité, un groupe, un grand nombre**) followed by **de** and a plural noun may have either singular or plural verb.

    But if the collective is preceded by the definite article the verb is usually singular.

⚠ **la plupart de** + noun is plural

Un groupe de skieurs descendait (*or* descendaient) la pente.
Une foule de gens suivait (*or* suivaient) les cyclistes.

Le groupe d'enfants est parti.

La plupart des pommes sont vertes.

69. Some nouns have different meanings according to whether they are masculine or feminine.

le livre (*book*)
la livre (*pound*)

le critique (*critic*)
le livre (*book*)
le manche (*handle*)
le moule (*mould*)
le pendule (*pendulum*)
le poêle (*stove*)
le poste (*station – police, radio,* etc. *set – TV, radio*)
le somme (*snooze*)
le tour (*tour, turn, trick, circuit*)
le voile (*veil*)

la critique (*criticism*)
la livre (*pound, half-kilo*)
la manche (*sleeve*)
la moule (*mussel*)
la pendule (*clock*)
la poêle (*frying pan*)
la poste (*post office*)

la somme (*sum*)
la tour (*tower*)
la voile (*sail*)

H. Prepositions

70. The usage of prepositions does not correspond exactly with English usage. Phrases showing examples of unfamiliar usage should be noted, perhaps under the headings below.

Remember, in many cases, the preposition has no translatable meaning of its own, but acts merely as a grammatical link, for example before an infinitive (*see Section W on verb constructions*).

71. Many prepositions correspond to adverbs or conjunctions.

afin de (preposition)+infinitive
afin que (conjunction)+subjunctive

72. Meanings conveyed in English by a preposition are often contained in the verb or in a participle in French.

Il entra en courant. (*He ran in.*)
Votre entourage: ceux qui vous entourent.
   (*The people around you.*)
Je traversai le fleuve en nageant (à la nage).
   (*I swam across the river.*)

73. Some uses of **de**
▸ in adjectival phrases

un poste de télévision, une robe de soie, un chapeau de paille

▸ in adverbial phrases
▸ with **côté**
▸ meaning *with*
▸ with names of towns may not mean *from*

couvert de boue, bordé d'arbres, taché de sang
de ce côté, de l'autre côté, du côté de chez nous
de tout mon cœur, de toutes mes forces
le train de Paris (*the train to Paris*)
[le train depuis Paris (*the train from Paris*)]

74. Some uses of **à**
▸ indicating location or point of time or destination
▸ meaning *from/by*

à Nice, à midi, à la gare

à ce que j'ai vu (*from what I've seen*)
Je l'ai reconnu à son allure. (. . . *by his walk*)

▸ in adjectival phrases

un verre à vin (*a wine glass*)
[un verre de vin (*a glass of wine*)]

▸ with names of towns or cities meaning *to* or *in*
(*But* **dans** is more precise)
▸ with some verbs meaning *to take*, etc.

à Paris, à Londres

[dans Paris, dans la ville]
Il a volé le sac à la vieille.

75. Some uses of **en**
▸ for materials

une porte en bois
[*also* une porte de bois]

▸ denoting time *within* which . . .
▸ introducing the gerundive
▸ with feminine names of countries meaning *to* or *in*
[*But* with masculine names of countries use **au(x)**]

Je reviendrai en une semaine. (*within a week*)
Il est parti en courant.
en France

[au Canada, aux Etats-Unis]

76. Some uses of **other prepositions**
- **chez**
  - —meaning *to/at the house/shop/company of*

    Je vais chez les Dupont.
    chez le boulanger, chez Renault
  - —meaning *in the case of/among*

    Chez les Français la haute cuisine est très appréciée.
- **pour**
  - —indicating purpose

    Elle a regardé la carte pour voir où nous sommes.

    But usually omitted after **aller** and **venir**

    [Elle est venue nous voir.]
    [Je suis allé en ville faire les courses.]
  - —indicating destination

    Il est parti pour l'Afrique.
  - —indicating support

    Je suis pour les examens — toi, tu es contre.
- **par**
  - —used after verbs of starting and ending

    Il a commencé par la haïr — il a fini par l'aimer.
  - —used to introduce agent of passive

    La porte a été cassée par les étudiants.
- **après**
  - —used with perfect infinitive

    après avoir réussi son examen

⚠ Prepositions often repeated in French where not in English

pour moi et pour mon père
Il a décidé de partir et de prendre un taxi.

77. The use of **depuis, pendant, pour**
- **depuis** used for a period of time which started in the past and is still (or was still) continuing

  Il est à l'université depuis un an.
  Nous attendions depuis une demi-heure.

⚠ *only* with verbs in present or imperfect
- **pendant** used for time completed in the past
  Note **pendant** may often be omitted

  J'étais là pendant une heure de la discussion.
  Nous avons attendu dix minutes.
- **pour** used for a period of time to be completed in the future, or for a planned period, not necessarily completed

  Je vais en Corse pour trois mois demain.
  Je suis allé en Italie pour une année, mais j'ai dû rentrer après six mois.

78. Note these examples of prepositions used with verbs:

boire		to drink	
découper	**dans**	to cut out	from (out of)
prendre		to take	

parler		to speak	
s'habiller	**en**	to dress	as (a)

prendre		to take	
ramasser	**sur**	to pick up	from (off)

I. Adverbials

79. Regular formation of adverbs of manner add **-ment** (English *-ly*) to

▸ masculine singular form of an adjective ending in a vowel

▸ feminine singular of an adjective when masculine form ends in a consonant

▸ *But* adjectives ending in **-ant** or **-ent**

▸ long adjectives may form an adverbial phrase

▸ some adjectives are used as adverbs

⚠ Irregular adverbs

⚠ **vite** is an adverb

absolu — absolument
vrai — vraiment
(curieux) curieuse — curieusement
(lent) lente — lentement
brillant — brillamment
évident — évidemment
intéressant — d'une façon intéressante
difficile — avec difficulté
chanter faux/juste; parler haut/bas; sentir bon/mauvais; aller (tout) droit; coûter cher
bon — bien; meilleur — mieux;
mauvais — mal; pire — pis;
gentil — gentiment; bref — brièvement;
profond — profondément; gai — gaîment
Le train rapide va vite.

80. Adverbs usually follow the verb
But in compound tenses **vite, souvent** and **toujours** usually precede the past participle.

Il parlait couramment en russe.
Il a vite disparu.
Nous avons toujours aimé la France.

81. The **comparative** and **superlative** of adverbs are formed as for adjectives (*see paragraphs B24–25*)

⚠ usage in comparisons
    autant... **que** governs verb
    tant... **que** governs verb
    aussi... **que** governs adjective or adverb

plus doucement
le plus lentement possible

Il gagne autant que son père.
Il a tant travaillé qu'il est tombé malade.
Il est aussi grand que son père.
Il travaille aussi dur que moi.

82. Adverbial phrases and clauses

d'un air...
avec plaisir
sans espoir

83. Adverbs of place corresponding to prepositions

en face, à côté

84. Adverbial phrases of manner without preposition at head
Note adjectival phrases:

Il entra les mains dans les poches.
Il prononça son discours une cigarette aux lèvres.
la dame aux camélias
l'homme à la masque de fer

85. Adverbs which modify (e.g. intensify or approximate) meaning of other adverbs or of adjectives

très	trop	à peu près
tout (à fait)	assez	environ
complètement	peu	vers
fort	terriblement	soit
		disons

J. Conjunctions and links

86. Coordinating conjunctions join one or more main clauses to form compound (double or multiple) sentences.

et	puis	par conséquent
ou	donc	d'ailleurs
car	aussi	pourtant
mais	alors	etc.

87. Complex sentences consist of a main clause with one or more subordinate clauses. The latter are linked to the main clause by a conjunction or a relative pronoun

   (i) subordinate adjective clauses introduced by relative pronoun, including **dont** and **où**

   (ii) subordinate noun clauses introduced by **que** (statement or command) or by question words **où, qui, quand, pourquoi, comment**

   (iii) subordinate adverbial clauses introduced by conjunction

subordinating conjunctions

cause
  puisque parce que non que
  comme ce n'est pas que

purpose
  afin que de peur que pour que
  en sorte que de façon que

consequence
  de manière que à un tel point que

concessive
  bien que quoique quand même (+*conditional*)
  tout... que

comparison
  à mesure que autant que ainsi que comme

conditional
  si pourvu que supposé que

time
  lorsque quand dès que pendant que comme
  à peine (+*inversion*) jusqu'à ce que

place
  où que partout où

88. Subordinating conjunctions and relatives may cause the verb in the dependent clause to be in the subjunctive mood (*see Section 133*).

89. Subordinate clauses introduced by a conjunction (adverbial clauses) qualify the meaning of the main clause in the same way as adverbs of manner or comparison, time, place, cause or reason, consequence, purpose or effect, opposition, concession, condition.

90. Instead of repeating a conjunction, we may use **que**.

Bien que le temps soit mauvais et
  que tu sois pressé, tu devrais attendre.

Grammar summary

The remaining sections of the Grammar Summary deal with verbs.
(*see also Verb Tables pages 176–179*).

K. Talking about the future

91. There are three common ways of talking
about what is going to happen:
a) the future tense
(formed by retaining final **r** of infinitive
and adding endings of present tense of
avoir)

Je commencerai à neuf heures.
Ils prendront leur café au bar.

Many verbs have irregular stems in the
future tense; none have irregular endings.

je viendrai... tu seras... il enverra...
nous ferons... vous aurez... ils iront...

b) the 'immediate future tense' (present tense
of **aller**+infinitive)

Nous allons partir tout de suite?
On va voir.

c) the present tense
(As in English, often used in speech for near
future)

Tu viens au cinéma ce soir?
Mes parents partent en vacances demain.

92. Use the future tense after **quand, lorsque, dès
que, aussitôt que** when referring to future
(in English we use the present tense).

Je viendrai te voir dès que je serai prêt.
Lorsque j'aurai assez d'argent, j'achèterai une
moto.

Where English uses the perfect tense when
referring to future, French uses the future
perfect tense.

Je te verrai quand j'aurai fini.
(*I'll see you when I've finished.*)
Nous partirons aussitôt que Jean sera arrivé.

93. The future may also indicate probability,
supposition or hearsay.

Il est déjà 8h. Jean doit être ici. Il aura oublié
notre invitation sans doute.
Il y aura une vingtaine de morts, selon la radio.

L. Talking about the present

94. French uses the present indicative to express
▸ what is happening now
▸ what does happen (sometimes)
▸ a present state (which started in the past but
will continue into the future)

En ce moment j'écoute un disque.
On va à l'école cinq jours par semaine.
L'église se trouve sur la place.

95. être en train de+infinitive is used of actions
which are being carried on at the present
time

Je suis en train de faire mes devoirs.
Les Dupont sont en train de dîner.
...(*in the middle of*) *having dinner.*

96. depuis+present tense used for actions
started in the past but still going on

Je suis ici depuis une heure.
I've been here an hour (and still am).
Marie travaille à la banque depuis vingt ans.

il y a and **voilà** are used similarly to **depuis**

Voilà/il y a deux ans que j'habite ici.
(*I've lived here for two years.*)

(Note also **il y a**=*ago*)

[il y a longtemps (*long ago*)]
[il y a une semaine (*a week ago*)]

M. Talking about the past

97. The imperfect indicative is used
▶ to describe past states
(English: *was/were* + description)
▶ to describe what used to happen or often happened
▶ of an action interrupted by another action
(English: *was/were* + *-ing*)
(Formed by adding endings to stem of the 'nous' form of the present tense. There are no irregular endings and only **être** has an irregular stem.)

Il faisait beau ce matin-là.
Les arbres étaient très beaux.
Quand j'étais jeune je voyageais beaucoup.

Je parlais à mes amis quand tu es entré.

98. Note the use of:
▶ **depuis** + the imperfect tense
(English: *had been*)
▶ **être en train de** in the imperfect tense
(English: *was/were* + *-ing*)
▶ **aller** in the imperfect + infinitive
(English: *was/were going to*)
▶ imperfect tense of **venir de** means *had just* ...

But present tense of **venir de** means *to have just* ...

J'attendais depuis une heure, quand il est arrivé.
(*I had been waiting an hour* ...)
Elle était en train de lire.
(*She was (busy) reading.*)
Il allait partir en vacances demain mais il est tombé malade.
Jean-Luc venait de partir.
(*... had just left.*)
Mon père vient d'arriver.
(*My father has just arrived.*)

99. The perfect tense (formed from the present tense of **avoir** or **être** + past participle) used for:
▶ an action completed in the past (recent or distant)

▶ a repeated action in the past over a defined period

Je suis arrivé lundi. J'ai fini mon vin.
Nous nous sommes bien amusés en vacances l'année dernière.
Quand j'étais en vacances j'ai déjeuné chaque jour au même restaurant.

100. The past historic (passé simple) replaces the perfect in formal style; very rare in speech or letters. Mostly found in books, newspapers, etc.

Le roi mourut à Paris.
Ils arrivèrent de bonne heure.

101. The pluperfect tense (formed from imperfect tense of **avoir** or **être** + past participle) describes what had happened before the main action took place.

Elle s'est installée à la table. J'avais (déjà) commandé les cafés. (*...had (already) ordered*)
Je suis arrivé à sept heures, mais André était (déjà) parti. (*...had (already) left*)

102. After **quand, lorsque, aussitôt que, dès que, après que, à peine** instead of the pluperfect use:
▶ the **past anterior** when main narrative is in the past historic (formed from the past historic of **avoir** or **être** + past participle)

▶ the **passé surcomposé** when main narrative is in the perfect (formed from perfect tense of **avoir** or **être** + past participle)

Quand il eut fini son dîner, tout le monde partit.
Lorsqu'il fut rentré sa femme lui demanda où il avait été.
A peine fus-je arrivé que mon père commença à me gronder.
Dès qu'il a eu fini, nous sommes sortis.
Aussitôt qu'il a été sorti, on a fermé la porte à clé.

103. The past participle

In all compound tenses the past participle agrees in one of three ways:

a) with verbs conjugated with **avoir**, past participle agrees with a preceding direct object

▶ in a relative clause (when **que** precedes the subject) Tu as cassé la tasse que je t'ai donnée.

▶ when there is a pronoun direct object Voici ma montre! Je l'ai trouvée.

▶ when **combien** or **quel(le)(s)** stands in front of the verb Combien de voitures as-tu vues?
Quels gâteaux as-tu choisis?

But

—no agreement with **en** Des disques? J'en ai acheté beaucoup.
—no agreement with impersonal verbs les orages qu'il a fait, les luttes qu'il y a eu
—no agreement with expressions of measure, time and distance les 20 francs que ce livre m'a coûté
les trois mois qu'il a habité Paris
les milles que j'ai couru

b) with verbs of motion conjugated with **être**, past participle acts like an adjective and agrees with the subject Nous sommes allés en ville hier.
Marie est arrivée en retard ce matin.

c) with reflexive verbs past participle agrees with direct object i.e. reflexive pronoun Les garçons se sont levés de bonne heure.

Note there is no agreement when the object follows the verb (i.e. reflexive pronoun is **not** direct object) Elle s'est cassé la jambe.
Ils se sont lavé les mains.

104. When **monter, sortir, descendre** and **rentrer** have transitive meaning of *taking* or *carrying something* they are conjugated with **avoir**. J'ai monté les valises.
Elle a descendu les ordures.

105. French often uses the past participle where English has the present participle. agenouillé (*kneeling*)
assis (*sitting*)

106. Past participle used instead of a clause Le repas fini, il est parti.
(*When the meal was over...*)

N. The present participle

107. Formation: add **-ant** to the stem of the 'nous' form of the present tense parl(ons) — parlant
finiss(ons) — finissant
vend(ons) — vendant
fais(ons) — faisant

▶ used adjectivally with agreement l'eau courante (*running water*)
▶ used instead of an adverbial clause Il s'est blessé en coupant du bois.
(*... while he was cutting wood* and also *by, in, on... -ing*)

▶ used instead of a relative clause On aime les enfants obéissant à leurs parents.
(*... who obey ...*)

But use the infinitive with verbs of perception [J'entends sonner le téléphone.]
[Je l'ai entendu chanter.]
[Tu les vois arriver?]

O. Reflexive verbs

108. French reflexive or pronominal verbs are of three types:

▶ true reflexives, i.e. action performed on one-self

Je me suis couché.

▶ reciprocal (often used with **l'un l'autre**)

Ils se sont battus.
Je me souviens de mes vacances.

▶ formal, without reflexive or reciprocal meaning

⚠ Some of these verbs always have a pronominal form, others may be either reflexive or transitive

Il s'arrêta de la frapper.
Il arrêta les voleurs.

P. Passive Voice

109. The passive is formed with **être** and the past participle of a transitive verb.

Le chien l'a mordu. (*active*)
Il a été mordu par le chien. (*passive*)

French may avoid the use of the passive by use of:

▶ reflexives

▶ impersonal expressions

Ça se voit et ça s'entend.
Ses disques se vendent partout.
Il faut cueillir ces fleurs tout de suite. (*... must be picked ...*)

▶ **on**

On m'a volé mon argent. (*... was stolen*)

▶ an active infinitive

Ce devoir est à refaire. (*...is to be done again*)

⚠ The indirect object **never** becomes the subject in the passive voice — in these sentences avoid the passive (even though English often uses it).

On m'a dit de partir. (*I was told ...*)
On leur a donné de l'argent. (*They were given ...*)

Q. Using the conditional

110. Conditional sentences in French correspond to those in English.
Note usage with **si**.

▶ si + present, with present in main clause

Si j'ai le temps, je fais toujours un tour avant le dîner.

▶ si + present, with future in main clause

Si je peux, je vous aiderai.

▶ si + imperfect, with conditional in main clause (formed by adding imperfect endings to future stem)

Si j'étais vous, je ne ferais pas ça.

▶ si + pluperfect, with conditional perfect in main clause (formed from the conditional of **avoir** or **être** and past participle)

Si j'avais su que tu étais là, j'aurais essayé de venir plus tôt.
Si j'avais su que tu étais là, je serais venu plus tôt.

111. The conditional is used for reports of which the speaker doubts the authenticity

Les Martiens auraient atterri en Bretagne.

R. The infinitive

112. Whenever possible the infinitive preceded by a preposition (or prepositional phrase) replaces the subordinate clause when the subjects in both clauses would otherwise be the same.

Après être partie, elle a téléphoné.
(*instead of:* Après qu'elle a été partie, elle a téléphoné.)
avant de partir
pour mieux entendre
sans l'avoir vu

113. Used after prepositions and prepositional phrases **à, de, sans, pour, par**

J'hésite à le dire.
J'ai décidé d'y aller.
Elle est partie sans me parler.
Il a acheté ce pull pour l'offrir à sa femme.
Il a fini par se décider.

But not after **en**

[Il est descendu en courant.]

114. Used after verbs of perception.

J'ai entendu siffler le train.
Tu le vois arriver?

115. Used to replace the imperative in notices, recipes, etc. and for warnings (negative)

D'abord, peindre la boîte.
Ensuite, la mettre sur la table.
Ne pas marcher sur le gazon.

116. French may use an active infinitive where English requires the passive

Ce devoir est à refaire.
C'est une femme à plaindre.

S. Giving instructions and making suggestions

117. The imperative is used for instructions, commands, suggestions, requests

Donne-moi du pain.
Ouvrez la porte, s'il vous plaît.
Allons chercher un taxi.

118. The infinitive may be used for notices, recipes, etc., and for warnings (negative)

Préparer les légumes pour la soupe...
Ne pas confondre avec l'impératif...

119. Instructions or suggestions may be conveyed in other ways, e.g. by tentative expressions

Si on allait au restaurant...
Pourquoi pas l'inviter pour ce soir?
'Messieurs les voyageurs sont priés de bien vouloir prendre leur place...'
On invite Claire?
Vous voulez...? Vous ne voudriez pas...?
On pourrait... Tu vas...?

T. Reporting what was said

120. In reported speech French usage is similar to English
  ▸ first person becomes third person
  ▸ the present becomes imperfect
  ▸ the future becomes conditional
  ▸ the perfect becomes pluperfect
  ▸ the future perfect becomes conditional perfect
  ▸ the immediate future (present + infinitive) becomes imperfect + infinitive

'Nous sommes prêts'. Ils ont dit qu'ils étaient prêts.
'J'entre.' Il a dit qu'il entrait.
'Je viendrai.' Il a dit qu'il viendrait.
'J'ai parlé.' Il a dit qu'il avait parlé.
'J'aurai fini dans trois jours.' Il a dit qu'il aurait fini dans trois jours.
'Je vais partir.' Il a dit qu'il allait partir.

▶ **aujourd'hui** becomes **ce jour-là**
▶ **hier** becomes **la veille** or **le jour avant**
▶ **demain** becomes **le lendemain**
▶ questions requiring **oui/non** answers use **si**
▶ other questions require no inversion (omit **est-ce que**)

▶ **qu'est-ce qui** becomes **ce qui**

 qu'est-ce que becomes **ce que**

Il a dit qu'il l'avait vu ce jour-là.
Il a dit qu'elle était partie le jour avant.
Il a dit qu'il partirait le lendemain.
'Vas-tu en ville?' Il m'a demandé si j'allais en ville.
'Où allez-vous?' Il a demandé où ils allaient.
'Pourquoi est-ce que tu ris?' On m'a demandé pourquoi je riais.
'Qu'est-ce qui vous intéresse?' Il nous a demandé ce qui nous intéressait.
'Qu'est-ce que tu veux?' Il m'a demandé ce que je voulais.

U. Auxiliaries

121. In addition to **avoir, être, aller** and **faire, pouvoir, devoir, savoir, vouloir** are used as auxiliaries.

122. Note the following uses of **pouvoir**
▶ *could (was able)* is usually imperfect but may be perfect

▶ *could (would be able)*
▶ *could have (would have been able)*
▶ *can (will be able)*
▶ *can (am able)*

Je ne pouvais pas le lire.
Je n'ai pas pu arriver à temps. (*I didn't manage to arrive in time.*)
Je pourrais le faire si je voulais.
J'aurais pu le faire, si j'avais eu le temps.
Je pourrai le faire demain.
Je peux venir tout de suite.

123. Note the following uses of **devoir**
▶ *must (have to)*
▶ *must (will have to)*
▶ *must have (had to)*
▶ *ought to/should*
▶ *ought to have/should have*

Je dois partir tout de suite.
Je devrai partir à cinq heures.
Il a dû partir ce matin.
Je devrais faire mes devoirs, mais je préfère lire.
J'aurais dû faire mes devoirs ce matin, mais j'ai oublié.

124. Note the following uses of **vouloir**
▶ conditional: *should like*
▶ past conditional: *should have liked/should like to have*

On dit que ce film est très bon. Je voudrais le voir!
Mais le film est fini. Zut! J'aurais voulu le voir!

125. Savoir is sometimes used when English uses *can*

Je ne saurais vous le dire. (*I couldn't tell you.*)
Je sais jouer au tennis. (*I can=I know how to play ...*)
[*But* Je ne peux pas jouer au tennis aujourd'hui. (*I cannot=I am unable to play today.*)]

126. *Can* is often not translated with verbs of perception

Tu les vois? (*Can you see them?*)
Je l'entends partir. (*I can hear her leaving.*)
Je ne comprends pas. (*I can't understand.*)

127. Faire and **rendre**
▶ **Faire** as an auxiliary is used with verbs and nouns
▶ **Rendre** as an auxiliary is used with adjectives

Les feuilletons à la télé me font dormir.
La manifestation a fait de lui un héros.
Les asperges me rendent malade.

128. (Se) faire + infinitive
- ▸ **Faire** + infinitive = *to have something done, to cause to happen*
- ▸ **Se faire** + infinitive = *to have something done (to or for oneself)*

Faites-la entrer.
Il faut faire réparer l'ordinateur.
Je vais me faire coiffer.

V. Using the subjunctive

129. The subjunctive is a mood of the verb, which means that it often represents a personal attitude to events.

It is helpful to look for certain signals: if the emphasis is on the attitude or feelings of the speaker, the subjunctive may be required. If the stress is on fact, rather than on doubt or speculation. the indicative is more likely.

130. Formation of subjunctive:
(*see Verb Tables pp. 176–179*)
- ▸ Present subjunctive (of regular verbs)
  Stem: 3rd Person plural present indicative stem
  Endings: **-e; -es; -e; -ions; -iez; -ent**

  ils finissent → que je finisse
  ils prennent → que je prenne

- ▸ Perfect subjunctive (of all verbs) formed from present subjunctive of **avoir** or **être** + past participle

  que j'aie fini
  que tu sois parti

- ▸ Imperfect subjunctive (of regular verbs) formed from the past historic (most common in the 3rd person)

  (je donnai) qu'il donnât, qu'ils donnassent
  (je rendis) qu'il rendît, qu'ils rendissent
  (je reçus) qu'il reçût, qu'ils reçussent

131. Verbs and expressions signalling the subjunctive
- ▸ wishing/desiring/expecting

  Je souhaite qu'il puisse sortir ce soir.
  Je voudrais qu'elle parte tout de suite.
  Je préfère que vous restiez là.
  [*But* J'espère qu'elle sortira ce soir.]

- ▸ commanding/willing/requesting
- ▸ prohibiting

  Je veux qu'il s'en aille tout de suite.
  Je ne veux pas qu'il parte demain.
  Je défends qu'elle parte.

- ▸ doubting

  Je doute qu'il aille au match.
  Je ne crois pas qu'elle soit là.

- ▸ fearing (with **ne**)/expecting

  J'ai peur qu'il ne vienne trop tard.
  Je crains qu'elle ne fasse cela.

- ▸ regretting
- ▸ being surprised/pleased

  Je regrette qu'il ne puisse pas sortir.
  Je suis content qu'il puisse rester.
  Je suis heureux que vous restiez.
  Ça me plaît que tu puisses nous accompagner.
  Je suis triste que tu ne puisses pas rester.

⚠ **croire** and **penser** are followed by the subjunctive only when used negatively or interrogatively

  Je ne pense pas qu'il soit ici.
  Crois-tu qu'il puisse rester?
  [*But* Moi, je crois qu'il sera ici à midi.]

132. Impersonal signals
- ▶ expressing uncertainty or improbability

Il se peut que tu ailles avec nous.
Il est possible qu'elle vienne demain.
Il n'est pas probable qu'elle fasse cela.
[*But* Il est probable qu'elle partira ce soir.]
[*and* Il me semble/il paraît qu'il ira aussi.]

- ▶ expressing obligation

Il faut que tu viennes avec nous.
Il faudrait qu'elle parte.
Il est nécessaire que nous allions.

- ▶ expressing desirability, regret etc.

Il vaudrait mieux/c'est dommage que tu partes.

133. Conjunction signals
- ▶ of time

Je vais le répéter jusqu'à ce qu'Anne comprenne.
J'écoute des disques avant qu'il ne parte.
Je mange en attendant que vous partiez.

- ▶ of purpose

J'ai acheté un billet afin qu'elle puisse nous accompagner.
J'ai expliqué pour que tu comprennes.
J'ai regardé la carte, de sorte que je puisse trouver le chemin.

But not of result

[J'ai perdu la carte, de sorte que je me suis désorienté.]

- ▶ fearing (with **ne**)
- ▶ condition
- ▶ concession, reservation

J'attends de peur qu'il ne parte.
J'irai en ville pourvu qu'il vienne aussi.
Je n'aime pas Anne, quoiqu'elle soit riche.
Je l'ai regardé sans qu'il le sache.

134. Superlative signals
- ▶ with **que**

C'est le meilleur professeur que je connaisse.
C'est la dernière fois que je fasse cela.

- ▶ with **qui**

Pour la moindre raison qui soit.
C'est le plus jeune homme qui sache le faire.

- ▶ with **où**

C'est le seul pays où il soit le bienvenu.

135. Indefinite expressions (where there is a sense of uncertainty)

Je cherche un mécanicien qui sache réparer une moto anglaise.
Y a-t-il un homme ici qui puisse faire cela?
Nous avons besoin d'une secrétaire qui sache traduire l'allemand.

136. Main clause signals
- ▶ expressing a wish

Vive la République!
Qu'il parte tout de suite!

- ▶ expressing instructions, requests, etc., after **avoir, être, savoir, vouloir** (which have no proper imperative)

Ayez la bonté de me faire savoir...
Soyez sages!
Sachez qu'il est revenu hier.
Veuillez accepter mes félicitations.

137. Avoiding the subjunctive
▸ use the infinitive to replace the subordinate clause when the subjects in both clauses would otherwise be the same

Je veux faire cela.
Je suis content de vous voir ici.
(Je suis content que vous soyez ici.)

▸ use a preposition or prepositional phrase with an infinitive instead of using a conjunction

avant de parler
afin de mieux entendre
pour mieux comprendre
de crainte/peur de tomber malade
sans le savoir
sans l'avoir voulu

▸ after impersonal verbs use the infinitive

Il me faut partir.
(Il faut que je parte.)

▸ use a noun instead of a verb

Je partirai avant son arrivée/départ.
(Je partirai avant qu'il ne vienne/parte.)
Malgré votre aide...
(Bien que vous nous aidiez...)

W. Verb constructions

138. There are many differences in verb constructions between English and French. The main classes are listed here. Remember, you have to distinguish:
▸ usage of verb + infinitive
  e.g. verb + no preposition + infinitive
  verb + **à** + infinitive

Je compte passer une quinzaine à Paris.
Je vais continuer à chercher.

▸ usage of verb with object
  e.g. verb + direct object
  verb + indirect object

Elle attend ses amis.
Il faut obéir à ses chefs.

▸ usage of verb with object(s) and infinitive

J'ai conseillé à Marc d'aller aux Etats-Unis.

139. Verbs which govern the infinitive without a preposition

aimer	envoyer	pouvoir
aller	espérer	préférer
compter	falloir	savoir
courir	monter	sortir
désirer	oser	venir
devoir	penser	vouloir

140. Verbs which take a direct object + infinitive without preposition (especially verbs of perception)

apercevoir	faire	sentir
écouter	laisser	voir
entendre	regarder	

141. Verbs followed by **à** + infinitive

s'amuser	se décider	s'occuper
apprendre	s'engager	parvenir
s'attendre	exceller	persévérer
avoir	s'habituer	persister
se borner	hésiter	se préparer
chercher	insister	renoncer
commencer	s'intéresser	réussir
consentir	se mettre	songer
continuer	s'obstiner	

142. Verbs followed by direct object + **à** + infinitive

aider	forcer	obliger
autoriser	inciter	passer (son temps)
condamner	inviter	provoquer
encourager		

143. Verbs followed by **de** + infinitive

s'arrêter	décider	oublier
avoir besoin	essayer	se plaindre
avoir envie	finir	tâcher
cesser	être fâché	remercier
se charger	menacer	se souvenir
se dépêcher	être obligé	refuser

144. Verbs followed by direct object + **de** + infinitive

avertir	persuader	remercier
empêcher	prier	

145. Verbs followed by indirect object + **de** + infinitive

commander	dire	promettre
conseiller	ordonner	proposer
défendre	pardonner	
demander	permettre	

146. Verbs which take a direct object in French, but not in English

attendre	écouter	payer
chercher	habiter	regarder
demander		

147. Verbs which take an indirect object in French, but not in English

s'adresser	jouer	répondre
convenir	obéir	ressembler
se fier	plaire	téléphoner

148. Verbs which take **de** before the object

s'apercevoir	s'emparer	se méfier
s'approcher	jouir	se moquer
dépendre	jouer	se tromper
(se) douter	manquer	

149. Verbs with direct object and indirect object include verbs of giving, as in English, but also verbs of taking, etc.

donner	prêter	vendre
cacher	échapper	prendre
cueillir	emprunter	
demander	louer	

Verb tables

Regular Verbs

A -ER

INFINITIF : donner *to give*

		PRESENT	IMPARFAIT	FUTUR	CONDITIONNEL	PASSE SIMPLE	PRESENT DU SUBJONCTIF
PARTICIPE PRESENT **donnant**	je	donn|e	donn|ais	donner|ai	donner|ais	donn|ai	donn|e
	tu	es	ais	as	ais	as	es
	il	e	ait	a	ait	a	e
	elle	e	ait	a	ait	a	e
IMPERATIF **donne**	nous	ons	ions	ons	ions	âmes	ions
donnons	vous	ez	iez	ez	iez	âtes	iez
donnez	ils	ent	aient	ont	aient	èrent	ent
	elles	ent	aient	ont	aient	èrent	ent

PARTICIPE PASSE		PASSE COMPOSE		PLUS-QUE-PARFAIT		FUTUR ANTERIEUR		CONDITIONNEL ANTERIEUR	
donné	j'	ai	donné	av|ais	donné	aur|ai	donné	aur|ais	donné
	tu	as		ais		as		ais	
	il	a		ait		a		ait	
	elle	a		ait		a		ait	
	nous	avons		ions		ons		ions	
	vous	avez		iez		ez		iez	
	ils	ont		aient		ont		aient	
	elles	ont		aient		ont		aient	

B -IR

INFINITIF : finir *to finish*

		PRESENT	IMPARFAIT	FUTUR	CONDITIONNEL	PASSE SIMPLE	PRESENT DU SUBJONCTIF
PARTICIPE PRESENT **finissant**	je	fin|is	finiss|ais	finir|ai	finir|ais	fin|is	finiss|e
	tu	is	ais	as	ais	is	es
	il	it	ait	a	ait	it	e
	elle	it	ait	a	ait	it	e
IMPERATIF **finis**	nous	issons	ions	ons	ions	îmes	ions
finissons	vous	issez	iez	ez	iez	îtes	iez
finissez	ils	issent	aient	ont	aient	irent	ent
	elles	issent	aient	ont	aient	irent	ent

PARTICIPE PASSE		PASSE COMPOSE		PLUS-QUE-PARFAIT		FUTUR ANTERIEUR		CONDITIONNEL ANTERIEUR	
fini	j'	ai	fini	av|ais	fini	aur|ai	fini	aur|ais	fini
	tu	as		ais		as		ais	
	il	a		ait		a		ait	
	elle	a		ait		a		ait	
	nous	avons		ions		ons		ions	
	vous	avez		iez		ez		iez	
	ils	ont		aient		ont		aient	
	elles	ont		aient		ont		aient	

C -RE

INFINITIF : vendre *to sell*

		PRESENT	IMPARFAIT	FUTUR	CONDITIONNEL	PASSE SIMPLE	PRESENT DU SUBJONCTIF
PARTICIPE PRESENT **vendant**	je	vend|s	vend|ais	vendr|ai	vendr|ais	vend|is	vend|e
	tu	s	ais	as	ais	is	es
	il		ait	a	ait	it	e
	elle		ait	a	ait	it	e
IMPERATIF **vends**	nous	ons	ions	ons	ions	îmes	ions
vendons	vous	ez	iez	ez	iez	îtes	iez
vendez	ils	ent	aient	ont	aient	irent	ent
	elles	ent	aient	ont	aient	irent	ent

PARTICIPE PASSE		PASSE COMPOSE		PLUS-QUE-PARFAIT		FUTUR ANTERIEUR		CONDITIONNEL ANTERIEUR	
vendu	j'	ai	vendu	av|ais	vendu	aur|ai	vendu	aur|ais	vendu
	tu	as		ais		as		ais	
	il	a		ait		a		ait	
	elle	a		ait		a		ait	
	nous	avons		ions		ons		ions	
	vous	avez		iez		ez		iez	
	ils	ont		aient		ont		aient	
	elles	ont		aient		ont		aient	

D Verbs of motion conjugated with 'être'

INFINITIF: **aller** *to go*

		PASSE COMPOSE			PLUS-QUE-PARFAIT			FUTUR ANTERIEUR			CONDITIONNEL ANTERIEUR	
je (j')	suis	all	é(e)	ét	ais	all	é(e)	ser	ai	all	é(e)	ser	ais	all	é(e)
tu	es		é(e)		ais		é(e)		as		é(e)		ais		é(e)
il	est		é		ait		é		a		é		ait		é
elle	est		ée		ait		ée		a		ée		ait		ée
nous	sommes		é(e)s		ions		é(e)s		ons		é(e)s		ions		é(e)s
vous	êtes		é(e)(s)		iez		é(e)(s)		ez		é(e)(s)		iez		é(e)(s)
ils	sont		és		aient		és		ont		és		aient		és
elles	sont		ées		aient		ées		ont		ées		aient		ées

like aller	arriver descendre entrer	monter mourir naître	partir rester retourner	sortir tomber venir and compounds	N.B. these verbs and their compounds are conjugated with avoir when they have a direct object: **descendre; entrer; monter; sortir.**

E Reflexive verbs

INFINITIF: **se laver** *to wash*

	PRESENT			FUTUR		PASSE COMPOSE				PLUS-QUE-PARFAIT			
PARTICIPE PRESENT me lavant etc.	je	me	lav	e	me	lav	er	ai	je	me	suis	lav	é(e)	je	m'	ét	ais	lav	é(e)

PARTICIPE PRESENT
me lavant etc.

IMPERATIF
lave-toi
lavons-nous
lavez-vous

je	me	lav e	me	laver ai	je	me	suis	lav é(e)	je	m	ét ais	lav é(e)
tu	te	es	te	as	tu	t'	es	é(e)	tu	t'	ais	é(e)
il	se	e	se	a	il	s'	est	é	il	s'	ait	é
elle	se	e	se	a	elle	s'	est	ée	elle	s'	ait	ée
nous	nous	ons	nous	ons	nous	nous	sommes	é(e)s	nous	nous	ions	é(e)s
vous	vous	ez	vous	ez	vous	vous	êtes	é(e)(s)	vous	vous	iez	é(e)(s)
ils	se	ent	se	ont	ils	se	sont	és	ils	s'	aient	s
elles	se	ent	se	ont	elles	se	sont	ées	elles	s'	aient	ées

F -ER verbs with stem changes

i) acheter (*to buy*) requires è when the following syllable contains mute e.

PRESENT (INDICATIF ET SUBJONCTIF)	FUTUR ET CONDITIONNEL	
j'achète	j'achèterai	j'achèterais
tu achètes	tu achèteras	tu achèterais
il achète	il achètera	il achèterait
	nous achèterons	nous achèterions
	vous achèterez	vous achèteriez
ils achètent	ils achèteront	ils achèteraient

like **acheter**: lever; mener; semer and compounds

ii) appeler (*to call*) requires ll when the following syllable contains mute e.

PRESENT (INDICATIF ET SUBJONCTIF)	FUTUR ET CONDITIONNEL	
j'appelle	j'appellerai	j'appellerais
tu appelles	tu appelleras	tu appellerais
il appelle	il appellera	il appellerait
	nous appellerons	nous appellerions
	vous appellerez	vous appelleriez
ils appellent	ils appelleront	ils appelleraient

like **appeler**: jeter and compounds.

iii) espérer (*to hope*) requires è before mute endings.

PRESENT (INDICATIF ET SUBJONCTIF)
j'espère
tu espères
il espère
ils espèrent

like **espérer**: considérer; différer; s'inquiéter; libérer; pénétrer; préférer; protéger; régler; répéter; révéler; sécher.

iv) nettoyer (*to clean*) requires i before a syllable containing mute e.

PRESENT (INDICATIF ET SUBJONCTIF)	FUTUR ET CONDITIONNEL	
je nettoie	je nettoierai	je nettoierais
tu nettoies	tu nettoieras	tu nettoierais
il nettoie	il nettoiera	il nettoierait
	nous nettoierons	nous nettoierions
	vous nettoierez	vous nettoieriez
ils nettoient	ils nettoieront	ils nettoieraient

like **nettoyer**: employer; envoyer (futur j'enverrai); appuyer; ennuyer; essuyer.

In verbs ending in -ayer, e.g. essayer, payer, the change is optional: je paie or je paye.

v) manger (*to eat*) requires ge before o or a

e.g. PRESENT (INDICATIF) nous mangeons	IMPARFAIT je mangeais	PASSE SIMPLE je mangeai

like **manger**: bouger; changer; charger; déranger; diriger; loger; nager; obliger; protéger; ranger.

vi) commencer (*to begin*) requires ç before o or a

e.g. PRESENT (INDICATIF) nous commençons	IMPARFAIT je commençais	PASSE SIMPLE je commençai

like **commencer**: annoncer; avancer; lancer; menacer; prononcer; remplacer.

G Common irregular verbs

INFINITIF ET PARTICIPE PRESENT	IMPERATIF	PRESENT	IMPARFAIT	FUTUR ET CONDITIONNEL	PASSE SIMPLE	PRESENT DU SUBJONCTIF	PASSE COMPOSE
aller allant *to go*	**va** allons allez	**vais** allons **vas** allez **va** **vont**	allais	**irai** **irais**	allai	**aille** allions **ailles** alliez **aille** **aillent**	suis **allé(e)**
s'asseoir asseyant *to sit down*	assieds-toi asseyons-nous asseyez-vous	**assieds asseyons** **assieds asseyez** **assied** **asseyent**	asseyais	**assiérai** **assiérais**	assis	asseye asseyions asseyes asseyiez asseye asseyent	suis **assis(e)**
avoir ayant *to have*	**aie** **ayons** **ayez**	**ai** avons **as** avez **a** **ont**	avais	**aurai** **aurais**	eus	**aie** ayons **aies** ayez **ait** **aient**	ai **eu**
boire buvant *to drink*	bois buvons buvez	bois **buvons** bois **buvez** boit **boivent**	buvais	boirai boirais	**bus**	boive **buvons** boives **buviez** boive boivent	ai **bu**
conduire conduisant *to drive*	conduis conduisons conduisez	conduis **conduisons** conduis **conduisez** conduit **conduisent**	conduisais	conduirai conduirais	**conduisis**	conduise conduisions conduises conduisiez conduise conduisent	ai **conduit**
connaitre connaissant *to know*	connais connaissons connaissez	**connais connaissons** **connais connaissez** connait **connaissent**	connaissais	connaitrai connaitrais	**connus**	connaisse connaissions connaisses connaissiez connaisse connaissent	ai **connu**
courir courant *to run*	cours courons courez	**cours courons** **cours courez** **court courent**	courais	**courrai** **courrais**	**courus**	coure courions coures couriez coure courent	ai **couru**
craindre craignant *to fear*	crains craignons craignez	**crains craignons** **crains craignez** **craint craignent**	craignais	craindrai craindrais	**craignis**	craigne craignions craignes craigniez craigne craignent	ai **craint**
croire croyant *to believe*	crois croyons croyez	crois croyons crois croyez croit croient	croyais	croirai croirais	**crus**	croie **croyions** croies **croyiez** croie croient	ai **cru**
devoir devant *to have, owe*	dois devons devez	**dois** devons **dois** devez **doit** **doivent**	devais	**devrai** **devrais**	**dus**	doive **devions** doives **deviez** doive doivent	ai **dû**
dire disant *to say, tell*	dis disons dites	dis **disons** dis **dites** dit **disent**	disais	dirai dirais	**dis**	dise disions dises disiez dise disent	ai **dit**
dormir dormant *to sleep*	dors dormons dormez	**dors dormons** **dors dormez** **dort dorment**	dormais	dormirai dormirais	dormis	dorme dormions dormes dormiez dorme dorment	ai dormi
écrire écrivant *to write*	écris écrivons écrivez	écris **écrivons** écris **écrivez** écrit **écrivent**	écrivais	écrirai écrirais	**écrivis**	écrive écrivions écrives écriviez écrive écrivent	ai **écrit**
s'enfuir enfuyant *to flee*	enfuis-toi enfuyons-nous enfuyez-vous	enfuis **enfuyons** enfuis **enfuyez** enfuit **enfuient**	enfuyais	enfuirai enfuirais	enfuis	enfuie **enfuyions** enfuies **enfuyiez** enfuie enfuient	suis enfui(e)
envoyer envoyant *to send*	envoie envoyons envoyez	envoie envoyons envoies envoyez envoie envoient	envoyais	**enverrai** **enverrais**	envoyai	envoie **envoyions** envoies **envoyiez** envoie envoient	ai envoyé
être étant *to be*	**sois** **soyons** **soyez**	**suis sommes** **es** **êtes** **est sont**	**étais**	serai serais	**fus**	**sois soyons** **sois soyez** **soit soient**	ai **été**
faire faisant *to do, make*	fais faisons faites	fais **faisons** fais **faites** fait **font**	faisais	**ferai** **ferais**	**fis**	**fasse fassions** **fasses fassiez** **fasse fassent**	ai **fait**
falloir *to be necessary*		il **faut**	il fallait	il **faudra** il **faudrait**	il **fallut**	il **faille**	il a **fallu**
lire lisant *to read*	lis lisons lisez	lis **lisons** lis **lisez** lit **lisent**	lisais	lirai lirais	**lus**	lise lisions lises lisiez lise lisent	ai **lu**

INFINITIF ET PARTICIPE PRESENT	IMPERATIF	PRESENT	IMPARFAIT	FUTUR ET CONDITIONNEL	PASSE SIMPLE	PRESENT DU SUBJONCTIF	PASSE COMPOSE
mettre mettant *to put*	mets mettons mettez	**mets** mettons **mets** mettez **met** mettent	mettais	mettrai mettrais	**mis**	mette mettions mettes mettiez mette mettent	ai **mis**
ouvrir ouvrant *to open*	ouvre ouvrons ouvrez	**ouvre ouvrons** **ouvres ouvrez** **ouvre ouvrent**	ouvrais	ouvrirai ouvrirais	ouvris	ouvre ouvrions ouvres ouvriez ouvre ouvrent	ai **ouvert**
plaire plaisant *to please*	plais plaisons plaisez	plais **plaisons** plais **plaisez** **plaît plaisent**	plaisais	plairai plairais	**plus**	plaise plaisions plaises plaisiez plaise plaisent	ai **plu**
pleuvoir pleuvant *to rain*	—	il pleut	il pleuvait	il **pleuvra** il **pleuvrait**	il **plut**	il pleuve	il a **plu**
pouvoir pouvant *to be able to*	—	**peux** pouvons **peux** pouvez **peut peuvent** (N.B. **puis-je**)	pouvais	**pourrai** **pourrais**	pus	**puisse puissions** **puisses puissiez** **puisse puissent**	ai **pu**
prendre prenant *to take*	prends prenons prenez	prends **prenons** prends **prenez** prend **prennent**	prenais	prendrai prendrais	pris	prenne **prenions** prennes **preniez** prenne prennent	ai **pris**
recevoir recevant *to receive*	reçois recevons recevez	**reçois** recevons **reçois** recevez **reçoit reçoivent**	recevais	**recevrai** **recevrais**	reçus	reçoive **recevions** reçoives **receviez** reçoive recoivent	ai **reçu**
rire riant *to laugh*	ris rions riez	ris rions ris riez rit rient	riais (N.B. riions riiez)	rirai rirais	**ris**	rie riions ries riiez rie rient	ai **ri**
savoir sachant *to know*	**sache** **sachons** **sachez**	**sais** savons **sais** savez **sait** savent	savais	**saurai** **saurais**	**sus**	**sache sachions** **saches sachiez** **sache sachent**	ai **su**
sortir sortant *to go out*	sors sortons sortez	**sors sortons** **sors sortez** **sort sortent**	sortais	sortirai sortirais	sortis	sorte sortions sortes sortiez sorte sortent	suis sorti(e)
suivre suivant *to follow*	suis suivons suivez	**suis** suivons **suis** suivez **suit** suivent	suivais	suivrai suivrais	suivis	suive suivions suives suiviez suive suivent	ai **suivi**
vaincre vainquant *to conquer*	vaincs vainquons vainquez	vaincs vain**q**uons vaincs vain**q**uez vainc vain**q**uent	vainquais	vaincrai vaincrais	vain**q**uis	vainque vainquions vainques vainquiez vainque vainquent	ai **vaincu**
valoir valant *to be worth*	—	il **vaut**	il valait	il **vaudra** il **vaudrait**	il **valut**	il **vaille**	il a **valu**
venir venant *to come*	viens venons venez	**viens venons** **viens venez** **vient viennent**	venais	**viendrai** **viendrais**	vins	vienne **venions** viennes **veniez** vienne viennent	suis venu(e)
vivre vivant *to live*	vis vivons vivez	**vis** vivons **vis** vivez **vit** vivent	vivais	vivrai vivrais	**vécus**	vive vivions vives viviez vive vivent	ai **vécu**
voir voyant *to see*	vois voyons voyez	**vois voyons** **vois voyez** **voit voient**	voyais	**verrai** **verrais**	vis	voie **voyions** voies **voyiez** voie voient	ai **vu**
vouloir voulant *to wish, want*	**veuille** **veuillons** **veuillez**	veux voulons veux voulez veut **veulent**	voulais	**voudrai** **voudrais**	voulus	veuille voulions **veuilles vouliez** veuille **veuillent**	ai **voulu**

Aural vocabulary

Leçon 1 p. 11
Travail à deux

Un coup de téléphone

le cadran	dial
l'indicatif	code
composer	to dial
l'annuaire	directory
en P.C.V.	transfer-charge call
joindre	to connect
raccrocher	to hang up

Mais qu'est-ce qu'il y a?

la C.G.T. Confédération Générale du Travail	(trades union)
le comble	the last straw

Leçon 1 p. 13

L'ordinateur chez soi

le magnéto-scope	video-tape recorder
le réseau	network
le dispositif	device
latélécommande	remote control
l'imprimante	printout unit
les astuces	tricks
relié	tied in
le compte bancaire	bank account
l'entretien	talk
périmé(e)	out of date
les comestibles	food

Leçon 2 p. 17
Dictée

Skidiz

bienséant(e)	proper
grossier(-ère)	gross, vulgar
l'argot	slang
le tour	turn of phrase

Leçon 2 p. 19
Discussion

La télévision

le Pape	the Pope
le feuilleton	serial, pot-boiler
les résultats d'écoute	ratings
de seconde série	second-rate
la vedette	star
accru(e)	increased
en puissance	potential
polémique	controversial
supprimer	to suppress
les exigences	demands
la salve	burst
la mitrailleuse	machine-gun
la musique de fond	background music
l'orientation	trend
éprouvé(e)	tested
se passer de	to do without
l'allure	rate, speed
l'échelle	scale

Leçon 3 p. 25
Au jour le jour

La fin du monde

l'insouciance	indifference
se ressaisir	to regain control
le sauvetage	safety
le milieu	environment
les déchets	waste
l'accroissement	growth
évoquer	to mention
constater	to state

Leçon 3 p. 27

La marée noire en Bretagne

suivi	follow-up
le prélèvement	sampling
le tableau de bord	score-board
s'étendre	to stretch

l'encadrement	supervision
intervenir	to take part
le C.E.T. (Collège d'Enseigne-ment Technique)	secondary technical school
mettre en œuvre	to bring into play
défiler	to march
l'affrontement	confrontation
évité de justesse	just avoided
cornouaillais	from Cornouailles (Brittany)
le deuil	mourning
le banderole	banner
la pancarte	placard
indisposé(e)	upset
émettre	to broadcast
brouiller	to jam
l'échouage	running aground

Leçon 4 p. 31
Dictée

Le fléau numéro un: le bruit

le fléau	scourge
sonore	resonant, noisy
épais(se)	thick
de gros-œuvre	construction
insonoriser	to sound-proof
l'isolement phonique	sound insulation
la carlingue	fuselage
l'avertisseur	horn

Leçon 4 p. 33
Discussion

Ce qu'on dit sur le terrain

la chlore	chlorine
rejeter	to emit
le saumon	salmon
la contestation	dispute
les nuisances	pollutants
les lignes haute tension	overhead cables
le chantier	building

défiler — *to leave*

l'E.D.F. (Electricité de France) — *Electricity company*

embaucher — *to employ*

se reclasser — *to re-employ*

neutre — *neutral*

tout est joué — *it's all settled*

les crédits — *finances*

les estivants — *summer visitors*

la poubelle — *dustbin*

les rejets — *waste*

le cobaye — *guinea-pig*

en pagaille — *in plenty*

Seveso — *(scene of a disaster in Italy)*

Leçon 5 p. 39
Au jour le jour

Le Club Jeunes sans Frontières

la bourse — *grant*

s'engager à — *to undertake*

améliorer — *to improve*

mener à bien — *to bring to a successful conclusion*

bénévole — *voluntary*

l'épreuve — *test*

affronter — *to face*

Leçon 5 p. 41

La visite à Paris de M. René Lévesque

l'acharnement — *eagerness*

il appartient — *it is appropriate*

intervenir — *to intervene*

l'ingérence — *interference*

l'appui — *support*

Leçon 6 p. 45
Dictée

L'indépendance et la paix

soi-disant — *so-called*

exiger — *to demand*

conjugué(e) — *coupled*

la collectivité — *community*

Leçon 6 p. 47
Discussion

Nationalisme ou Europe unie

inscrire — *to enrol*

éprouver — *to feel*

concourir — *to unite*

la revendication — *claim*

la production en grande série — *mass production*

le critère — *criterion*

faire un saut — *to pop over*

susciter — *to stir up*

l'épanouissement — *blooming*

la fin et les moyens — *the end and the means*

la survie — *survival*

Leçon 7 p. 53
Au jour le jour

L'énergie facile, c'est fini

augmenter — *to increase*

s'accroître — *to grow*

l'éclairage — *lighting*

l'ampoule — *bulb*

le stade — *stage*

la puissance — *power*

le tuyau — *pipe*

le robinet — *tap*

éteindre — *to turn off*

la veilleuse — *pilot-light*

rincer — *to rinse*

couler — *to run (tap)*

le bac — *bowl, tub*

goutter — *to drip*

entretenir — *to service*

le rendement — *efficiency*

le brûleur — *burner*

les ailettes — *fins*

encrassé(e) — *dirty*

dégivré(e) — *defrosted*

Leçon 7 p. 55

Nouvelles sources d'énergie

à terme — *in the end*

inépuisable — *inexhaustible*

la recette — *recipe*

capter — *to tape*

la hausse — *rise*

se priver — *to deprive oneself*

le moulin — *mill*

le barrage — *dam*

remettre en cause — *to question*

disponible — *available*

le gaspillage — *waste*

quitte à... — *and maybe ...*

contraindre — *to force*

l'âme — *soul*

la voie — *path*

Leçon 8 p. 59
Dictée

Les comptes de la maison

entretenir — *to maintain*

d'épaisseur — *thick*

la charpente — *framework*

l'ardoise — *slate*

le parquet — *flooring*

vitré(e) — *glazed*

le plâtre — *plaster*

les voliges — *battens*

les frais — *expenses*

le notaire — *lawyer*

les impôts — *taxes*

l'éolienne — *wind-mill*

le capteur solaire — *solar panel*

la lessive — *washing*

consacrer — *to devote*

déboiser — *to clear of trees*

Leçon 8 p. 61
Discussion

La crise de l'énergie

la coupure	cut
épuisé(e)	exhausted
au rythme actuel	at the present rate
prendre son parti	to make up one's mind
le gaspillage	waste
forcené(e)	frenzied
le ravitaille-ment	supply
aménager	to arrange
le cadre	framework
déprimant(e)	depressing
le remonte-pente	ski-lift
antérieur(e)	former
le berger	shepherd
excédé(e)	fed up
le milieu	circle
capter	to tap
outre que...	in addition...
disponible	available
la mise au point	perfection

Leçon 9 p. 67
Au jour le jour

Conversation avec mon beau-frère le P.D.G....

le P.D.G. (Président directeur général)	managing director
l'entreprise	company
s'aligner	to fall into line
concurrent	competitive
faire faillite	to go bankrupt
les cadres	executives
le bureau d'études	drawing office
le rendement	output
semer la zizanie	to sow the seeds of discord

Leçon 9 p. 69

Annonce sur l'emploi des femmes

salarié(e)	employee
l'accouchement	confinement
l'embauche	employment
la cotisation	contribution
la bonification	allowance
l'annuité	annual instalment
la retraite	pension
à taux plein	at the full rate
éventuellement	possibly
anticipé(e)	in advance
la prestation	benefit
isolé(e)	single
l'issue	end
la veuve	widow
accéder	to have access
la formation	training
désormais	in future
l'emploi-formation	combined work and training

Leçon 10 p. 73
Dictée

La libération de l'homme

affubler	to dress up
inéluctable	inescapable
faire joujou	to play
tendre un piège	to lay a trap
soi-disant	said to be
couler	to cast
le moule	mould
lever un interdit	to raise a barrier
je serais preneur	I would accept it
se bloquer	to confine oneself

Leçon 10 p. 75
Discussion

En classe de philo

le mépris	contempt
découler	to be derived, to follow

Leçon 11 p. 81
Au jour le jour

La lutte contre la faim

la croissance	growth
affamer	to starve
solidaire	jointly responsible
la campagne	campaign
aboutir à	to end in...
éprouvé(e)	tested
disponible	available

Leçon 11 p. 83

La richesse du Tiers Monde: les hommes

l'amélioration	improvement
tirer parti de	to make use of
disponible	available
le barrage	dam
s'insérer	to fit in
la main-d'œuvre	work force
camoufler	to camouflage
la fierté	pride

Leçon 12 p. 87
Dictée

Médecins sans frontières

l'infrastructure	foundation
la pénurie	shortage
les données	facts
l'objectif	camera lens
l'entr'aide	mutual aid
à sa mesure	as far as one can
laïc(-que)	lay

Leçon 12 p. 89
Discussion

Les stratégies de développement

la fourniture	provision
mendier	to beg for
le P.N.B. (Produit National Brut)	Gross National Product
le fonctionnaire	civil servant
indigent(e)	poor
l'analpha-bétisme	illiteracy
le dispensaire	dispensary
la main-d'œuvre	work force
primordial(e)	of prime importance
le nœud	nub, heart

Leçon 13 p. 95
Au jour le jour

La leçon

la peau	skin
le moniteur	instructor
la sacoche	pouch
la taille	waist
jaillir	to issue forth
s'élancer	to spring forward
le patineur	skater
le plomb	lead
l'appui	support
l'aisance	facility
le patin à roulettes	roller skating

Leçon 13 p. 97

Le stop

la débrouil-lardise	resourcefulness
indemnisé(e)	covered
en cas de pépins	in case of trouble
la bretelle	lead-in road
le péage	toll (booth)
la cotisation	subscription

éventuellement	possibly
chanceux	lucky people
le pouce	thumb
d'adhérent	membership

Leçon 14 p. 101
Dictée

La course buissonnière

le comble	the worst
l'immergé	submerged part (of rudder, etc.)
le régulateur	regulator, self-steering gear
se débrayer	to become detached
décoincer	to unjam
rembrayer	to re-attach
la barre	rudder
amarré(e)	lashed fast
le harnais	harness
le bout	length of rope
la rasade	tot

Leçon 14 p. 103
Discussion

L'accès aux loisirs

le syndicaliste	trade unionist
les heures supplémen-taires	overtime
améliorer	to improve
les biens	goods
la croissance	growth
aux dépens de	at the expense of
l'agrément	pleasure
s'avérer	to turn out
le rendement	output
la main-d'œuvre	work force
l'informatique	computer science
empirer	to grow worse
résorber	to reabsorb
hebdomadaire	weekly
la retraite	retirement

Leçon 15 p. 109
Au jour le jour

Tous des charlots

le bobard	tall story
élire	to elect
se marrer	to be fed up
le terrain d'entente	area of agreement
renvoyer	to dismiss
le fond	subject matter
les emmerde-ments	problems
patauger	to flounder
la choucroûte	sauerkraut
s'embrouiller	to become jumbled

Leçon 15 p. 111

Une information nécessaire

le sondage	poll
le scrutin	ballot, election
l'interdiction	prohibition
censé(e)	supposed to
l'urne	ballot box
le bulletin	voting paper
en outre	moreover

Leçon 16 p. 115
Dictée

Une réunion politique

soutenir	to support
la chère	food
la liesse	jollity
se gonfler	to puff oneself up
la gloriole	vanity
frotter	to rub
le foie gras	pâté
la volaille	poultry

Aural vocabulary

Leçon 16 p. 117
Discussion

A quoi bon la politique?

sanctionné(e)	penalised
soutenir	to support
l'appartenance	membership
le déroulement	development
aux dépens de	at the expense of
en cause	involved
coupé(e)	cut-off
la gestion	control

Leçon 17 p. 123

Le fric-frac du siècle

la casse	break-in
le Trésor public	Inland Revenue
le coffre-fort	strong box
l'égout	sewer
la plaque d'égout	manhole cover
la dépanneuse	breakdown truck
la langouste	crayfish
le casier	lobsterpot

Leçon 17 p. 125

Les mitraillettes du Père Noël

la mitraillette	machine-gun
la lunette	telescopic sight
céder	to give in
à contre-cœur	unwillingly
la balle	bullet
factice	imitation
cracher	to spit

Leçon 18 p. 129
Dictée

La religion du terroriste

creux	hollow
pétrir	to knead
haleter	to pant
le néant	nothingness
la délation	informing
le meurtrier	murderer
écraser	to crush
l'attentat	attempt on someone's life

Leçon 18, p. 131
Discussion

Le règne de la violence

le fonctionnaire	civil servant
le voyou	hooligan
l'estrade	grandstand
bousculer	to knock about
l'exutoire	outlet
l'attentat	attempt on someone's life
les biens	property
effaré(e)	frightened
le sort	fate
se heurter	to clash
appuyer	to press
la revendication	claim
le nœud	nub, heart
l'esclavage	enslavement
en marge	cut off from society

Leçon 19 p. 137
Au jour le jour

La vedette, un produit artificiel

le tube	hit record
l'appui	support
le matraquage	'plugging'
le réseau	network
façonner	to fashion
viré(e)	sent packing
le carton	cardboard box
la minette	teenage girl
couler	to sink

Leçon 19 p. 139

La pratique de la musique

le C.I.D.J., le Centre d'Information et de Documentation Jeunesse	
l'amende	fine
la R.A.T.P., la Régie Autonome des Transports Parisiens	
la quête	collection
l'abonnement	subscription

Leçon 20 p. 143
Dictée

Le tournage de l'Espoir

le tournage	making
la pellicule	film
à tâtons	gropingly
bouffer	to eat
la mitrailleuse	machine-gun
l'avionnette	light aircraft

Leçon 20 p. 145
Discussion

Rôle et but de l'art

à quoi rime?	where's the sense?
prémunir	to forewarn
se complaire	to take pleasure
étaler	to display

Vocabulary

abattre, to break, bring down
l'abonné, m, subscriber
  abonner, to subscribe
aboutir, to succeed
accablant(e), overwhelming
accaparer, to hoard
accessoirement, incidentally
accrocher, to cling
l'accroissement, m, growth
  accroître, to grow
acharné(e), furious, desperate
acheminer, to direct
achever, to finish
l'acier, m, steel
d'actualité, current
afficher, to display
l'affranchissement, m,
  emancipation
l'affrontement, m, opposition
aggloméré(e), crowded together
l'agrément, m, advantage
aigu(-üe), acute, sharp
l'aiguille, f, needle
ailleurs, elsewhere
  d'—, besides
ajouter, to add
l'aliment, m, food
alléchant(e), tempting
l'allègement, m, lightening
  alléger, to lighten
allonger, to extend
l'allumette, f, match
l'allure, f, pace, speed
l'alpinisme, m, climbing
l'amélioration, f, improvement
  améliorer, to improve
amenuiser, to diminish
amortir, to cushion, reduce
l'analphabétisme, m, illiteracy
l'animateur, m, presenter
anodin(e), soothing
l'antenne, f, aerial, programme
s'apercevoir de, to notice
l'appareil électro-ménager, m,
  domestic appliance
appartenir, to belong
l'apprêt, m, process
l'approvisionnement, m, supply
l'appui, m, support
  appuyer, to press
  s'—, to depend
d'après, according to
l'arc-en-ciel, m, rainbow
  arracher, to extract
  arraisonner, to hail, stop and
  examine
l'artisanat, m, arts and crafts
  artisanal(e), craft

l'asile, m, shelter
les asperges, f, asparagus
  assagir, to make wise
les assises, f, sessions
astreindre, to oblige
l'atelier, m, workshop
s'attacher à, to apply oneself to
atteindre, to reach
s'attendre à, to expect
  l'attente, f, expectation
attirer, to attract
l'auditeur, m, listener
augmenter, to increase
l'aurore, f, dawn
aussi (+inversion), so,
  therefore
aussitôt que, as soon as
d'autant plus... que, more
  especially ... as
l'auteur, m, author
l'auto-stop, m, hitch-hiking
l'avarie en mer, f, shipwreck
l'avatar, m, mishap
l'avènement, m, coming
l'avenir, m, future
l'averse, f, shower
aveugle, blind
avilir, to vilify
l'avis, m, notice
  à mon —, in my opinion
l'avocat, m, lawyer
l'avortement, m, abortion
avouer, to admit
axé(e), centred

le bachot, (baccalauréat), French
  public examination
le bagne, jail
  balader, envoyer —, to send
  packing
se balancer, to rock
la balle, bullet
le banc, bench
la bande dessinée, cartoon (strip)
la banlieue, suburbs
le barrage, dam
la barre, rudder, tiller
la barrière, gate
  basculer, to fall, topple
la basse-cour, farmyard
le battant (d'une porte), swing
  door
le beau-frère, brother-in-law
le berceau, cradle
  bercer, to rock
le berger, shepherd
  bichonner, to groom, to titivate
le bidon, can

les biens, m, property, goods
se bloquer, to get jammed
la bonbonnière, cosy little flat
le bond, leap, bound
  bondé(e), crowded
la borne, limit
  borner, to limit
le boudin, sausage
  boucher, to plug, fill
  bouger, to move
  bouleverser, to upset
la bourse, grant
la Bourse, Stock Exchange
le bout d'essai, screen test
  bricoler, to potter
le brouhaha, hubbub
la brûlure, burn
  brut(e), gross
le but, goal, aim

le cabanon, hut
le cadran, dial
le cadre, framework, executive
la cadence, rate
le cafard, depression
le caissier, cashier
  cajoler, to cajole, coax
le cambriolage, burglary
le camion-citerne, tanker
la canalisation, pipe
le canton, district
la cargaison, cargo
se carrer, to sit up (haughtily)
la case, box
la caserne, barracks
le casse-croûte, snack
le cauchemar, nightmare
le cavalier, rider
  céder, to surrender
  célibataire, bachelor
  censé(e), supposed
la censure, censorship
le central, power-station,
  telephone exchange
le cerveau, brain
la chaîne, production line
la chair, flesh
la chaire, elevated seat
le chameau, camel
  champ, sur le —, at once
le chantage, blackmail
le chantier, (building) site
  chaparder, to steal
le charbon, coal
les charges fiscales, taxes
  charrier, to transport
la charrue, plough
le chauffage, heating

185

Vocabulary

chauffer, to heat
la chaussée, road(way)
chauvin(e), chauvinist, excessively patriotic
le chef d'œuvre, masterpiece
le chiffre, figure
le chirurgien, surgeon
le chœur, choir
le chômage, unemployment
  en —, out of work
  le chômeur, unemployed
la chute, fall
la cible, target
la circulation, traffic
  cisailler, to cut, shear
  citer, to quote
le citoyen, citizen
  classer, to arrange in order
  le classeur (vertical), filing cabinet
le clavier, keyboard
la colère, anger
la collecte, collection
la collectivité, community
le collier, necklace, garland
la combinaison, overalls
le combustible, fuel
le commerçant, trader, shop-keeper
la communauté, community
la commune, district, parish
la complaisance, self-indulgence
  comporter, to comprise
  se —, to behave
  composer le numéro, to dial
  comprimer, to compress
le compteur, speedometer
la conception, production
  concourir, to compete
  le concours, competition
la conférence, lecture
  conforme à, according to
le conjoint, spouse
  consacrer, to devote
  conscience, prendre — de, to take account of
  la — professionnelle, conscientiousness
  conscient(e) de, aware of
le conseil(ler), advice, counsellor
la consigne, instruction
le conte, short story
  contestataire, ready to protest
le contractuel, traffic warden
  contraindre, to force
le contrepoids, counterbalance
  convenir, to be suitable
  convoquer, to call for interview

le corbeau, crow
la correction, punishment
le cortège, procession, train
la cotation, list (on Stock Exchange)
  couler, to sink, flow
le couloir, faire les —s, to lobby
  coupable, blameworthy
  coupé(e), cut off
au courant, in the know, in the swing
  courber, to bend
le coureur, racer, rider
  la course, race
le courrier, mail
le cours d'eau, watercourse
le coût, cost
  coûteux(-se), costly
  crapuleux, foul
la crèche, day-nursery
la crête, ridge
  creuser, to dig (out)
la crevaison, puncture
  crever, to puncture
la croissance, growth
la cuisse, thigh

  davantage, more
  déblayé(e), cleared away
  déboucher sur, to lead to
se débrouiller, to manage, 'get by'
  débusquer, to track down, drive out
la décennie, decade
la déception, disappointment
  décevoir, to disappoint
le décès, death
la décharge, refuse tip, dump
les déchets, m, waste
(se) déchirer, to tear
  déclencher, set in motion
le découpage, extract
  décrire, to describe
la déesse, goddess
la défaillance, lapse
le défaut, lack, fault
  défiler, to file past
  dégager, to isolate
les dégats, m, damage
le dégoût, disgust
au delà de, beyond
  délabré(e), tumble-down
le délassement, relaxation
  délié(e), subtle, fine
la démarche, walk, gait
  démarrer, to start (up), set off
la démesure, excess (of arrogance)
la demeure, abode

la démission, resignation
  envoyer sa —, to resign
le denier, denarius (coin)
les denrées alimentaires, f, foodstuffs
  dépanner, to repair
  dépasser, to exceed, overtake
se dépayser, to get away from it all
en dépit de, in spite of
le déplacement, travel
  déposer, to put down
  dépouiller, to strip
les dépourvus, m, the poor
le député, member of parliament
se déranger, to move
  dérober, to steal
se dérouler, to unfold
le désagrément, disadvantage
le désherbant, herbicide
  désœuvré(e), idle
  désorbiter, to turn upside down
  désormais, in future
se détendre, to relax
  détenir, to hold
  détourner, to misappropriate, embezzle
  détruire, to destroy
  deviner, to guess
les dieux, m, gods
  disponible, available
le dispositif, plan
la dissertation, essay, composition
  diverger, to come on stream (nuclear)
le don, gift
  dorénavant, in future
le dossier, document, file
  doter, to endow
la douche, shower
  doucher, to pour cold water on
  douloureux(-se), painful
  dresser, to draw up

l'écart, m, divergence, swerve
l'échantillon, m, sample
  échapper à, to escape from
  échéance, à longue —, on extended credit
l'échec, m, failure, check
l'échelon, m, rung, scale
l'échouage, m, running aground
  échouer, to fail, run aground
  éclabousser, to besmirch
l'éclat, m, glitter
  éclater, to burst out
  écorcher, to flay
l'écoute, f, listening in
l'écran, m, screen

écraser, to crush, run over
l'écrivain, m, writer
l'éditeur, m, publisher
   l'édition, f, publication
égard, à cet —, in this respect
égaré(e), stray
   s'égarer, to lose oneself
l'égout, m, drain
l'élan, m, enthusiasm, impulse
s'élancer, to set forth
élire, to elect
l'emballage, m, packaging
embastiller, to imprison
l'embouteillage, m, hold-up
s'embrouiller, to get muddled
l'embuscade, f, ambush
émerveillé(e), filled with wonder
l'émetteur, m, transmitter
   émettre, to broadcast
   l'émission, f, broadcast
s'émouvoir, to be roused
s'emparer (de), to take hold (of)
empêcher, to prevent
emplir, to fill
l'empressement, m, eagerness
l'emprunt, m, loan
enclin à, inclined to
l'encombrement, m, congestion
l'énervement, m, state of nerves
l'enfer, m, hell
l'engagement, m, commitment
l'engrais, m, fertiliser
enivré(e), intoxicated
l'enjeu, m, stake
l'enquête, f, inquiry, survey
enraciné(e), rooted
enregistrer, to record
l'enseignement, m, education,
   instruction
   enseigner, to teach
l'ensemble, m, collection of units,
   outfit
   le grand —, housing estate
l'entassement, m, overcrowding
l'entente, f, understanding
s'entêter, to be obstinate
entraîner, to entail
   s'—, to train
l'entreprise, f, company
entretenir, to maintain, service
l'entretien, m, interview
envahir, to invade
envergure, de grande —,
   far-reaching
éolien(ne), wind
épais(se), thick
s'épanouir, to bloom
   l'épanouissement (de soi), m,
   (self-) fulfilment

l'éperon, m, spur
l'épine, f, thorn, prickle
l'époque, f, time, age
l'épouse, f, wife
épouvanté(e), terrified
l'épreuve, f, test
l'épuisement, m, exhaustion
   épuiser, to exhaust
l'ère, f, era, age
   errant(e), wandering
l'escarmouche, f, skirmish
l'esclave, m/f, slave
escompter, to expect
l'espèce, f, species
l'espoir, m, hope
s'esquiver, to slip away
l'essai, m, test, essay
l'essor, m, flight
l'étape, f, stage
l'état, m, state
   l'— d'esprit, state of mind
éteindre, to extinguish
étendre, to spread, stretch
   l'étendue, f, expanse
étinceler, to sparkle
   l'étincelle, f, spark
l'étiquette, f, label
l'étoile, f, star
s'étonner, to be surprised
étouffer, to stifle, choke
s'évader, to escape
l'éventail, m, fan
   éventuellement, if the occasion
   arises, possibly
éviter, to avoid
les exigences, f, requirements
   exiger, to demand
l'expérience, f, experiment
l'exposition, f, exhibition
exprès, on purpose
exprimer, to express

la facture, invoice, bill
faillir, to come close to
la falaise, cliff
   faraud(e), vain, affected
   fardé(e), made up
la fauche (slang), shoplifting
   fauché(e) (slang), broke
la fée, fairy
   féliciter, to congratulate
férié, les jours —s, public
   holidays
la ferraille, scrap iron
la fesse, buttock
les feux, traffic lights
les fiches, files
se fier à, to rely on

la filière, reactor
   fini(e), finite
la firme, firm, company
le fléau, plague
   fleurir, to flourish
les flics (slang), police
la foi, faith
   digne de —, reliable
en fonction de, in accordance with
le fonctionnaire, civil servant
le fond, subject matter
la formation continue, adult
   education, training
en forme, fit
le foulard, scarf
la fourmi, ant
   fournir, to provide
le fourrage, animal feed
le foyer, home, hostel, vestibule
les frais, m, expenses
   franc(he), frank
   franchir, to cross
   francophone, French-speaking
le frein, brake
les fréquentations, f, company
   frissonner, to shiver
   frôler, to rub, come near
   fuir, to flee (from)
   la fuite, escape
le fumier, manure
le fusil, rifle

la gamme, range
   gaspiller, to waste
la gêne, embarrassment
   gêner, to embarrass
le genre, type, kind
le gérant, manager
   gérer, to manage
   la gestion, management
la gîte, resting-place
   glauque, sea-green
   globalement, by and large
   gonflé(e), inflated
le gosse, kid, child
au gré de, at the whim of
le grief, grievance
les grilles, f, fence
   grimper, to climb
   gronder, to scold
   grossier(-ère), vulgar
   la grossièreté, vulgarity
la guêpe, wasp
   guérir, to cure
le guidon, handlebars

le hameau, hamlet
la hausse, rise

hausser, to raise
hebdomadaire, weekly
l'hébergement, m, lodging
holà, mettre le — à, to put a stop to
l'horaire, m, hours, time-table
l'horloge, f, clock
hors (de), outside, beyond
la houille, coal
    la — blanche, hydroelectric power
les hydrocarbures, hydro-carbons

ignorer, to be unaware of
impair(e), uneven
impitoyable, pitiless
l'impôt, m, tax
imprimer, to print
(in)commode, (in)convenient
l'indicatif, m, dialling code
indigent(e), poor, needy
inébranlable, unshakeable
inépuisable, inexhaustible
infime, tiny, insignificant
l'informaticien, m, computer specialist
l'informatique, f, computer science, communications
les informations, f, news (bulletin)
l'infraction, f, violation (of law)
ingénument, artlessly, simply
ingrat(e), ungrateful, intractable
l'injure, f, insult
    injurier, to abuse
    injurieux(-se), rude, abusive
inouï(e), unheard of, unparalleled
l'inquiétude, f, worry
insalubre, unhealthy
(s')inscrire, to register, enrol
insolite, unusual
l'insouciance, f, lack of concern
l'interdiction, f, prohibition
    interdit(e), prohibited
investir, to hem in, beleaguer, descend upon
isoler, to insulate

jurer, to swear
jaillir, to spring up

lâche, cowardly
lacher, to leave, let go
la lacune, lapse, omission
se lancer dans, to embark upon
le larcin, larceny
lécher, to lick
ledit (ladite), the aforesaid

le lien, link, bond
    lier, to link
le littoral, coast(line)
    livrer, to deliver
le locataire, tenant
    la location, hire, rental
la loi, law
lointain(e), distant
lors de, at the time of
le loto, bingo
louer, to rent, praise
luire, to shine
la lutte, struggle
    lutter, to fight

le maillot, jersey
la main-d'œuvre, work force
le maïs, sweet corn
en mal de, suffering through lack of
la malaise, discomfort
le mâle, male
la manifestation, demonstration
    le manifestant, demonstrator
    manifester, to show, demonstrate
la manne, manna
le manque, lack
    manquer, to miss, lack
le maquillage, make-up
la marée, tide
    la — noire, oil slick
marémoteur(-trice), tidal powered
la marine, navy
de marque, prominent
marre, avoir — de, to be fed up with
le marteau, hammer
le matériel, equipment
la matière première, raw material
la matraque, bludgeon
le mazout, (crude) oil
la méconnaissance, failure to appreciate
se méfier (de), to beware (of)
se mélanger, to mix, mingle
ménager(-ère), domestic
le mensonge, lie
mensuel(le), monthly
le mépris, scorn
la mesure, être en — de, to be in a position to
le meurtre, murder
la mise, la — au point, implementation
    la — en place, setting up
la miséricorde, mercy

les mœurs, f, morals, customs
moindre, least
le monokini, topless swimsuit
le montant, total
la monture, mount
morne, gloomy, dull
moteur(-trice), powered
la mouette, seagull
le moulin, mill
moyen(ne), average
    le moyen, means
mûr(e), ripe
mûrir, to ripen

la naissance, birth
les nantis, the rich
la nappe, covering
le naufrage, shipwreck
le navire, boat
néanmoins, nevertheless
nettement, clearly
nier, to deny
le niveau, level
le notaire, solicitor
la note, bill, account
nourricier, nutritive
    nourrir, to feed, harbour
nuire à, to harm
la nuisance, pollutant, noxious irritant

occidental(e), western
l'offre, f, supply
l'ordinateur, m, computer
les ordures, f, rubbish
    ordurier(-ère), lewd, foul
l'orgeuil, m, pride
orner, to decorate
l'ornière, f, rut
l'orthographe, f, spelling
oser, to dare
l'ossature, f, framework
l'otage, m, hostage
l'outil, m, tool
outrancier(-ère), extremist
outre, passer —, to pass by on the other side
l'ouvrier, m, worker

la paille, straw
pair, aller de — avec, to keep pace with
la panne, breakdown
le panneau-réclame, billboard, advertisement hoarding
le paquebot, boat, liner
Pâques, Easter
la paresse, laziness

parmi, among
particulier(-ère), private
parvenir, to attain
se passer de, to do without
passionnante(e), exciting
le **pâturage,** grazing, pasture
la **paume,** palm (of hand)
le **pavé,** cobblestones
le **pavillon,** house
(en) P.C.V., transfer charge (telephone call)
le **P.D.G (Président directeur général),** managing director
la **peau,** skin
    dans la —, physically
le **péché,** sin
    pêcher, to fish
la **peine de mort,** death penalty
la **peinture,** paint, painting
la **pelle,** shovel
le **peloton,** pack, main body of riders
pénible, onerous
la **pente,** slope
la **Pentecôte,** Whitsun
la **pénurie,** shortage
périphérique, peripheral
la **perruque,** wig
la **perte,** loss
    peser, to weigh, impose
pétillant(e), sparkling
le **pétrole,** oil, paraffin
    le **pétrolier,** oil tanker
la **peuplade,** tribe
le **physicien,** physicist
    la **physique,** physics
les **pièces maîtresses,** key components
le **piège,** trap
    piéger, to trap
    piégé(e), (booby-)trapped
piller, to pillage
la **pilule,** pill
    piquer, to pierce, sting
la **piste,** track, ski-run
la **plaie,** wound
se plaindre (de), to complain
    la **plainte,** complaint
la **plaisance,** sailing
    le **plaisancier,** yachtsman
plat(e), flat, dull
le **poêle (à mazout),** (oil-)stove
le **poids,** weight
    le **— lourd,** heavy vehicle
le **poing,** fist
    point, mettre au —, to perfect
    le **— de souture,** stitch

la **pointe,** peak
la **portée,** reach
    porter (sur), to hit (against)
le **potager,** vegetable garden
le **poteau,** post
la **poubelle,** dustbin
pourchasser, to pursue
le **pouvoir,** power
préalable, preliminary
se précipiter, to dash
le **preneur,** taker, buyer
la **pression,** pressure, draught
    la **force de —,** pressure group
prétendre à, to claim
le **prêtre,** priest
la **prévision,** forecast
primordial(e), of prime importance
la **prise de conscience,** awareness
se priver de, to deprive oneself of
le **procès,** trial
protéger, to protect
le **proviseur,** head (of school)
provisoire(ment), temporar(il)y
la **puissance,** power

quasiment, almost, as it were
quelconque, some ... or other
la **quittance,** receipt
quotidien(ne), daily

rabattre (la claquette), to bring down (the clapper board)
la **racine,** root
le **raccordement,** connection
le **raccourci,** short cut
les **racontars,** m, gossip
le **raconteur,** narrator
raidi(e), stiffened
ralentir, to slow down
    le **ralentissement,** slowing down
la **rampe d'épandage,** spraying boom
la **rançon,** ransom
le **rapport,** report, relation
    avoir — à, to be connected with
    se rapporter à, to refer to
le **rapt d'enfant,** abduction of a child, baby-snatching
ras-le-bol, fed up
le **réalisateur,** producer
rebrousser chemin, to turn back
rebuter, to discourage
recéler, to conceal
le **récif,** reef
en recommandé, registered

le **recours,** resort (to)
reçu(e), successful
recueillir, to collect, receive
le **rédacteur,** editor
la **rédaction,** composition
    rédiger, to compose
se refréner, to restrain
le **régime,** diet
le **règlement,** settlement
    régler, to settle
relevant de ..., dependent on
remettre, to put off
remonter, to proceed
le **remorqueur,** tug
le **remous,** backwash
le **rendement,** yield
renforcer, to emphasise
les **renseignements,** information
répandre, to spread
    répandu(e), widespread
répartir, to distribute
    la **répartition,** sharing
se répercuter, to have repercussions
requérir, to require
le **réquisitoire,** charge, indictment
le **réseau,** network
les **responsables,** the (responsible) authorities
ressentir, to feel
le **ressort,** spring
retenir, to reserve
les **retombées,** f, fall-out
la **retraite,** pension, retirement
    les **retraités,** retired people
le **rétroviseur,** rear-view mirror
en revanche, on the other hand
revendiquer, to claim
le **revirement,** sudden change
    rigueur, à la —, if need be
    de —, obligatory
le **ringard** (slang), square
le **riz,** rice
le **robinet,** tap
roucouler, to coo
la **rouille,** rust
le **royaume,** kingdom
le **rythme,** rate, pace

le **sabir,** pidgin
la **sacoche,** saddle-bag
le **sacrificateur,** priest
    saigner, to bleed
le **savant,** scientist, scholar
la **saynète,** sketch, playlet
    scander, to chant
la **scie,** saw
le **scrutin,** poll

le **tour de—**, ballot
le **—uninominal**, poll in which one person is voted for
la **séance**, performance, session
séant(e), fitting, proper
le **seau**, bucket
la **sécheresse**, drought
secours, les services de —, emergency services
le **sein**, bosom
le **séjour**, stay
la **selle**, saddle

selon, according to
sensible, sensitive
serpenter, to wind
serré(e), restricted
le **seuil**, threshold
le **siècle**, century
siéger, to sit (in committee)
siffler, to whistle
le **sigle**, abbreviation, initials
signaler, to point out
la **signalisation**, (road) signs
le **sinistre**, disaster
la **soie**, silk
soigner, to take care (of)
le **somme**, sleep, doze
le **sondage**, poll, survey
songer, to think
la **souche**, tree-stump
dormir comme une —, to sleep like a log
se **soucier de**, to worry about
souhaiter, to wish
souiller, to soil
soulever, to arouse
soumettre, to submit
soupçonneux(-se), suspicious
le **soupir**, sigh
la **souplesse**, flexibility
soutenir, to support, sustain
le **sort**, fate
le **speaker**, announcer
la **spéléo(logie)**, caving, pot-holing
la **standardiste**, switchboard operator

le **statut**, status
le **stupéfiant**, drug
subir, to suffer, undergo
la **subvention**, grant
les **suites**, f, consequences
supprimer, to suppress
surface, la grande —, hypermarket
surgelé(e), frozen
surgir, to arise
le **surmenage**, overwork
surpeuplé(e), overpopulated
en **sursaut**, with a start
susceptible de, liable to
susciter, to arouse, give rise to
le **syndicalisme**, trades unionism
le **syndicat**, trade union
le **— d'initiative**, tourist information office
syntaxique, syntactical

la **tache**, patch
la **tâche**, job, task
tant, en — que, as, in so far as
le **taudis**, slum dwelling
le **taux**, rate
témoigner, to witness, show
le **témoin**, witness
tenace, stubborn
la **tentative**, effort
en **terminale**, in the final year at school (before university)
le **terrain vague**, waste ground
le **terricole**, earth-dweller
le **tiercé**, type of betting on horse racing
un **tiers**, a third (person)
le **— monde**, Third World
le **tir**, firing
tirer, to shoot, fire
le **tirage**, circulation
le **titre**, title
la **toiture**, roof
le **ton**, tone
la **tonne à purin**, manure tank
le **tonneau**, barrel

le **tour (de scrutin)**, ballot
en **tournée**, on tour
le **tracé**, plotting, outline
la **traduction**, translation
trahir, to betray
le **train-train journalier**, the daily round
trancher, to cut
le **transat**, liner, deck-chair
traquer, to hunt down
les **tréteaux**, m, boards, stage
le **tricheur**, cheat
triturer, to grind (down)
tromper, to deceive, disappoint
le **troupeau**, herd
le **truc**, thing, whatsit
le **trucage**, fake
truqué(e), fake
la **tutelle**, guardianship
le **tuyau**, pipe

le **vacarme**, din
la **vague**, wave
la **valeur, mettre en —**, to develop
le **vautour**, vulture
la **vedette**, star
veiller, to keep watch
le **ventre**, stomach, belly
le **versement**, tipping
la **version**, translation
le **viol**, rape
vis à vis (de), with regard to
viser, to aim at
la **voie**, track, path
en **— de**, in process of
la **voile**, sailing
le **vol à —**, gliding
voiler, to obscure
la **voirie**, road
le **vol**, flying, theft
le **— à la tire**, pick-pocketing
le **volet**, shutter
vouer, to vow, give
se **—**, to devote oneself

Index of grammar and practice

2JE, England and Associated

LONGMAN GROUP LIMITED,
Longman House,
Burnt Mill, Harlow, Essex CM20
2JE, England and Associated
Companies throughout the World

First published 1980
Fifth impression 1984

ISBN 0 582 35812 4

Printed in Singapore by
Selector Printing Co (Pte) Ltd.

Acknowledgements

We are grateful to the following for permission to reproduce copyright material:

The Associated Examining Board, Macmillan and the author's agent, Curtis Brown Ltd (N.Y.) for Question 1 *June 1978 Advanced Level French Paper 624/1* (translation passage – amended from *The Honours Board* by Pamela Hansford Johnson, published by Macmillan, London and Basingstoke and Charles Scribner's Sons © 1970 by Pamela Hansford Johnson); Editions Buchet/Chastel for an abridged extract from *325,000 Francs* by Roger Vailland © Editions Buchet/Chastel, Paris; Editions Denoël for an abridged extract from *Les Touristocrates* by Pierre Daninos © by Editions Denoël, and extracts from *Le Bonheur en Plus* by François de Closets © by Editions Denoël; Direction de la Documentation for extracts from p 285 and p 311 *France; Les dossiers de l'étudiant* for an extract from *L'Étudiant Guide Pratique* 1977/78; Excelsior Publications for an extract from p 114 'Science et Vie' by Alain Ledoux August 1973; L'Express for an extract from an interview by Friedrich Hacker in *L'Express* 16–11–72; Le Figaro for an extract from the article by André Frossard in *Le Figaro* 30–7–73, and an extract from the article 'Un salut à l'avenir' by Jean d'Ormesson in *Le Figaro* 31–1–77; Editions Gallimard for an extract from *Mémoires d'une jeune fille rangée* by Simone de Beauvoir; the poem 'Pour toi mon amour' by Jacques Prévert from *Paroles*; extracts from *La Peste* by Albert Camus and an abridged extract from *L'Espoir* by André Malraux, all © Editions Gallimard; Guardian Newspapers for an adapted extract from the article 'Jogging towards a new life' by Maurice Yaffe from *The Guardian*; the author, Paul Guth for an extract from 'Les Campeurs, ces nouveaux nomades' which appeared in *Le monde d'aujourd'hui* published by Librairie Istra; Librairie Hachette S.A. for extracts from the article 'La presse des jeunes en France' by Edouard François in *Le Français dans le Monde* No 98 July–August 1973; Joint Matriculation Board for Question 1 *Summer 1978 Advanced Level French Paper 87/1*; Editions Robert Laffont for an extract from *Quid* 1979; Le Livre de Poche for extracts from *L'Art Moderne Encyclopédique* by Joseph-Emile Muller; Marabout Service for an extract from *Le Travail au Féminin* by Robert Gubbels; Le Monde for extracts from the articles 'Responsabilités partagées' by Marc Ambroise Rendu *Le Monde* 28–3–78, 'Un pédalier sur le tour du monde' by Michel Delore *Le Monde* 11–2–78, 'Le public est mystifié' by Bernard Krief *Le Monde* 28–3–78 and the article by Gilbert Gesbron *Le Monde* 11–2–78; Thomas Nelson and Sons Ltd for an abridged extract from *Contes du Lundi* by Alphonse Daudet; Nouvelles Editions de Films for an extract from *Zazie Dans Le Métro*; Oxford Delegacy of Local Examinations for questions from Sections 1, 2 and 3 *Summer 1979 Advanced Level French Paper A20/1*; questions 10, 11 and 12 *Summer 1977 Advanced Level French Paper A20/1*; question b *Summer 1974 Advanced Level French Paper A20/III*; and question b *Summer 1975 Advanced Level French Paper A20/III*; Librairie Plon for an extract from *Charles de Gaulle – Pour l'avenir* and an abridged extract from *Grandeur Nature* by Henri Troyat; Martin Secker and Warburg Ltd and Harper and Row Publishers Inc for adapted extracts from *The New France* by John Ardagh (American title *The New French Revolution*); Editions Stock for an extract from *Inquiétudes d'un Biologiste* by Jean Rostand; The Times for an abridged extract from an article by Melvyn Westlake in *The Times*.